KB269982

7 믿음의글들

⑦은 「믿음의글들」의 고유한 숫자입니다.

믿음이란
한 알의 밀알이 땅에 떨어져
죽음으로 많은 열매를 거둠과 같이
진리의 열매를 위하여
스스로 죽어지는 것을 뜻합니다.
눈으로 볼 수는 없으나
영원히 살아 있는 진리와
목숨을 맞바꾸는 자들을 일컬어
우리는 믿는이라고 부릅니다.
「믿음의 글들」은
평생을 혹은 가장 귀한 순간을
진리를 위해 이미 죽어졌거나
또는 죽어지기를 결단하는
참 믿는 이들의
참 믿는 이들을 위한
참 믿음의 글들입니다.

株式會社 弘盛社

「믿음의 글들」 77

홍 수 以後

제 2 권 반역의 탑(塔)

김성일 장편소설

대분단(大分斷)의 민족 이동경로
디라스
두발
고멜
마곡·메섹
가산
바이칼호
우스의 문
악갓
앗수르
앗수르
야완
우스잇
하얼빈
검은바다
엘람
롯
아람
엘람
아르박삿
아리랏
앗수르
베이징
붓
윗바다
하란
니느웨
두발
가나안
구스
미스라임
살렘
비벨
앗수르
구스
시안
라가스
엘람
마대
두마
사막
아랫바다
붉은바다
마대·구스
구스
구스

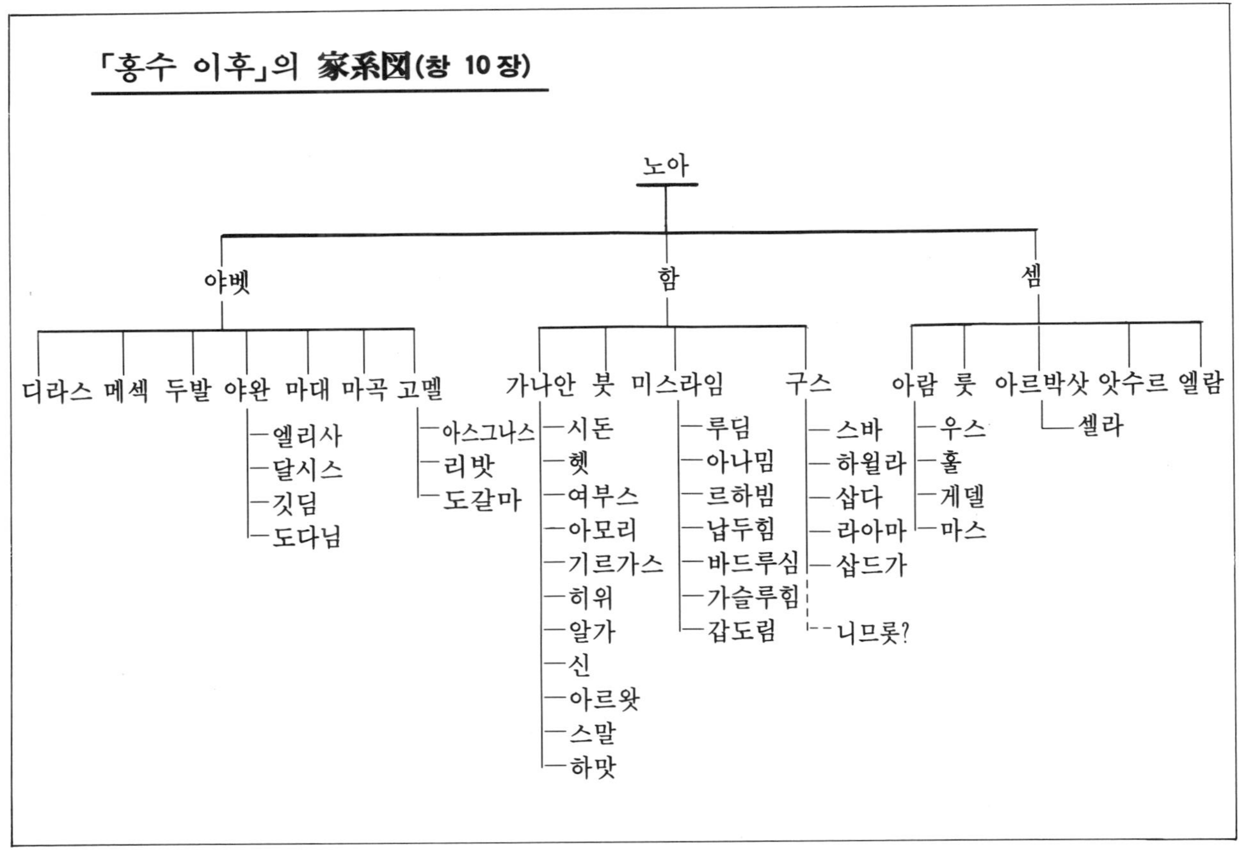

「홍수 이후」의 家系図(창 10장)
노아
야벳
함
셈
디라스 메섹 두발 야완 마대 마곡 고멜
엘리사
달시스
깃딤
도다님
아스그나스
리밧
도갈마
가나안 붓 미스라임 구스
시돈
헷
여부스
아모리
기르가스
히위
알가
신
아르왓
스말
하맛
루딤
아나밈
르하빔
납두힘
바드루심
가슬루힘
갑도림
스바
하윌라
삽다
라아마
삽드가
니므롯?
아람 룻 아르박삿 앗수르 엘람
우스
홀
게델
마스
셀라

차   례

주요 인물들

하 노 스   천하를 통치하는 장자권자인 앗수르 가문의 황제 하난의 막
          내아들. 부친의 통치와 신앙에 회의를 품고 잃어버린 과거를
          캐들어 간다.

하난대제   장자권자인 앗수르 가문의 황제

아 릿 다   앗수르 가문의 황후

셀   라   셈 집안의 셋째 가문인 아르박삿 가문의 왕자

앗   산   의문의 죽음을 당한 앗수르의 충신 치우의 아들이며, 하노스
          에게 무예를 가르치게 된다.

사   완   하노스의 경호원으로 일하고 있으나 실은 명궁으로 이름났던
          이에의 아들이다.

메 루 가   장자권자 수멜과 혼담이 있다가 그의 반역 사건 때문에 취소
          되고 다시 하난과 결혼하려 했으나 아릿다에게 자리를 물려
          준 비련의 여인. 아르박삿 가문의 가이난 왕과 결혼하여 셀
          라를 낳았다.

레   센   하노스의 누이, 남매 이상으로 하노스를 사랑하며 하노스의
          성격 형성에 많은 영향을 준 여인

니 므 롯   함 집안의 장자가문인 구스의 후계자임을 자청하는 장수 수
          멜의 연합군에 가담했다가 사태가 불리해지자 하난에게 투항
          하여 치안장관이 되었으며, 악갓이 죽은 후 수멜의 도성 바
          벨을 하사받아서 왕이 되었다.

세미라미스 니므롯의 아내

시   돈   함 집안 넷째 가문인 가나안 가문의 왕이며 그 누이 기스가
          수멜과 결혼한 이후 계속해서 중원의 장자권에 관심을 가진
          다.

소설 「홍수以後」 주요 인물 가계도(家系圖)

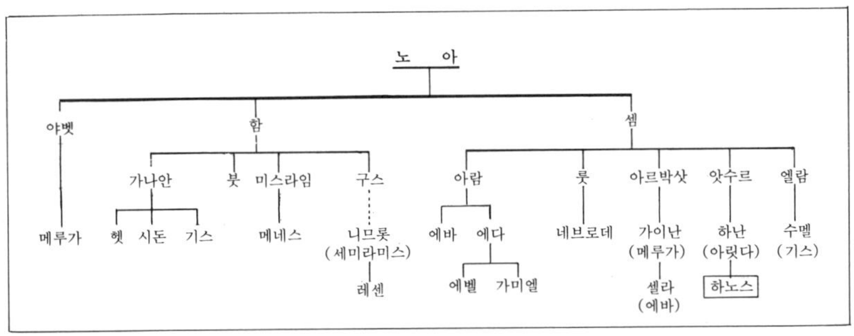

메 네 스	함 집안 둘째 가문인 미스라임의 왕자이며, 문무가 겸비한 영웅으로 하난의 딸 레센과 결혼을 추진한다.
드 단	외조부를 따라 니느웨 공사장에 왔다가 고아가 된 소년으로 셀라와 메루가의 보살핌을 받는다.
에 바	전 아람 왕 우스의 손녀로 동지들을 규합하여 샤론 광복군을 조직한 여걸
가 미 엘	에바의 조카이고 에벨의 누이
에 벨	에바의 조카
네브로데	룻 가문의 왕손
데 녹	무예의 거인 라멕의 제자이며 치우, 악깟의 동문
헷	시돈의 아우이며 성격이 급한 무장으로 샤론 광복군을 대적한다.
나 메 라	하난 대제가 마대 땅에서 데려온 시녀
아 론	앗수르 신정원의 악장(樂長)이었고 수금과 퉁소의 대가
고 센	가미엘과 에벨을 도와준 사람으로 막후에서 상당한 활약을 하는 정체불명의 인물
기 스	가나안 공주로서 엘람의 장자권자 수멜을 유혹하여 그를 여호와 신앙으로부터 이탈시킨 전설적인 여인

꿈틀거리는 막후(幕後)

마침내 시돈이 그 아우 헷을 달래며 부상당한 경호원들을 이끌고 출발하자 신전 앞 광장에는 기이한 일이 벌어지기 시작했다. 광장 근처의 사방 골목으로부터 엄청난 숫자의 무장 군인들이 쏟아져나오고 있었던 것이다. 그들은 광장에 모여 있던 야벳의 사내들을 단숨에 쓸어버릴 수 있는 어마어마한 규모의 병력이었다. 그들은 사방의 골목으로부터 꾸역꾸역 쏟아져나오더니 질서 정연하게 시돈과 헷이 있는 곳으로 이동하여 그들을 호위하며 출발하고 있었다.

이 광경을 바라보고 있던 야벳의 사내들은 기가 질렸고 당당하게 헷과 맞서던 리밧도 마른 침을 삼켰으며 고멜 왕 아스그나스까지 얼굴빛이 변하고 있었다. 리밧이 신음소리처럼 중얼거렸다.

"…시돈과 가나안 놈들은 과연 무서운 놈들이로군…"

리밧의 그 독백은 바로 광장에 모였던 모든 야벳 사람들의 심중을 대표하고 있었다. 그들이 질렸던 것은 바로 그 엄청난 규모의 병력이 아니라 그들의 무서운 규율이었던 것이다.

사실 광장에서의 다툼은 처음부터 가나안 군인들에게 불리한 것이었다. 니칼 신전의 근처는 모두 야벳 집안 왕들의 숙소가 있는 곳이어서 야벳 사람들이 우글거리는 곳이었고 게다가 가나안 경호원들은 그 숫자가 어림도 없게 적었다. 그런데도 그들은 자기네 왕과 그 가문에 대한 욕설을 듣고 칼을 뽑았던 것이다. 그런데 이 불리한 싸움을 알면서도 골목마다 잠복하고 있던 가나안의 병력은 시돈 왕이 아스그나스의 숙소에서 나올 때까지 꼼짝도 않고 대기했다. 참으로 무서운 규율이 아닐 수 없었다. 가나안 군대의 그 냉정한 규율은 바로 가나안의 국력을 증명하고 있었다. 그래서 아스그나스도, 리밧도, 그리고 광장에 모여 있던 모든 야벳 사람들도 그것을 보고 섬뜩하지 않을 수 없었던 것이다.

"어떻습니까, 형님. 우리도 가나안 군대의 야간 행진을 구경해 볼까요."

하노스가 그렇게 말하자 사완도 고개를 끄덕이며 그들의 행렬을 따라 걸음을 옮겨놓기 시작했다.

"가나안 왕 시돈은 범상한 인물이 아닌 것 같습니다. 바벨에서 만나셨던 니므롯과 비교해서 어떻습니까?"

"만나기 전부터 너무 그에 대해서 들어왔기 때문이었는지는 몰라도 니므롯은 왕년의 명성에 비해 많이 퇴색해 있는 것 같은 느낌이었지요. 가나안 왕 시돈은 먼 발치에서 잠깐 보았기 때문에 그것만으로 단정하기는 어렵지만 상당히 음산한 인물인 것만은 틀림없는 것 같았습니다. 그러나 무엇보다도 무서운 것은 그들의 체제입니다. 저렇게 냉혹한 군대는 천하 어디에서도 볼 수 없을 테니까요."

"맞습니다. 헷의 공갈은 결코 빈말이 아닌 것 같더군요."

"그래요. 아까 그 반누라는 청년이 표현했던 것처럼 그들은 광야의 뱀같은 느낌을 주는군요."

길가던 사람들이 모두 걸음을 멈춘 채 가나안 군대의 어마어마한 행렬을 구경하고 있었다.

(……?)

하노스는 길거리에 서 있는 사람들을 바라보다가 문득 그들 가운데서 어떤 얼굴을 발견하고 걸음을 멈추더니 사완을 잡아끌면서 사람들 틈으로 숨어들었다.

사완이 얼떨결에 하노스를 따라 숨으면서 낮은 목소리로 물었다.

"아는 사람입니까?"

"루딤의 메네스 왕자입니다."

메네스는 하노스가 미스라임 땅을 순회할 때 그가 거대한 왕묘의 설계도를 보여주며 자랑한 적이 있었기 때문에 그 얼굴을 기억하고 있었던 것이다.

"옛, 메네스 왕자라구요? 이번 무술대회에서 가장 유력한 우승 후보라는…?"

그러자 뒤에 바싹 붙어서 따라오던 에벨 소년이 역시 낮은 목소리로 소곤거렸다.

"형, 그럼 난 어쩔 수 없이 저 친구와 한판 붙어야 하겠군?"

이상한 일이었다. 미스라임 땅 루딤의 메네스 왕자라면 하난 대제까지 경계하고 있을 정도로 거물이었다. 그런데 그는 지금 길거리의 군중들 틈에 섞여서 가나안 군대의 행진을 구경하고 있는 것이었다. 하노스의 일행은 되도록 메네스의 시선으로부터 멀어지면서 가나안 군대의 행진을 따라서 걷고 있었다. 하노스가 다시 입을 열었다.

"형님, 아까 연설하던 그 청년을 누군가가 나타나서 기절시켜 데려가는 것을 보셨지요?"

"네, 보았지요."

"그… 신전 뒤에서 갑자기 나타난 사람이 누구였다고 생각하십니까?"

"글쎄요… 너무 먼 거리여서 잘 알아볼 수 없기는 했지만…"

그러자 다시 에벨이 그들 사이에 끼어들었다.

"형, 난 그 사람이 누구였는지 알 수 있을 것 같애."

"그래? 역시 시력은 젊을수록 강한 모양이로구나. 그래, 넌 누구인 것 같았지?"

"그 사람은… 확실하지는 않지만 고센 아저씨 같았어."

하노스는 어둠 속에서 고개를 끄덕이고 있었다. 멀리서 보기는 했으나 큰 키와 하얀 얼굴의 윤곽은 고센의 모습과 매우 흡사하였던 것이다. 하노스는 다시 그것에 대한 논평을 구하듯 사완을 돌아보았다. 사완도 역시 고개를 끄덕이면서 말했다.

"사실은 저도 그 사내가 고센을 닮은 것 같다고 생각하는 중이었습니다. 그러나… 고센이 무엇 때문에 야벳 사람들의 시비에 끼어들었을까요?"

"고센도 가나안 사람들과 관계가 있단 말인가?"

그들의 뒤를 따라오며 이제까지 잠자코 있던 가미엘이 참견을 했다.

"오빠, 제가 알기로 고센 아저씨는 가나안과 관계가 없는 것 같아요."

"그래? 어떻게 그걸 알지?"

가미엘이 하도 오래간만에 의견을 꺼냈으므로 하노스는 그녀의 말에 진지하게 반문했다.

"저희들과 지나는 동안… 고센 아저씨는 줄곧 가나안 사람들에 대해서 좋지 않게 이야기하곤 했어요. 그래서 저희는 가나안을 저주했던 노아님의 예언에 대해서도 알게 되었지요. 고센 아저씨가 어른들에게 그렇게 말했다면 진심과는 다른 이야기를 했다고 볼 수도 있지만 저희같은 어린애들에게 거짓말을 할 필요는 없지 않았을까요?"

"그렇다면…"

사완은 이해하기가 어렵다는 듯이 고개를 갸웃거렸다.

"그렇다면 어째서 고센은 반누를 제지했던 것일까?"

"혹시…"

가미엘은 잠시 망설이고 있더니 신중하게 입을 열었다.

"아까 그 사람이 정말 고센 아저씨였다면… 저 마곡의 저주와 어떤 관계가 있는 것은 아닐까요?"

"마곡의 저주…?"

"고센 아저씨는 가끔… 저희들이 옛날 이야기를 해달라고 조르면 검은 바다 저쪽으로 사라져간 마곡의 이야기를 하곤 했어요. 때로는 검은 바다 저쪽에 있는 귀신의 나라, 요정의 나라, 유령의 나라에 대한 이야기도 들려주셨기 때문에 저희는 무서워서 덜덜 떨기도 했지요. 그런데 아까 연설을 하던 그 반누라는 사람도 마곡 집안 사람들의 한많은 저주라든가 마곡의 원혼이라든가 하는 말로 셈 집안과 함 집안에 저주를 퍼붓고 있었거든요."

"그렇다면, 가미엘."

하노스가 비로소 그녀의 말뜻을 이해한 듯 물었다.

"가미엘, 너는 그 반누라는 사람은 고센 아저씨와 어떤 관계가 있는 것 같다고 생각하는 거지?"

가미엘은 방그레 웃으며 고개를 끄덕이고 있었다.

"아까 광장에서 연설하는 투로 보아 그 청년은 분명히 야벳의 핏줄인 것 같았는데… 그렇다면 고센도 야벳 집안 사람이란 말인가?"

"고센 자신의 말에 의하면"

사완이 하노스의 생각을 돕기 위해서 거들었다.

"고센의 선조들은 기스 땅에서 농사를 짓고 있었다는데… 야벳 집안 사람이 기스 땅에서 농사를 짓고 있었다는 건 좀 수긍하기 어렵지 않겠습니까?"

"그렇군요, 형님. 어쨌든 이 문제는 아까 그 신전 뒤에서 나타난 사람이 고센이 아닐까 하는 가정에서부터 시작한 것입니다만… 고센이 정말 야벳 사람이었다면 어째서 자기의 신분을 샤론 사람들에게도 감추었을까 하는 의문이 또 남게 되는군요. 샤론 마을에 단지 셈 집안과 함 집안 사람들만 있었다면 모르지만 야벳 집안에 속하는 마대의 용사들도 상당수 있었는데…"

"많지는 않았지요. 셈 집안에서는 엘람의 장로들, 앗수르 가문에 속하는 악갓의 유민들, 룻 가문 출신인 앗산 장군과 네브로데에다가 아람의 혈육인 에바가 있었고 함 집안으로는 함의 장자가문인 구스의 스바를 위시하여 다섯 형제가 몽땅 들어 있었는데 야벳에 속하는 사람은 단지 마대 가문의 몇몇 용사들뿐이었으니까…"

"형님, 어쨌든 이 모든 이야기들은 아까의 그 사람이 고센이었다는 가정에서부터 출발한 것이니까 이쯤에서 생각의 비약을 멈추어야 할 것 같군요. 그러나 어쨌든 만국의 평화에 관한 문제는 하난 대제가 구상하는 것처럼 그렇게 쉬운 것만은 아닌 것 같습니다."

"그렇군요. 천하를 다스린다는 것이 사람의 지혜나 통치체제만으로는 어려울 것 같다는 느낌이 듭니다. 게다가 더 큰 문제는 모든 나라가 제각기 자기들의 신을 섬기고 있다는 것이고…"

"그렇습니다. 모두들 자기들의 신을 섬기니까 신들의 주장이 서로 다르고 신들이 서로 충돌하게 되니까 나라와 나라가 서로 싸우게 되는 것입니다. 아… 저기가 가나안 왕국의 숙소로군요."

가나안 군대의 거창한 행렬이 한 건물 앞에서 멈추었고 가나안 왕 시돈은 그 아우 헷과 더불어 사관 안으로 사라졌다. 그러자 군인들이 또 질서 정연한 모습으로 사관 앞을 빠져나가더니 근처의 골목으로 뿔뿔이 사라져 가는 것이었다.

“저들의 경호는 참으로 물샐틈이 없는 것 같습니다.”

“엄청나군요.”

사완이 웃으며 말했다.

“하노스님의 경호원도 한 3천 명쯤으로 증원시켜 달라고 품신할까요?”

“형님도 이제는 많은 부하를 거느리고 싶으신 모양이군요?”

어쨌든 가나안의 군대들이 모두 썰물 빠지듯 사라져 버린 길거리에서 그들은 더 이상 서성거리고 있을 수가 없어서 두리번거리며 주점 같은 곳을 찾고 있었다. 하노스가 사방을 둘러보다가 문뜩 건너편 쪽에서 길을 건너오고 있는 두 사람을 발견하고 얼른 고개를 돌려서 그들의 시선에 걸리지 않도록 하고 있었다. 사완이 눈치를 채고 물었다.

“또 아는 사람입니까?”

하노스는 아직도 고개를 돌린 채로 고개를 끄덕였다. 다가오는 두 사람은 한 여인과 그를 따르고 있는 소녀였다. 하노스가 나지막하게 사완에게 물었다.

“아직도 이쪽을 향하여 오고 있습니까?”

“시돈 왕의 숙소를 향하여 가고 있군요. 이젠 고개를 드셔도 되겠습니다.”

하노스는 고개를 들고 그들의 뒷모습을 바라보았다. 비록 먼 거리에서 보았으나 하노스의 예리한 관찰은 이미 그녀들이 누구인가를 알아내었던 것이다. 그들은 바로 하노스 자신의 어머니인 아릿다 황후와 시녀 나메라였다.

“형님, 그들이 누군가 알아보셨습니까?”

“글쎄…”

“이런 날에는 우리만 변장할 수 있는 게 아니라 다른 사람들도 변장할 수 있다는 것을 아셔야 합니다. 저들은 아릿다 황후와 그 시녀 나메라였습니다.”

“예…?”

“아릿다 황후는 나흘 전 바벨 성에도 미행(微行)으로 나타났었지요.”

“바벨에도요?”

“그렇습니다. 저는 수멜의 황후였던 기스의 유모가 살던 옛집에 갔었는데 아릿다 황후가 거기서 나오는 것을 보았지요.”

그녀들은 역시 예측했던 대로 시돈의 숙소로 들어가고 있었다. 사완은 믿을 수 없다는 듯 고개를 갸웃거리고 있었다.

“기스와 시돈… 그들은 남매간이 아닙니까?”

“그렇습니다. 그리고 기스는 수멜이 라가스에서 무너질 때 죽지 않고 살아있을 것 같다는 심증이 있습니다.”

“그렇다면 그들 남매가 뭔가 천하의 패권에 대한 야심을 가지고 있었다는 것은 짐작할 수 있는 일이로군요. 그러나 그들과 아릿다님은 어떤 관계가 있는 것일까요?”

하노스는 다시 사방을 둘러보았다. 흥청거리는 다른 거리들과는 달리 시돈의 숙소 앞에는 지나가는 행인도 별로 없을 정도였다.

“형님, 시돈과 아릿다 황후가 밀담을 나누고 있다면 주변의 경계를 더 강화하고 있겠지요. 이곳을 떠나는 것이 좋겠습니다. 에벨, 넌 에바 이모와 약속이 되어 있다고 했지? 어디서 만나기로 했어?”

에벨은 어깨를 으쓱하며 웃었다.

“아직 때가 안됐어요.”

“때가?”

“천하의 모든 일은 기한이 있고 모든 약속은 그 이룰 때가 있는 법이거든요.”

“너… 그런 멋진 말을 어디서 배웠니?”

“에바 이모에게서 배웠죠.”

“저런… 에바 이모는 참 멋진 분이로구나.”

하노스는 그렇게 이야기하다가 또 가미엘 앞에서 실수한 것을 깨닫고 얼른 입을 다물었다. 여자 앞에서 여자를 칭찬하는 것이 이로울 것 없다는 것쯤은 하노스도 이미 알고 있는 터이었다. 그러나 벌써 가미엘은 나서고 있었다.

"에바 이모는 그 말이 저희 아버지 게세대가 늘 하던 말이었다고 했어요."

하노스는 멋적은 듯이 웃으며 자기 코를 쓰다듬었다.

"역시 세상은 돌고 도는 모양이로군. 내가 생각하기에 그 게세대란 분은 그 말을 가미엘에게서 배운 것이 아닐까 생각되는데… 그런데…"

하노스는 여자와 여자 사이의 문제에서 빠져나오기 위해 딴전을 피웠다.

"형님, 그럼 우리는 이제 어디로 가야 하지요?"

그러자 에벨이 뽐내는 표정을 지으며 허리를 폈다.

"형, 정 갈 데가 없으면 이 에벨을 따라오세요. 제겐 또 다른 약속도 있으니까요."

"다른 약속?"

"엘람의 사관 앞에서 아한님과 시브온님을 만나기로 했거든요."

아한과 시브온은 샤론 마을에서 만났던 엘람의 장로들이었다. 그들이 엘람의 사관 쪽에 가 있다면 필시 엘람의 여왕 수시아나에 대한 정보를 얻기 위함일 것이었다. 사완이 혼잣말처럼 중얼거렸다.

"이거… 오늘 밤은 샤론 마을의 지도자들이 모두 다 출동한 것 같군요."

"그럴 수 있는 일이겠지요. 샤론 마을에 모여 있는 사람들은 대부분이 다 모든 나라의 주인이 될 수 있었던 사람들이니까요."

마침내 에벨 소년이 으시대며 앞장을 섰고 사완과 하노스, 그리고 가미엘은 그 뒤를 따라서 걷기 시작했다. 서늘한 밤 공기 속을 걸으면서 하노스는 각 나라들 사이의 복잡한 접촉들을 머리 속으로 정리해 보고 있었다.

내일의 만국회의에 참가하기 위해 이 니느웨에 모여들고 있는 여러 나라 중에서 우선 그 주도 세력은 말할 것도 없이 하난 대제가 영도하는 앗수르 제국과 그에 동조하는 셈 집안의 엘람, 아르박삿, 룻, 아람 그리고 하난 대제의 신임을 받고 있는 바벨 왕 니므롯 등의 세력이었다.

다음은 하난 대제가 가장 경계하고 있는 함 집안의 미스라임과 그에 동조하는 붓의 세력이 있었다. 그들은 이미 남방 나일 강 유역에 거대한 나라들을 건설하였고 그들의 군사력과 재력은 앗수르의 통치권 유지에 커다란 위협이 되어가고 있었던 것이다.

또 같은 함 집안이면서도 미스라임과는 별도로 중원을 노리고 있는 또 하나의 큰 뱀이 바로 가나안이었다. 그들은 노아의 예언 때문에 근본적으로 셈 집안과 공존할 수 없는 입장이었고 그들의 풍요한 수확과 농경기술은 셈 집안에 복종해야 할 아무런 구실도 만들어주지 않고 있었다.

그 다음으로는 이들 셈 집안과 함 집안을 모두 적으로 여기고 있는 야벳 집안의 나라들이 있었다. 그들은 처음부터 장자권과 재산권을 내세워서 산과 들을 선점해 버린 중원의 모든 나라들에 대해서 적대감을 가지고 있었기 때문에 땅에 대한 어떤 기득권도 인정할 수 없었다.

야벳 집안의 장자인 고멜이 비록 앗수르의 선심으로 타우루스 산맥의 한쪽 겨드랑이를 할당받았다 하더라도 그들은 근본적으로 앗수르의 세력에 속해 있을 수 없었던 것이다. 야벳 집안 가운데서도 야완 가문의 네 형제는 제일 강대한 나라였다. 그들은 난폭자들답지 않게 사려 깊었고 네 형제가 긴밀한 협력체제를 구축하면서 도성 중심의 자립적인 세력을 길렀기 때문에 언제라도 중원을 도모할 수 있는 실력을 갖추고 있었다. 그리고 검은 바다를 넘어서 사라져버린 마곡과 동쪽으로 간 마대를 뺀 나머지 나라들… 두발, 메섹, 디라스들도 언제든지 야완과 손잡고 중원을 향해 진격할 준비가 되어 있었다. 그런 상황 속에서 앗수르의 하난 대제는 만국회의를 개최하게 된 것이었다.

그러나 아직 회의를 시작하기도 전에 이미 각국의 대표들은 어둠 속에서 분주하게 움직이기 시작하고 있었다.

가나안 왕 시돈은 고멜 왕 아스그나스와 그 아우 리밧을 만나 밀담을 나누었고 미스라임의 메네스 왕자와 야완의 네 형제들도 이미 거리에 나와 무엇인가를 살피고 있었다. 무슨 연유인지는 모르나 저 바벨 성에까지 나타났던 아릿다 황후는 또 사람들의 눈을 피하여 가나안 왕의 숙소로 숨어들었고 아람의 무사들도 각국의 전력을 탐색하고 있었다. 야벳의 한 후예로 보이는 반누라는 청년은 모든 야벳 사람들에게 궐기할 것을 선동했고 야벳 사람들은 가나안 군인들과 무력충돌을 일으켰다.
그리고 아마도 이 모든 상황들을 하난 대제의 강력한 정보원들은 빠짐
없이 수집하여 보고하고 있을 것을 하노스는 잘 알고 있었다.

이렇게 꿈틀거리고 있는 막후 속에서 무엇보다도 활발하게 움직이고
있는 것이 바로 샤론 마을의 사람들이었다.

이미 앗산은 룻 가문의 사람들을 만나러 갔고 엘람의 두 장로들은 수
시아나 여왕의 동태를 살피는 중이며 확실하지는 않으나 고센과 에바도
지금 이 니느웨 성에서 무엇인가 하고 있음에 틀림없는 것이었다.

엘람의 사관은 여왕의 숙소답게 니느웨 성에서 가장 번화한 환락가에
자리잡고 있었다. 술집마다 사내들의 노랫소리와 여자들의 웃음소리가
쏟아져 나오고, 거리에는 싸움을 하는 사람, 술이 취해서 길바닥에 뒹
구는 사람, 길바닥에 새겨진 도박판에서 은들을 걸어놓고 도박하는 사
람들이 가득 차 있었다. 에벨이 하노스의 귀에다 대고 소곤거렸다.

"장로님들을 찾았어요."

"어디 계시는데?"

에벨은 하노스를 이끌고 한 술집으로 다가갔다. 문틈으로 들여다보니
아한과 시브온 두 장로는 술집의 한쪽 구석에 앉아서 술이 취해 치근덕
거리는 창녀 때문에 몹시 거북스러운 입장이 되어 있었다. 고역을 치루
면서도 끈덕지게 앉아 있는 품이 아마도 거기서 얻을 만한 정보가 있는
모양이었다. 하노스가 사완에게 말했다.

"형님, 제가 잠깐 들어가 보고 올 터이니 여기들 계십시오."

그는 사완과 가미엘 남매들을 밖에 세워두고 술집 안으로 들어섰다.
그가 장로들이 앉아 있는 곳에서 가까운 자리에 궁둥이를 붙이고 앉자
이번엔 또 다른 여자가 그에게로 다가오면서 술 취한 목소리로 말했다.

"이봐, 여긴 아이들이 오는 곳이 아니야. 엄마한테 젖이나 더 얻어먹
지 여긴 왜 왔어…?"

하노스는 잠시 술집 안을 둘러보다가 다가온 여자에게 말했다.

"엄마 젖은 이미 말라붙어서 젊은 유모를 구하러 왔습니다."

그는 품속에서 은을 꺼내 여자의 손에 쥐어 주었다. 여자는 깜짝 놀
라며 하노스를 바라보았다.

"어머… 영 쑥맥인 줄 알았더니 오늘 봉을 잡았네. 무엇을 드실까요, 공자님? 저에게도 술 한잔 사주시겠어요?"

"당신 좋아하는 대로 드십시오."

"정말로 멋쟁이셔… 그럼 공자님은 뭘 드시겠어요?"

"나…?"

"말씀하세요. 당신이 내신 은으로 밤새도록이라도 마실 수 있으니까요."

"…우유를 주십시오."

"우유…? 젊은 유모 말인가요?"

하노스는 여자의 손목을 끌어당기며 그녀의 귀에다 대고 속삭였다.

"우유 한잔 갖다주고 다른 델 가봐요. 내가 지금 혼자 있고 싶으니까."

여자는 눈을 크게 뜨며 하노스를 바라보았다. 그렇게 많은 은을 집어주는 것을 보고 여자에게 엉큼한 생각이 있는 줄로 알았던 모양이었다. 여자는 고개를 갸웃거리더니 다시 깔깔대며 웃었다.

"오오라… 고독을 사랑하는 청년이로군. 언제라도 유모가 필요하면 부르세요. 나도 사실… 조용한 남자를 좋아하니까요. 뭔가 분위기가 있어 보이거든…"

시끄러운 여자가 멀어져가자 하노스는 바로 옆자리에서 떠들고 있는 사내들을 살펴보았다. 그들도 이미 술에 취해서 혀가 꼬부라지고 있었다.

"어이… 우리는 참으로 운이 좋았어. 안그래…? 그 많은 왕실 경호원들 가운데서도 전하를 따라 산에서 내려온 축에 끼었으니 말이야…"

"우리… 아르박삿 가문도 하루속히 산에서 내려와야 해. 산골짝에서 사는한 아르박삿 가문은 틀렸어…"

"고루하고… 발전도 없고… 세상은 하루가 다르게 변해 가는데 아르박삿은 꿈결에 잠꼬대를 하고 있는 거야. 손에 못이 박히도록 일해도 겨우 일년 먹을 양식에…"

"그뿐인가? 세상 구경도 못하고 틀어박혀서…"

"말도 말게, 난 전하의 수행원으로 따라나서기 위해서 얼마나 애를 썼는 줄 아나? 왜 당신은 남들처럼 뽑히지 못하느냐고 긁어대는 마누라

등쌀에…"

"가이난 왕께서도 사실은 아르박삿의 개화를 몹시 원하시고 있는 것 같은데…"

"이상한 일이야. 아르박삿의 모든 여편네들은 다 나라의 개화를 열렬히 원하고 있는데 오직 메루가 왕비님만 반대이시니…"

"더구나 메루가 왕비는 셈 집안의 여자도 아니고 야벳의 마대 가문 출신인데도 별나시단 말씀이야…"

"…도대체 아르박삿 가문은 셈 집안의 장자가문도 아니고 셋째 가문인데 어떻게 돼서 그 여호와 신이 아르박삿 가문으로 들어와 속을 썩이는지 모르겠단 말이야. 그 여호와 신이 아르박삿 사람들의 발목을 잡고 있거든."

"이젠 여호와 신도 좀 세상에 외출해서 바람을 쏘여야 해. 이렇게 개화되어가는 세상에서 두눈을 똑바로 뜨고 살아도 정신차리기가 어려운데 이건 숫제 눈을 감고 살자니…"

"이번 만국회의가 그 계기가 되겠지. 여호와 신께서도 만국회의에 모이는 다른 신들을 보면 좀 생각이 달라지시지 않을까?"

눈자위를 시꺼멓게 그린 그 여자가 다시 다가오더니 하노스 앞에 멈추어 섰다.

그녀는 손에 우유잔을 들고 서 있었다.

"정말… 우유를 드시겠어요?"

"네, 우유를 주십시오."

여자는 별수 없다는 듯 우유잔을 하노스의 앞에 내려놓았다.

"고마워요. 이젠 다른 델 가 봐요. 난 혼자서 마시는 것을 좋아하니까…"

"하지만 …"

"알겠습니다. 거스름은 필요 없으니 안심해요. 그대신 또 생각나면 우유를 더 주문할 테니까."

그제서야 여자는 돌아서서 멀어져갔다. 커다란 궁둥이가 탁자들 사이를 빠져나가고 있었다. 하노스는 다시 가이난 왕의 경호원들이 지껄이는 소리에 귀를 기울이기 시작했다.

“아무튼 이번 만국회의는 천하의 판도가 꿈틀거리는 중요한 회의인 것 같애. 특히 우리 아르박샷 가문에도…”

“가이난 전하께서도 그래서 지금 수시아나 여왕을 만나고 계시는 것이 아닐까?”

“그렇겠지. 특히 수시아나 여왕의 엘람 가문은 셈 집안의 장자가문이었고 과감한 개혁에 성공한 가문이니까. 아르박샷과의 협력을 위해서는 좋은 상대가 되겠지…”

하노스는 우유를 한모금 마시고나서 일어섰다. 그 정도면 들을 만한 정보는 다 들은 셈이었던 것이다. 그는 조금전에 은을 주었던 여자를 찾아서 그녀의 귀에 뭔가 이르고는 밖으로 나왔다. 에벨이 궁금한 듯 다가서며 물었다.

“형도 술 마셨어?”

“술은 아니지만 하여간 마시긴 마셨다.”

“무얼 마셨는데?”

에벨은 하노스가 무얼 마셨는지 자꾸만 궁금한 모양이었다. 하노스는 에벨의 머리를 쓰다듬으면서 말했다.

“…네가 좀더 크면 가르쳐주지. 아… 장로님들께서 나오신다.”

하노스는 달려가서 엘람의 두 장로 아한과 시브온에게 인사를 했다. 가미엘 남매와 사완도 그들과 인사를 나누었다. 하노스가 먼저 입을 열었다.

“장로님, 저도 가이난 왕의 경호원들이 말하는 것을 들었습니다만… 수시아나 여왕은 지금 가이난 왕과 만나고 있는 모양이지요?”

“그렇습니다. 아마도 지금 가이난 왕은 아르박샷 가문의 개화에 대해서 엘람의 도움을 받으려는 것 같습니다. 본래 엘람은 아르박샷과 비슷한 처지였지요. 셈 가문의 장자가문이었고 여호와 신에게 제사를 드렸고 산지에 거주하던 가문이었습니다. 우리가 보기에 엘람은 타락한 것인데… 사람들은 그것을 개화했다고 생각하니 참으로 기이한 일입니다.”

“그런데… 두 분 장로님들께서는 지금부터 어떻게 할 계획이십니까?”

그러자 아한과 시브온은 잠깐 서로 얼굴을 마주보더니 아한이 목소리를 낮추면서 말했다.

"실은… 우리가 샤론 마을을 떠나 이리로 오는 길에 한 소년을 만났습니다. 그런데 그 아이가 우리를 스쳐 지나가면서 이상한 소리를 지껄이는 것이었습니다."

"이상한 소리를…?"

"그렇습니다. 그 아이는… 이렇게 말했습니다. 바람이 불면 구름이 모이고 구름이 모이면 비가 내리는데… 바람이 불기 전에 구름도 모이기 전에 비가 먼저 오겠구나…"

모든 사람들이 이상하게 생각하고 있는데 아한은 다시 말을 이었다.

"하도 이상한 소리를 지껄이고 있기에 시브온님이 따라가서 아이를 붙잡고 물었지요. 지금 그 말이 무슨 뜻이냐고… 그랬더니 그 아이는 시브온님을 빤히 쳐다보면서 비가 먼저 올 텐테 비를 만나려면 퉁소 소리 나는 곳으로 가야 한다고… 그렇게 말하고 나서 달아나버리는 것이었습니다. 저희가 생각하기에 바람과 구름과 비란…"

하노스의 눈이 반짝거렸다.

"그것은… 혹시 신정원의 풍백(風伯) 운사(雲師) 우사(雨師)를 말하는 것 아닐까요?"

"저희도 그렇게 생각하고 있었습니다. 아이의 말이 혹시 누구의 말을 전한 것이라면 지금쯤 어딘가 신정원의 우사(雨師) 마달님께서 살아계시다는 뜻이 될 수도 있는 것입니다. 그래서 오늘밤 저희들은 이 근처에 머물면서 혹시 들려올지도 모르는 퉁소 소리를 기다려야 할 것 같습니다."

"그러면… 내일 뵙기로 하지요. 어디서 만날 것인가는 다시 샤론의 연락망을 통해서 이어질 수 있을 것 같습니다."

그들은 두 장로와 헤어져서 다시 거리를 걷기 시작했다. 이렇게 모든 나라들을 모아놓고 지금쯤 하난 대제는 어디서 이들을 내려다보고 있는 것일까. 그는 아마도 저 높다란 니눈타의 신전에서 모든 나라들의 움직임을 살펴보고 있는 것인지도 몰랐다. 하노스는 한동안 말없이 걷다가 사완을 돌아보며 말했다.

"형님, 온 세상은 점점 더 복잡하게 돌아가고 있는데… 오직 침묵하고 있는 것은 여호와 신뿐인 것 같습니다.”

“그렇군요. 이러다간 얼마쯤 지나면 세상에서 여호와 신의 이름을 기억하는 사람도 없을 것 같습니다.”

“어쩌다가 그렇게 된 것일까요? 홍수로 온 천하를 쓸어버렸다면 그 무서운 신이 어쩌다가 어디 한군데 발 붙일 곳도 없는 처량한 신세가 된 것일까요?”

“이 지경이면… 정말로 어느 신이 진짜 신인지도 판별하기 어렵게 된 것 아니겠습니까? 여호와 신이 천지를 창조하고 사람을 창조했다는 것조차 신빙성 있는 이야기인지… 여호와 신이 천하를 홍수로 쓸어버렸다는 그 이야기조차 믿을 만한 이야기인지…”

“그러나… 비록 짧은 견문이지만 가나안 땅으로, 미스라임 땅으로 여행하면서 들은 바로는, 분명히 홍수의 사건이 있었다는 것이었습니다. 어렴풋하게나마 모든 나라의 모든 백성들 사이에 그 홍수의 이야기는 전해 내려오고 있었습니다. 그것이 만일 지어낸 이야기라면 어느 특정한 족속들만 들을 수 있었을 테지요. 그런데 제가 다녀본 곳곳마다… 그런 홍수의 이야기들을 알고 있었습니다. 노인들에서부터 어린아이에 이르기까지… 물론 그 이야기의 내용은 모두들 조금씩 달랐지만 홍수가 나서 땅 위에 살던 모든 사람과 짐승들이 멸망당했다. 어떤 사람이 신의 명령에 따라 큰 배를 만들어서 거기에 탔던 사람들과 짐승들만 살아남았다 하는 부분은 공통되는 것이었지요.”

“참으로 이상한 일이야. 여호와 신은 지금 어디서 무얼 하고 있는가?”

“전 그것을 알지요.”

갑자기 에벨 소년이 그렇게 말했기 때문에 그들은 모두 깜짝 놀라며 에벨을 바라보았다. 하노스가 귀엽다는 듯 에벨의 어깨를 잡으며 말했다.

“꼬마 선생님, 우리는 오늘 모두 당신에게 가르침을 받아야 될 것 같습니다.”

에벨은 마른침을 꿀꺽 삼키더니 말하기 시작했다.

“여호와 신은 진짜 신이시기 때문에… 세상의 가짜 신들과 맞붙어서 싸우시지 않는 거예요. 그렇기 때문에 여호와 신은 다른 신이나 사람들이 전혀 예측하지 못하는 방법으로 나타내실 것 같아요. 이 타락한 세상에서… 여호와 신은 자기와의 약속을 믿고 기다리는 사람들을 통해서 어떤 뜻밖의 방법으로 자기를 나타내실 거예요. 여호와는 절대로 니느웨의 만신전 같은 곳에는 참석하시지 않겠지요."

참으로 어린 에벨의 말은 정곡을 찌르고 있었다. 그는 미처 어른들이 생각하지 못하고 있는 것을 보고 있었던 것이다. 정말 여호와 신이 진짜 신이라면 그는 가짜 신들과 논쟁하고 있을 필요가 없었던 것이다. 에벨의 설명을 들으며 하노스와 사완은 고개를 끄떡였다.

사완이 갑자기 걸음을 멈추며 무엇엔가 귀를 기울이고 있었다. 모두들 함께 멈춰 섰을 때 어디선가 남자의 신음소리가 들려오는 것 같았다. 사완이 그 방향을 잡은 듯 손을 입으로 가져가며 발걸음을 죽여 움직이기 시작했다.

그것은 두 사내가 싸우고 있는 소리였다. 때리는 소리와 비명 소리가 번갈아 가며 들려오고 있었다. 소리가 나고 있는 곳은 술집이 뜸한 거리의 왼쪽 골목 안이었다.

"……?"

골목 안에서는 뭔가 두런두런 말소리가 들려오고 있었다. 모두들 숨을 죽이며 그 소리에 귀를 모았다. 시근거리는 사내의 목소리가 들려오고 있었다.

"경솔한 놈 같으니! 이놈아, 남자는 맹수처럼 모든 일을 멀리보는 안목이 있어야 하는 거야! 네가 사람들 앞에 나서서 그들을 선동한다고 네게 유익한 것이 무엇이냐? 한때 흥분으로 너는 인기 있는 선동자가 될는지 모르지만 그것으로 끝이야! 입만 가지고 천하를 잡을 수는 없는 거야!"

그러자 다시 젊은이의 볼멘소리가 들려오기 시작했다.

"당신은 내게 간섭하지 마세요! 당신에게는 당신의 길이 있고 내게는 내 길이 있는 겁니다!"

다시 먼저의 목소리가 터져 나오고 있었다.

"멍청한 놈! 아직도 대들 생각이야!"

이어서 다시 둔탁한 소리가 들려왔고 젊은이의 비명소리가 들려왔다.

"너 같은 놈은 맞아야 정신을 차리게 된다. 이 떠돌아 다니는 개 같은 놈!"

숨어서 그 소리를 듣고 있던 하노스와 사완, 그리고 가미엘 남매는 그것이 바로 고센의 음성이며 맞고 있는 젊은이의 목소리는 조금전 니칼의 신전 앞에서 연설하던 반누의 것임을 알고 깜짝 놀랐다. 고센의 구타는 계속되었고 반누의 반항도 끈질기게 계속되고 있었다.

"당신은 당신, 나는 납니다. 이렇게 계속하면 난 당신의 딸 디나를 죽여버리겠어요!"

"네가 내 딸 디나를 건드린 놈만 아니었다면 너는 벌써 내 손에 죽었을 것이다!"

"당신… 내게 간섭하지 말아요! 난 반드시 당신보다 강자가 되어서 당신 딸 앞에서 당신의 목을 비틀어 버릴 테니까!"

"개 같은 놈! 아직도 네 입이 살아있구나. 내가 네 주둥이를 찢어 주리라!"

다시 젊은이의 날카로운 비명이 들려오고 있었다. 그리고 골목은 쥐죽은 듯이 조용해졌다. 듣고 있던 골목 밖의 네 사람은 그들 사이에 일어난 일을 어렴풋하게 짐작할 수 있었다. 고센에게는 본래 젊은 딸이 있는 것 같았고, 그 젊은 사내 반누와 깊은 관계가 되어 있는 모양이었다. 고센은 뭔가 큰 야망을 가지고 샤론 마을의 사람들을 사귀며 때를 기다리는 사람이었고 반누라는 청년은 야벳의 세력을 규합하여 중원에 도전하려는 성급한 야심을 가지고 있었다.

(그러나… 고센이 구태여 반누의 행동을 막는 이유가 무엇일까?)

하노스는 다시 머리속에서 계산을 하고 있었다. 반누는 야벳족속의 대동단결을 촉구하고 있었다. 그런데 그의 장인되는 고센은 반누를 제지하였다. 그들 사이에는 어떤 이해의 갈등이 있었던 것일까. 반누의 포섭 대상은 야벳 집안 사람들이었다. 그렇다면 고센도 역시 야벳 집안 사람들의 세력을 규합하려고 하였던 것은 아닐까. 이미 고센은 야벳 집안 사람들의 세력을 규합하여 뭔가 큰일을 계획하고 있는데 엉뚱한 반누가 나타나서 그들을 선동하기 시작했다. 반누의 선동에 말려들어가던 야벳 사람들의 행동은 뿔뿔이 흩어질 것이고 그렇게 되면 고센의 계획에는 큰 차질이 생길 것이 뻔했다. 그래서 그는 반누의 경솔한 행동을 저지하기로 마음먹은 것이 아니었을까.

골목 안에서는 아무 소리도 들려오지 않고 있었다. 얼마나 지났을까. 누군가 골목 안에서 걸어나오고 있었다. 골목 밖의 네 사람은 얼른 건물들 사이로 몸을 숨겼다. 골목 안에서 걸어나온 것은 바로 고센 그 사람이었다. 그는 큰길로 나와서 잠시 사방을 둘러보다가 길 아래쪽으로 천천히 걸음을 옮겨놓기 시작했다.

"…어떻게 할까요, 형님?"

"따라가보는 것이 좋을 것 같습니다."

비교적 술집이 드물고 인적이 많지 않은 길이었기 때문에 그들은 상당한 거리를 두고 고센의 뒤를 미행하였다. 키가 큰 고센의 모습이 휘적휘적 내려가더니 다시 큰길을 건너고 있었다.

"…남문 쪽으로 가고 있군요."

"성 밖으로 나가려는가…?"

그러나 고센은 다시 길 건너편의 한 골목으로 들어가고 있었다. 하노스가 다시 말했다.

"형님, 가미엘과 에벨을 데리고 여기서 기다리고 계십시오. 제가 따라가 보겠습니다. 여럿이 행동하는 것보다 저 혼자 가 보는 것이 나을 것 같습니다."

사완이 알겠다는 듯 고개를 끄떡이자 하노스는 길을 건너 고센이 들어간 골목 안으로 사라져버렸다. 하노스가 가 버린 후 얼마동안 하늘의 총총한 별들을 바라보고 있던 에벨이 가미엘의 얼굴을 바라보았다.

"누나, 들려?"

"……?"

들려오고 있었다. 수금 소리였다. 이 소란스러운 니느웨 성의 혼탁한 밤 공기를 뚫고 스며들어오는 수금 소리였다. 그 소리는 어느 틈에 니느웨 성의 밤바람을 타고 스며들어와서 혹은 탄식하듯, 혹은 흐느끼듯 사람들의 마음을 잡아 흔들고 또는 쥐어뜯는 것이었다.

"에바 이모야!"

"어느 쪽인가 잘 들어봐."

"남문 쪽에서 나는 것 같은데? 근데 형이 와야 에바 이모를 찾아갈 거 아냐?"

그때였다. 그 흐느끼는 듯한 수금 소리에 감겨들면서 또 하나의 소리가 들려오기 시작한 것이었다. 마치 물결이 밀어닥치는 듯 밤하늘을 타고 엄습해 오는 기이한 선율이 춤을 추듯 수금 소리와 엉켜져서 타오르고 있었다.

"퉁소다!"

"엘람의 장로님들은 퉁소 소리가 들려오면 비가 오리라고 했어."

"우사(雨師) 마달님이 그 퉁소 소리 나는 곳에 계실지도 모른다고 했는데…"

"그런데 형은 어디로 갔을까 …?"

밤하늘에서 뒤엉키고 있는 수금 소리와 퉁소 소리를 들으면서 그들이 안타까워하고 있을 때 하노스가 건너편 골목에서 뛰어나오고 있었다. 그는 단숨에 길을 건너오더니 사완과 가미엘 남매에게 말했다.

"귀를 막아야 해요. 잘못하면 내장을 상하게 되니까…"

"고센은 어떻게 됐습니까?"

"고센은 골목 안의 어떤 집에서 비밀회의를 하고 있습니다."

"비밀회의? 누구와 말입니까?"

"고멜 가문의 셋째 아들 도갈마, 마대의 군대장관 아나 그리고 메섹왕 메긴들이 고센을 기다리고 있었습니다."

"…모두 다 야벳 사람들이로군."

"그렇습니다. 고센은 반누와 마찬가지로 야벳 사람들을 규합하고 있음에 틀림없습니다."

"그렇다면… 고센, 그 사람도 역시 야벳 사람이란 말인가?"

"본인은 기스 성에서 농사를 짓고 있었다 하는데… 그가 만일 야벳 사람이 아니라면 도갈마, 아나, 메긴 같은 자들이 그의 포섭에 말려들지 않을 것입니다. 제가 보기에는 고센도 그리고 그의 사위 반누도 모두 마곡의 가문이 아닌가 합니다. 반누는 아까 니칼의 신전 앞에서 연설하면서 계속해서 마곡의 저주를 퍼부었거든요."

"그렇다면… 그들은 검은 바다 저쪽으로 사라져간 것이 아니라 어딘가에 살아 있는지도 모르겠군요?"

"그렇습니다. 어쩌면… 검은 바다 저쪽은 땅의 끝이 아니라 또 새로운 땅이 있는지도 모릅니다. 아무도 검은 바다 건너편과 아라랏 산의 북쪽으로는 넘어가본 적이 없으니까요. 에벨, 어떠냐? 너희는 고센 아저씨와 오랫동안 함께 지냈으니 잘 알고 있겠지? 너희들이 볼 때 고센 아저씨는 어떤 사람 같더냐?"

에벨은 이미 귀를 막고 있었기 때문에 잘 안들린다는 듯 눈을 크게 떴다. 가미엘이 옆에서 말했다.

"고센 아저씨는 늘 우리에게 노아님의 예언에 대해서 말씀하셨어요. 셈 집안과 야벳 집안은 서로 협력해야 한다고요."

"하지만… 샤론 마을에는 함 집안 구스 가문의 다섯 형제도 있지 않은가?"

"그분들은 우상을 섬기지 않으니까 괜찮은가 봐요. 하지만 고센 아저씨는 구스 집안의 형제분들과 그리 가까운 사이는 아니지요."

"자… 어쨌든 이제부터 귀를 막고 수금 소리를 따라가야 하는데… 귀를 막고 소리를 따라간다는 것은 좀 어려운 일이로군."

가미엘이 앞으로 나서면서 말했다.

"저를 따르세요. 제가 앞장설 테니까요."

"아니… 가미엘은 에바 이모의 신공을 이길 수 있다는 거야?"

가미엘은 그냥 방그레 웃어보이더니 사뿐사뿐 앞장서서 걸어가는 것이었다.

만국평화회의

석달 전까지만 하더라도 인부들만 왕래하던 새 도성 니느웨에 터져나
갈 듯이 인파가 모여들기 시작하고 있었다. 그것은 아래도성 앗수르에
서 이주해 온 백성들뿐만 아니라 만국회의에 참가하러 오는 온 천하의
왕들과 그 수행원들, 그리고 그 신들의 행렬을 구경하기 위해 모든 나
라들로부터 모여든 사람들 때문이었던 것이다.

사실 이번의 만국회의야말로 인류 역사상 최대의 기적이었다. 온 천
하의 중심으로 불리워지는 비옥한 초생달의 이마 위에 새로 건설된 보
석과도 같은 새 도성 니느웨에서 이 역사적인 회합이 열리는 것이었다.
그것은 오로지 위대한 영도력으로 만국을 다스려나가는 하난 대제가 아
니면 누구도 감히 생각조차 해볼 수 없는 일이었다. 그래서 모든 나라
의 백성들은 이 사상최대의 사건을 직접 자기들의 눈으로 목격하기 위
하여 꾸역꾸역 모여들고 있었던 것이다.

하늘을 찌를 듯 높이 솟아 있는 새 도성의 지구랏(신전탑)과 다른 나
라의 도성 하나만큼이나 거대한 만신전(萬神殿) 사이에 설치된 대제사
장 자리에는 천하를 대표하는 대제사장이며 만국의 장자권자인 하난 대
제가 좌정하였고 그 곁에는 만백성의 어머니로 일컬어지는 아릿다 황후
가 날아갈 듯한 모습으로 들어와 앉았다.

그리고 그 좌우에는 앗수르 제국의 만조 백관들과 장군들이 근엄한
모습으로 앉아 있었고 뒤쪽에는 하난과 아릿다의 자녀들을 위한 다섯

개의 의자가 준비되어 있었는데 아직 거기엔 레센 공주 한 사람만 앉아 있었다. 대제의 세 아들 시날, 에렉, 갈레는 입장식에 참가하기 때문에 자리가 비어 있었고 막내아들 하노스는 아직 도착하지 않고 있었다.

황제와 황후가 앉아 있는 아래쪽에도 역시 수많은 의자들이 준비되어 있었다. 입장식이 끝나게 되면 열국의 왕들이 올라와 착석할 자리였던 것이다. 왕들의 자리를 자기 등뒤에 배치하지 않고 앞쪽에 배치한 것은 언제나 적을 등뒤에 두지 않는 하난 대제의 평소 습관 때문이었다.

본부석의 주위에는 흰 옷을 입은 1백 2십명의 제사장들이 도열하여 부동자세로 서 있었고 다시 본부석에서 신전탑으로 올라가는 계단의 양쪽으로는 1천 4백 4십명의 여제관들이 대기하고 있었다.

자리에 앉아서 사방을 둘러보던 아릿다 황후는 고개를 돌려 뒤쪽에 앉아 있는 레센 공주를 바라보며 물었다.

"하노스는 어디 갔느냐?"

"아직 도착하지 않았어요. "

"어젯밤에 안들어온 것 아니냐?"

"아침에 복도에서 만났는 걸요. "

그러자 아직도 광장에 모인 백성들을 바라보고 있는 하난 대제가 입을 열었다.

"하노스도 이제 제 몫을 할 만한 나이가 되었으니 당신은 너무 간섭하지 않는 게 좋을 거요. "

"간섭은 하지 않더라도 어디 가서 무엇을 하고 있다는 것쯤은 알아두어야 할 것 아니에요? 폐하께서는 하노스에 대해서 너무 무관심하신 것 같습니다. "

"본래 사자는 새끼를 기를 때 자유롭게 뛰어놀도록 하면서 멀리서 지켜보는 거요. "

"정말 폐하께서는 하노스를 지켜보고 계십니까?"

"나도 하노스에 대해서 아비가 할 만한 일은 다 하고 있소. "

"그렇다면 하노스가 어젯밤에 어디서 무엇을 하고 다녔는지도 아신단 말씀이신가요?"

"하노스는 어젯밤 성중의 은성(銀星)이라는 주점 2층에서 한 아가씨와 정담을 나누고 있었소."

"하노스와 정담을 나누었다는 그 아가씨는 누구였습니까?"

하난 대제의 말을 듣고도 아릿다 황후가 별로 놀라지 않는 것을 보면 황후도 평소에 그 정도의 정보망은 가지고 있는 모양이었다. 오직 놀란 것은 뒷자리에 앉아 있던 레셴뿐이었다. 그녀는 얼굴이 헬쑥해지며 당황해 하는 기색이 역력했던 것이다.

하난 대제는 아직도 시선을 다른 곳에 둔 채로 퉁명스럽게 대답했다.

"아들의 여자 관계에 이르기까지 지나치게 관심을 두는 것은 교육상 좋지 않은 일이오. 남자는 때가 되면 여자를 사귈 수 있는 것이고, 그렇게 해서 세상 일을 배우게 되는 거요."

"하지만 상대가 누구라는 것 정도는 알아야 하지 않겠습니까?"

"상대가 누구이든 무슨 상관이 있겠소? 여러가지 꽃을 본 사람이라야 가장 좋은 꽃을 고를 수 있는 거요."

"그렇다면… 폐하께서도 여러가지 꽃을 보셨단 말씀인가요?"

"나는 내가 가장 좋은 꽃을 골랐다고 말한 적이 없소."

아릿다 황후는 하난 대제의 무뚝뚝한 대답에 심한 모욕을 느꼈는지 손끝을 떨고 있었다. 그제서야 하난은 아릿다 황후를 돌아보며 빙그레 웃었다.

"말하지는 않았지만 나는 역시 가장 좋은 꽃을 골랐던 것 같구료."

"여러가지 꽃을 경험한 안목을 가지고 말씀인가요?"

"아… 아니오. 나는 운좋게도 처음 만난 꽃이 가장 좋은 꽃이었기 때문에…"

그러나 그런 정도의 임기응변으로 얼렁뚱땅 넘어갈 아릿다가 아니었다. 그녀는 잠시 쌔근거리고 있다가 다시 입을 열었다.

"…하노스에게도 처음부터 가장 좋은 꽃을 부모가 골라줄 수 있지 않습니까?"

"가장 좋은 꽃은 당신뿐인데 어떻게 고를 수가 있겠소?"

"하노스에게 가장 잘 맞는 꽃을 말씀입니다."

"바로 그 점이오. 우리는 하노스가 아니기 때문에 하노스에게 가장 잘 맞는 꽃을 고를 수가 없다는 것뿐이오."

"폐하께서는 하노스가 야벳의 천한 계집을 맞아들여도 좋다는 말씀이신가요?"

마침내 하난 대제에 대한 아릿다의 불만이 터진 것이었다. 툭하면 사냥을 나간다는 핑계로 변경에 나가서 야벳의 여자들을 손대는 그의 습성에 대한 힐난이었다. 하난 대제뿐만 아니라 많은 셈 집안의 사내들은 걸핏하면 벌거벗고 춤추는 야벳 여자들에게 녹아나고 있었다. 그래서 아릿다는 석달 전 하난 대제가 마대 지방에서 몇 명의 계집애들을 이끌고 왔을 때 그 중에서 제일 눈에 뜨이던 나메라를 택하여 자기의 시녀로 삼아버렸던 것이다. 하난 대제는 잠시 사이를 두었다가 단호한 목소리로 말했다.

"지금 여기는 만국회의가 열리고 있는 자리요. 천하의 평화는 모든 나라의 사람들이 한 형제로서 우의를 다짐할 때에만 이루어지는 거요. 함 집안 사람이나 야벳 집안 사람이나 모두가 다 한가족으로 생각하지 않으면 천하의 평화를 이룰 수 없단 말이오. 사람에 대한 편견은 인류의 평화에 대한 적대행위라는 것을 명심하시기 바라오."

그러자 아릿다의 저항도 만만하지 않았다.

"폐하께서는 마치… 하노스의 아버지가 아닌 것처럼 말씀하시는군요."

"당신이야말로 하노스의 어머니라면 그를 어떻게 양육해야 하겠는가를 생각해 보는 것이 좋겠소."

황제와 황후 사이의 언쟁이 막 아슬아슬한 지경에까지 이르고 있을 때 갑자기 공중으로부터 마치 하늘이 무너지듯 우렁찬 나팔소리가 쏟아져내렸다. 각국의 왕들과 그 수호신들의 입장(入場)을 알리는 나팔소리였던 것이다. 이미 광장의 입구 쪽에서는 백성들의 환호성이 터지기 시작하고 있었다.

제일 먼저 광장으로 들어서고 있는 것은 하난 대제의 장자 시날이 이끄는 앗수르의 대 전차대였다. 천지를 진동시키는 굉음과 함께 밀어닥치는 전차대 뒤로는 황금색으로 찬란하게 빛나는 앗수르의 민족신 앗술의 거대한 신상이 들어오고 있었다.

만물을 창조한 창조신이며 앗수르를 통하여 전세계를 지배하는 신 중의 신이었다. 사람의 모습을 하고 있는 거대한 앗술의 신상은 큰 눈으로 백성들을 위압하며 천천히 전진해 오고 있었다. 과연 시날의 전차대와 거대한 앗술 신상은 온 천하의 왕들과 백성들을 압도하기에 충분한 것이었다. 전차대의 병사들이 들고 있는 창검과 도끼들은 광장 안을 번쩍거리는 살기로 가득하게 메우고 있었던 것이다.

그러나 백성들의 겁에 질렸던 환호는 잠시 후 열렬한 찬탄의 박수로 바뀌기 시작했다. 하난의 둘째 아들 에렉이 이끄는 우룩의 신들이 입장하고 있었기 때문이다. 우룩의 신은 남성 신 아누와 여성 신 이쉬타르였던 것이다.

이들 두 신은 신들 중에 가장 아름다운 모습을 하고 있었다. 셈 집안의 많은 신들이 홀아비 신들임에 비하여 이들 아누와 이쉬타르는 짝을 이루어 들어오고 있었다. 근엄한 표정을 짓고 있는 아누의 큰 코는 거대한 남성의 정력을 나타내었고 이쉬타르의 커다란 유방은 끊임없는 여인의 샘을 상징하고 있었다. 백성들은 박수와 환호로 이들 신을 맞아들였다.

"과연 대단하군!"
"아누여, 은총을 내리소서!"
"위대한 아누 신이여!"

그러나 아누 신보다도 더욱 인기가 있는 것은 이쉬타르였다. 새침한 듯 서늘한 얼굴과 호소하는 듯한 입술은 모든 사내들의 혼을 빨아들이려는 듯 미소지었고 터질 듯한 유방과 잘룩한 허리를 감싼 얇은 옷은 금방이라도 벗겨질 듯 바람에 하늘거리고 있었다. 대부분의 남자들은 아누보다도 이 이쉬타르 여신에게 더욱 열광하고 있었다.

"위대하신 이쉬타르여!"
"풍요의 샘을 열어주소서!"

백성들의 환호에 파묻혀서 에렉의 행렬이 지나가자 광장 입구 쪽에서는 다시 청동의 빛을 번쩍거리며 날개 달린 황소의 신상이 들어서고 있었다. 하난 대제의 셋째 아들 갈레가 이끄는 대지의 신 키의 신상이었다. 그리고 키의 신상 뒤로는 중무장한 기마군단이 들어서고 있었다. 시날의 전차대와 더불어 갈레의 기마군단은 모든 나라에서 모인 왕들의 간담을 서늘하게 할 만한 것이었다.

앗수르의 세 왕자들이 입장하자 뒤이어서 엘람의 신 수쉬낙의 신상이 들어서고 있었다. 한손에 열쇠를 들고 한손에 도끼를 든 수쉬낙의 신상은 엘람의 대표단을 이끌고 있는 수시아나 여왕의 개혁의지를 보여주고 있었다. 셈의 장자로서 과거에 천하를 통치했던 엘람의 가문, 황태자 수멜의 반역 때문에 여호와 신에 대한 제사권을 잃고 그 장자권을 앗수르에 물려주어야 했던 엘람. 그만큼 엘람은 권위의 나라였고 장로들이 다스려나가는 신앙의 나라였다. 그러나 엘람은 장자권이 넘어간 후 몰락의 길을 걷고 있었던 것이다. 반역자 수멜이 라가스의 결전에서 자결한 후 엘람은 수멜의 아우 수사가 통치했었다. 그러나 천하의 모든 나라들이 모두 자기들의 신을 만들며 독자적인 노선을 걸어가는데 엘람은 이것도 저것도 아닌 애매한 체제를 지키고 있었다. 이미 엘람으로부터 장자권을 가져간 앗수르까지도 여호와 신을 버렸는데 엘람만이 장로들의 고집으로 쇠락의 길을 걷고 있었던 것이다.

이 모든 고루함을 깨뜨리기 위하여 궐기한 것이 수시아나 여왕이었다. 수사의 누이였던 수시아나는 엘람의 개혁적인 무사단을 이끌고 혁명을 일으켜 오라비 수사를 내몰고 대권을 거머쥔 다음 오랜 동안 닫혀 있던 엘람의 문을 열기 시작한 것이었다.

"저 여자가 여장부 수시아나 여왕이로군."

"과연 그런 일을 할 만한 여걸이야."

"수시아나 여왕의 남편은 누구일까?"

"어지간히 센 사내가 아니면 안될 걸?"

"자넨 소문도 못들었나? 아르박삿의 가이난 왕이 이따금씩 엘람의 왕궁에 드나든다던데…"

"앗, 저기 가이난 왕이 입장하고 있군!"

엘람의 행렬 뒤쪽으로 아르박삿 가문의 가이난 왕이 들어서고 있었다. 흰색의 메일을 걸친 가이난 왕의 뒤로는 황금색의 금송아지가 들어오고 있었다.

"저 금송아지는 뭐지?"

"저게 바로 여호와 신이라네."

"아니, 여호와는 본래 형체가 없는 신이 아닌가?"

"그렇지. 본래 여호와 신은 보이지 않는 신이었지."

"그런데 저 금송아지는 뭐지?"

"그게 바로 가이난 왕의 골칫거리 아닌가? 다른 나라의 신들은 모두 형상이 있는데 자기 나라의 신은 보여줄 것이 없으니 말이야."

"그래서 금송아지를 만들었단 말인가?"

"소는 양과 함께 제사에 쓰는 정결한 짐승이니까 소로 만들었던 게지."

"그렇다면 황소를 만들던가 할 일이지 왜 하필이면 송아지야?"

"자네도 알다시피 앗수르에도 날개 달린 황소 키 신이 있는데 같은 황소를 만들 수는 없지 않나?"

"아니야, 내가 보기에 아르박삿은 가난한 나라니까 황소를 만들 만한 황금이 없기 때문에 송아지로 만들었을 거야."

그러나 많은 앗수르 백성들은 가이난 왕이 이끌고 가는 금송아지의 모습을 보며 불안한 기색을 감추지 못하고 있었다. 비록 하난 대제가 앗수르의 신을 바꿔 버리면서 여호와 신에 대한 모든 것들을 없애 버렸지만 백성들은 아직도 여호와의 신관들에 의해서 전해 내려오던 저 홍수의 이야기들을 기억하고 있었던 것이다. 세상 사람들이 여호와를 버리고 온 천하에 죄가 가득했기 때문에 여호와 신은 홍수로써 세상을 쓸어버렸다고 했다. 그는 비록 보이지 않으나 천지를 창조한 신이며 남자와 여자를 지었고 범죄한 인간을 징계하였던 무서운 신이었다.

그런데 이제 모든 나라들은 다시 여호와 신을 버렸다. 보이지도 않고 볼 수도 없는 여호와 신을 버리고 모든 나라들은 보이는 신을 섬기기 시작한 것이었다. 모든 나라가 자기를 버렸을 때 홍수로써 인류를 멸망시켰던 여호와 신.

그 신을 물려받아 섬기며 겨우 그 명맥을 유지하고 있는 아르박삿의 가이난 왕마저 이제 그 여호와 신을 금송아지로 만들어버렸던 것이다.

이제 아무도 이 세상에서 보이지 않는 신 여호와를 섬기지 않게 되었다면 다시 여호와 신은 인류에 대한 징계를 계획하고 있을지도 모르는 일이었다.

그런데 여호와 신은 홍수가 끝난 후 자기가 남겨놓은 노아와 그 세 아들을 향하여 이상한 약속을 하였다. 세상에 무지개가 있는한 다시는 물로 세상을 멸하지 않겠다는 약속을 했다는 것이었다. 어떤 사람은 약속을 두고 이제 여호와 신은 세상 사람들이 무슨 신을 섬기든지 무슨 죄를 범하든지 상관하지 않겠다는 뜻이라고 해석하는가 하면 또 다른 사람들은 앞으로 다시 여호와 신이 세상을 멸할 때에는 물로 멸하지 않고 불로 하겠다는 뜻이라고 해석하기도 하는 것이었다.

어쨌든 이제 여호와 신은 세상에서 서서히 사라져가고 있었다. 사람들은 새로 나타난 많은 신들에게 열광하는 한편 어쩐지 불안과 두려움을 느끼고 있었다. 그러나 백성들의 마음을 잠시 그늘지게 했던 그 여호와 신에 대한 근심은 룻의 행렬이 나타나자 씻은 듯 사라지고 있었다. 셈의 넷째 가문 룻의 대표단을 이끌고 있는 것은 거대한 체구의 루두스 왕이었다. 본래 룻은 무예의 본고장이었다. 룻 가문의 출신이었던 천하 제일의 무사 치우 장군도 본도 산의 기인(奇人)으로부터 무예를 전수받았고 하난 대제의 아우였던 군사(軍師) 악갓도 그 치우와 동문이었던 것이다.

그래서 룻 가문의 사절들은 거추장스러운 군복을 입지 않고 간편한 경장(輕裝) 차림이었다. 맨손으로도 바위를 부수며 발길질로 통나무를 깨뜨린다는 무예의 고수들답게 그들은 당당한 보조로 입장하고 있었다. 룻이 섬기고 있는 신도 무예의 본고장답게 전쟁의 신 네로갈이었다. 네로갈 신상은 전쟁의 신답지 않게 팔짱을 끼고 있었다. 그러나 무예를 아는 사람이라면 네로갈 신상이 어째서 팔짱을 끼고 있는가를 알고 있었다. 무사가 팔짱을 끼고 있는 것은 곧 공격준비의 자세였던 것이다. 무사가 팔을 벌리고 있을 때 대적자는 그의 팔이 어느 방향을 향하여 움직일 것인가를 알게 된다. 그러나 상대방이 팔짱을 끼고 있으면 그의 손이 어느 쪽을 향하여 움직이게 되는지 전혀 짐작할 수가 없다. 그래서 본래 무예의 고수들은 공격을 준비할 때 팔짱을 끼는 것이었다.

어쨌든 이 룻 가문의 믿음직한 행렬을 바라보면서 백성들의 불안한 마음은 어느새 사라지고 인간의 능력에 대한 신뢰감을 느끼기 시작하고 있었다. 맨손으로 바위를 부수고 통나무도 깨뜨리는 인간의 힘에 대해서 그들은 무한한 가능성이 있기를 기대하며 안도하고 싶었던 것이다.

룻 가문의 뒤를 이어서 입장하고 있는 나라는 셈의 다섯째 가문인 아람이었다. 아람에서는 홀, 게델, 마스의 세 왕이 사절단을 이끌고 있었다. 본래 그들은 네 형제였는데 맨 위의 우스는 어디로 갔는지 실종되었고 나머지 세 형제가 나라를 나누어서 다스리고 있었던 것이다. 홀 왕은 사자 모양의 아다드 신상을 호위하며 입장했고 게델 왕은 달의 신이라는 난나로의 신상과 함께 했으며 마스 왕이 대동한 신상은 사람의 머리에 사자의 몸을 가진 아나트 신상이었다.

"저… 게델 왕 뒤에 들어오고 있는 장수는 누구지?"

"그게 바로 게델의 아들이라는 야긴이야. 천하 제일의 검객이지."

"그 사람, 인상 한번 고약하군."

"고약한 건 인상뿐만이 아니지. 야긴이 한번 검을 뽑으면 반드시 피바람을 일으킨다더군."

"무사가 아니라 불한당같은 녀석이야… 앗, 저 붉은 옷을 입은 왕은 니므롯이 아닌가?"

셈 집안의 입장이 끝나고 함 집안 나라들의 입장이 시작되고 있었다. 함 집안 행렬의 앞장을 선 것은 함의 장자가문 구스였고 구스의 인솔자는 바벨 왕 니므롯이었던 것이다.

"이제 니므롯은 완전히 구스의 후계자가 되었군."

"그럼 구스의 다섯 아들들은 어떻게 된 거야?"

"스바와 하윌라, 그리고 삽다, 라아마, 삽드가 말인가?"

"그들은 10년 전쟁 때 모두 죽은 것 아니야?"

"아닐세. 그들 다섯 형제는 10년 전쟁에 참가하지 않았어."

"쉿… 이 겁없는 사람들아, 앗수르에서는 과거에 대한 논의가 금지되어 있는 것을 모르나?"

붉은 용이 수놓인 메일을 입고 들어오는 니므롯은 높다란 모자를 쓰고 있는 계산의 신 말둑을 인도하고 있었다. 본래 말둑 신은 이미 앗수르 백성들에게 낯익은 신이었다. 말둑은 본래 앗수르의 신들 중의 하나였는데 하난 대제가 바벨의 니눈타 신을 가져오면서 바꾸어 보낸 신이었던 것이다. 그러나 계산의 신 말둑은 바벨에 가서 더욱 그 위력을 발휘하고 있었다. 말둑은 바벨에 가서 최고의 계산법으로 일컬어지는 10진법을 만들어내었던 것이다. 본래 노아 이후로 인간이 사용하던 계산법은 7진법이었다. 천지를 창조한 여호와 신은 6일 동안에 모든 일을 마치고 일곱째 날에 쉬었기 때문에 마지막 날인 일곱째 날은 여호와의 날이었고 7은 여호와의 숫자였던 것이다. 그러나 여호와를 대적하고 반역을 선언한 수멜은 그 숫자들 중에서 여호와의 숫자 7을 빼버리고 6진법의 계산법을 완성하였으며 이 계산법의 혁명은 놀라운 기술의 발전을 가져오게 되었다. 그들은 원을 6개로 나누는 계산법을 개발하여 바퀴의 기술을 발전시켰고 1년은 6개로 잘라서 다시 60으로 나누는 등 시간의 계산까지도 가능하게 하였던 것이다.

그러나 계산의 신 말둑이 바벨로 옮겨가면서 또 하나의 놀라운 계산법이 만들어지고 있었다. 그것이 바로 사람의 손가락 10개, 발가락 10개에서 착안된 10진법이었던 것이다. 손가락과 발가락을 사용하는 이 간단한 계산법은 곧 전세계에 퍼지기 시작했고 이로 인하여 다시 인간의 생활은 급속하게 개화하기 시작한 것이었다.

그러나 니므롯의 대표단이 백성들을 놀라게 한 것은 말둑의 신상이 아니었다. 그 뒤로 들어오고 있는 어마어마한 개들의 행진이었던 것이다. 사자보다도 더 커 보이는 무서운 개들이 으르렁거리며 입장하고 있었다. 개들의 숫자는 무려 1천 마리가 넘고 있었다. 이 어마어마한 개들의 군단이 으르렁거리는 소리 때문에 백성들은 낯빛이 변할 정도로 기가 질려 있었다.

"무서운 광경이로군. 저 개들이 바로 니므롯의 사냥에 동원되는 개들인가?"

"몹시 엄격하게 훈련되었다더군. 무기를 숨기고 있는 사람까지도 알아보고 물어뜯는다니까…"

"과연 저 정도의 위력이면 유브라데 강의 용들도 어쩔 수가 없었을 거야."

"저 개들의 위력 때문에 그가 앗수르의 치안대장을 맡았을 때에도 많은 사람들이 체포되었다지?"

니므롯의 맹견군단 뒤로는 엄청난 신들의 행렬이 뒤따르고 있었다.

남방의 큰 나라 미스라임으로부터 올라온 신들의 군단이었다. 중원으로
부터 가장 멀리 떠나 대연방을 건설한 함의 둘째 가문 미스라임은 드넓
은 나일 강 유역에 흩어져 살면서 수많은 자연신들을 불러내었다.

그 신들의 선두에 선 것이 태양의 신 레였고 그 태양 신의 뒤로 미스
라임을 다스리는 오시리스, 이시스, 호루스의 세 신이 들어서고 있었
다. 오시리스는 본래 곡식과 물을 주관하는 농경의 신이었다. 오시리스
의 동생 셋은 오시리스를 죽여 그 몸의 조각들을 사방에 흩어서 묻었는
데 그의 아내 이시스가 남편의 시체조각들을 모아서 다시 그를 소생시
켰다. 이로써 오시리스는 부활의 신이 되었고 그들의 아들 호루스는 마
침내 삼촌 셋을 죽여서 원수를 갚았다는 것이었다.

두 개의 깃털이 달린 원뿔관을 쓴 오시리스는 두손에 목자의 지팡이
와 도리깨를 들었고, 두 개의 긴 뿔을 달고 있는 이시스는 어린 호루스
를 그 풍만한 가슴에 안고 있었다. 그리고 이들 세 신의 뒤로는 늑대의
모습을 하고 있는 아누비스, 악어의 머리를 가진 소브크, 황소의 모습
을 지닌 아피스, 매의 머리를 가진 소카르 등 수많은 미스라임의 신들
이 따르고 있었다.

신들의 뒤를 이어 미스라임의 강력한 일곱 왕 루딤, 아나밈, 르하빔,
납두힘, 바드루심, 가슬루힘, 갑도림들이 입장했다.

"메네스 왕자는 어디 있지?"

"맨 앞에 있는 자가 루딤이니까 그 곁에 따라가고 있는 사람이 메네
스 왕자일 거야."

"레센 공주의 신랑감이라며?"

"무술대회에서 우승했을 경우에 말이야…"

수많은 신들의 군단과 일곱 왕들의 위세로 백성들이 입을 다물지 못
하고 있는 가운데 미스라임 제관단의 오시리스 찬가가 울려퍼지기 시작
했다.

신들의 왕이시요 영원의 주이신 오시리스여
당신에게 찬미를 드리나이다.
당신은 많은 이름을 갖고 계시며

그 이름은 높고 위대하시도다…

당당한 미스라임 대표단의 행렬을 보면서 사람들은 마치 미스라임이 천하의 중심인 것 같은 느낌을 갖고 있었다. 비록 앗수르가 장자권의 보유자로서 천하를 다스리고 있다 하지만 누가 보아도 미스라임은 앗수르의 품안에 들어 있는 나라가 아닌 것 같았던 것이다.

미스라임 다음에 입장하는 나라는 함의 셋째 가문인 붓 가문이었다. 붓 가문의 신은 입에서 불을 뿜고 있는 질투의 신 푸타였다. 용사의 나라로 알려진 붓의 선두에는 날카로운 표정의 붓 왕 리부가 기다란 창을 든 채 들어섰고 그 뒤로는 역시 창과 방패로 무장한 붓의 용사들이 따르고 있었다.

붓 다음으로 입장하고 있는 나라는 함의 넷째 가문 가나안이었다. 아홉 제후를 거느린 가나안 왕 시돈과 그 아우 헷의 위압적인 모습이 보이면서부터 앗수르의 백성들은 술렁거리기 시작하고 있었다.

이미 여호와 신은 그들의 기억에서 사라졌어도 그들의 조상 노아가 남겨놓은 저 이상한 예언은 아직도 그들의 뇌리에 남아 있었던 것이다.

"가나안은 셈과 야벳의 종이 될 것이다…"

그러나 지금 입장하고 있는 가나안의 행렬은 조금도 다른 족속의 종이 될 만큼 연약한 모습이 아니었다.

거대한 농경국가이면서 동서남북의 상권(商權)을 주름잡고 있는 부강한 나라답게 가나안의 신상들과 군대의 갑옷들은 황금색으로 번쩍이고 있었다.

황금빛으로 번쩍이는 가나안의 신들은 미스라임의 신들 못지않게 그 위용이 엄청난 것이었다.

가나안 신들의 선두에 입장하고 있는 신은 땅의 창조자이며 폭풍의 주관자인 엘 신과 그의 배우자인 다산의 여신 아세라였고 아세라는 미스라임의 이시스처럼 그 아들 아타르를 안고 있었다.

엘과 아세라의 다음에 들어오고 있는 신은 뾰족한 모자를 쓰고 번개 모양의 창을 든 농경과 번개의 신 바알이었고 바알과 나란히 아스다롯 여신이 입장하고 있었다. 앗수르 백성들의 환호를 더 많이 받는 것은

바알보다도 사랑과 전쟁의 여신인 아스다롯이었다. 그녀의 육감적인 몸
매는 바라보는 모든 남성들의 육체를 근질거리게 하였고 사람을 불태울
듯 바라보는 그녀의 강렬한 눈매는 모든 젊은이들의 가슴을 떨리게 하
고 있었다. 이미 앗수르의 백성들은 가나안의 아스다롯 축제에서 열리
는 혼음과 매음의 열광에 대해서 듣고 있었다. 가나안 사람들의 그 육
체적 향연은 역시 풍년과 평안을 기원하는 제사의식 중의 하나였던 것
이다.

  이들 다음으로는 우가릿 신전의 제사장들과 므깃도 신전의 성가대가
들어오고 있었다. 장엄하게 울려퍼지는 성가속으로 달의 신 야루와 그
녀의 남편 니칼이 입장했다. 이미 니느웨에는 가나안에 대한 호의로 니
칼의 신전이 건축되어 있었던 것이다. 그 뒤로는 새벽별의 신 사루와
저녁별의 신 살무가 나란히 들어섰고 불의 신 코살, 목자의 신 하우론
도 들어오고 있었다.

  신들의 행렬 뒤로는 다시 가나안의 창병대가 이어졌고 그 뒤로는 천
하에 그 무서운 이름을 떨치고 있는 마리아누 전차대가 들어섰다. 천하
무적을 자랑하는 마리아누 전차대는 앗수르의 시선을 의식했는지 시날
의 전차대와 그 규모가 같은 것이었다. 다만 마리아누 전차대는 군병들
의 투구와 군복은 물론이고 전차까지도 모두 황금색으로 치장하여 보는
사람들의 눈을 현란하게 하고 있었던 것이다.

  과연 가나안은 감히 누구도 넘볼 수 없는 강대국이었다. 더구나 가나
안 왕 시돈에게는 용맹한 아우 헷이 있었고 천하에 이름을 떨치는 여부
스, 아모리, 기로가스, 히위, 알가, 신, 아르왓, 스말, 하맛 등 아홉
제후가 있었다.

  "가나안은 참으로 무서운 나라로군."
  "저 거대한 가나안이 어떻게 셈과 야벳의 종이 된단 말인가?"
  "우리들의 조상 노아님의 예언은 완전히 노인의 망발로 끝나버렸군."
  백성들의 그러한 생각은 뒤이어서 입장하는 야벳 집안의 족속들을 바
라보면서 더욱 굳어지고 있었다.

  야벳 집안 행렬의 선두에는 역시 야벳의 장자가문인 고멜의 왕들이
들어서고 있었다. 아스그나스와 리밧과 도갈마의 세 형제였던 것이다.

우선 고멜 사람들의 특징은 그들의 머리카락이었다. 셈과 함 집안 사람들이 머리를 빗어 넘기고 모자를 쓴 데 비하여 고멜의 대표들은 모두가 그 머리카락들을 아무렇게나 흐트러뜨리고 있었다. 바람에 날려서 그들의 머리카락은 마치 귀신과 같았고 그들의 복장은 남루한데다가 발은 신도 신지 않은 맨발이었다. 다만 그들이 거지가 아니라는 것을 나타내주는 것은 어깨와 허리에 띤 가죽의 띠와 그 띠에 매달린 짧은 칼뿐이었다. 그들의 얼굴 역시 그 복장처럼 더러웠고 그들의 눈빛은 야수처럼 번쩍거리고 있었다.

"끔찍하군."

"저것도 사람의 종자들인가?"

"야만인이야… 저런 것들을 만국회의에 참가시키다니!"

"그런데 어째서 노아님은 야벳의 족속들이 가장 창성하리라고 했을까?"

고멜의 세 왕과 함께 들어오고 있는 신은 검은 대리석으로 조각된 오딘이라는 신이었는데 오딘의 신상이 들어오자마자 앗수르의 여인들은 갑자기 비명을 지르며 손으로 얼굴을 가렸다. 오딘의 신상은 완전히 벌거벗은 나체였던 것이다. 나체의 오딘은 거대한 생식기를 사타구니 사이에 매단 채 늠름하게 들어오고 있었다. 그리고 그의 어깨에는 두 마리의 갈가마귀가 앉아 있었는데 그들은 사색과 기억을 의미하고 있었다.

야완 가문의 신들처럼 고멜의 오딘도 역시 반역의 신이었다. 무스펠하임이라는 불의 땅이 있었는데 니플하임에서 흘러나온 12강의 물줄기가 그 땅의 틈바구니로 스며들어 거기서 맺힌 물방울로 형성된 것이 최초의 거인 이미르였다. 그 이미르의 손자인 오딘은 이미르를 죽여서 그 뼈로 하늘을 만들고 그 몸으로 땅을 만들었으며 그 피로는 바다를 만들었다는 것이었다.

그토록 고멜의 신 오딘은 기존의 모든 권위를 거부하는 학살과 피의 신이었던 것이다. 오딘의 뒤에는 과거를 맡은 여신 우르다, 현재를 맡은 여신 베르단디, 그리고 미래를 담당한 여신 스쿨드의 세 여신이 따랐고 그 다음에는 운명과 싸우는 다섯 신들이 뒤따르고 있었다.

"아니… 저건 뭐지?"

갑자기 사람들은 웅성거리기 시작했다. 고멜의 행렬이 끝나자 그 뒤에는 늙어 꼬부라진 노인 하나가 검은 말이 끄는 수레를 이끌고 나타났기 때문이었다. 그리고 그 수레에는 통나무 관이 하나 얹혀져 있었다. 통나무 관이란 바로 통나무를 세로로 켜서 속을 파낸 다음 거기에 죽은 사람의 시체를 넣고 다시 맞추어 덮는 관인데 주로 시체의 부활을 믿는 미스라임 사람들이 많이 사용하는 관이었다.

이 뜻밖의 등장인물 때문에 인파를 정리하고 있던 앗수르의 경비병들이 행렬 가운데로 뛰어들어 수레를 막았다.

"뭐냐, 이건?"

"마곡의 저주요!"

"뭣이?"

경비병들이 달려들어 통나무 관을 열어젖히자 그 속에서 갑자기 검은색의 우상이 튀어나왔다. 나무에 새겨진 우상인데 온통 검은색으로 도색되어 몹시 음산한 모습을 하고 있었다. 우상의 커다란 눈은 금방이라도 쏟아질 듯 튀어나왔고 치렁치렁한 검은 옷자락 밖으로는 기다란 손톱이 보이고 있었다.

"이게 뭐냐?"

"마곡에서 온 저주의 신이오! 당신네들을 저주하기 위하여 검은 바다를 건너온 죽음의 신이오."

"뭣이라구? 넌 누구냐?"

"마곡에서 보낸 사람이오. 마곡의 백성이 나를 시켜서 이 수레를 끌게 했소."

심상치 않은 내막이 있는 것으로 느낀 한 병사가 이 사실을 보고하기 위해 본부석으로 달려갔다. 나라들의 입장은 잠시 중단되었고 사람들은 더욱 술렁거리고 있었다. 늙은이는 더욱 음산한 목소리로 외쳤다.

"당신네들은 모두 여호와 신을 배반한 반역자들이오! 이제 다시 신의 저주가 하늘 아래 모든 나라에 임할 것이오! 검은 바다를 건너온 죽음의 신이 그대들을 창에 꿰어서 깊은 바다에 던질 것이오!"

본부석으로 달려갔던 병사가 어떤 지시를 받았는지 다시 뛰어오면서 소리쳤다.

"그 늙은이를 체포하라! 그 늙은이를 그가 가져온 우상과 함께 지하 감옥에 수감하라. 하난 대제의 명령이시다!"

경비병들은 즉시 늙은이에게 달려들어 그를 체포했다. 끌려가면서도 그는 계속해서 외쳤다.

"명심하시오! 모든 족속들은 저주를 받을 것이오!"

늙은이와 죽음의 우상이 사라지자 다시 마대 가문의 입장이 시작되었다. 베다 왕이 이끄는 마대의 신 역시 고멜 가문과 마찬가지로 무용과 투쟁의 신인 인드라였다. 인간을 돕기 위해 악신과 싸워 이긴 인드라 신의 곁에는 술의 신 소마와 바람의 신 마르트가 따르고 있었다. 마대 집안에도 벌거벗은 나체의 신들이 있었다. 남성들의 수호신 야크샤와 여성들의 수호신 야크시가 그들이었다. 그들은 영원한 교접의 힘을 보내주는 생산의 신들이었던 것이다.

그러나 무엇보다도 마대의 중심은 불의 신 아그니였다. 마대는 천하에 알려진 불의 나라였던 것이다. 아그니의 뒤를 따르는 불의 제관들은 모두 손에 횃불을 들었고 지휘자의 구령에 맞추어서 그들은 불꽃을 입에 넣어 삼키고 있었다. 불을 먹은 제관들의 입은 다시 불을 토해 내는 것이었다.

"저것도 사람인가?"

"불의 신 아그니는 과연 무서운 신이다."

불의 신 아그니의 다음에는 마대 지방의 유명한 코끼리 부대가 들어오고 있었다. 거대한 코끼리들의 부대가 들어서자 마곡의 저주 때문에 불길한 생각에 휩싸이고 있던 백성들의 얼굴이 비로소 펴지기 시작했다. 저렇게 거대한 코끼리도 마음대로 조종할 수 있는 인간의 위대한 능력이 다시 사람들에게 자만과 신뢰감을 갖게 하고 있었던 것이다.

마대 가문의 행렬에 뒤이어서 야완의 네 형제가 들어오고 있었다. 제각기 폴리스를 중심으로 독자적인 세력을 구축하고 있는 엘리사, 달시스, 깃딤, 도다님의 네 형제가 역시 반역의 신인 제우스를 앞세우고 입장했다. 우라노스(하늘)와 가이아(땅)의 아들 크로노스는 가이아와 공모하여 우라노스를 죽이고 누이 레아와 결혼해서 제우스를 낳았는데 제

우스는 다시 자기 아비 크로노스를 축출하고 하늘의 주신(主神)이 되었
다는 것이었다.

제우스는 바다의 신 포세이돈, 죽음의 신 하데스 등 많은 신들을 거
느리고 입장하였으나 앗수르 백성들에게 인기를 끈 것은 바다의 물거품
속에서 태어났다는 사랑과 미(美)의 여신 아프로디테였다. 하얀 대리석
으로 조각된 아프로디테의 신상은 금방이라도 살아서 움직일 듯한 몸매
를 과시하고 있었다. 여신 아프로디테의 매끄러운 나체를 바라보는 앗
수르의 사내들은 자기도 모르는 사이에 신음소리를 내고 있었다. 어느
한곳 거치는 곳없이 흘러내리는 어깨의 곡선이며 대담하게 솟아오른 두
개의 유방과 풍만하면서도 잘룩한 허리는 마치 바람에라도 흔들거리는
듯 물결치고 있었다. 생명의 샘을 가리기 위하여 약간 긴장하고 있는
두다리는 그러나 언제라도 원하면 열어주겠다는 듯 무릎 사이에 간격을
두고 있었다. 이윽고 더 이상 감탄을 감추어 둘 수 없었던 사내들이 입
을 열기 시작했다.

"아프로디테…"

"앗수르에서는 볼 수 없던 아름다움이여…"

"야완의 신들은 사랑스럽도다…"

그러나 본부석에 앉아 있던 아릿다 황후의 눈꼬리가 환영받는 아프로
디테를 보자 치켜져 올라가기 시작했다. 마침내 그녀는 가만히 손을 들
어 가까이에 서 있던 제사장 하나를 불렀다.

"부르셨습니까?"

"닌릴 여신의 하강을 준비하라."

"알겠습니다."

날카로운 창을 번쩍이며 들어오는 야완의 창병대 다음으로 입장한 것
은 두발의 여신 누와였다. 누와의 상반신은 여자의 모습을 하고 있었으
나 하반신은 커다란 뱀의 몸뚱이로 되어 있었다. 칭칭 감겨진 뱀의 몸
뚱이는 보는 사람들을 소름끼치는 전율로 몰아가고 있었다.

기이하게도 두발의 여신 누와는 다른 나라들의 남성 신과 마찬가지로
창조의 여신이었다. 누와는 흙으로 빚어서 사람을 창조했다는 것이었
다. 두발 사람들이 창조의 신을 여신으로 둔갑시킨 것은 메소포타미아

사람들의 남성 신들을 고의적으로 야유하기 위한 것이었다. 그들은 중원의 부권(父權) 체계를 처음으로 부정해 보임으로써 기존의 장자권에 도전하는 입장을 분명히 하고 있었던 것이다.

그러나 무엇보다도 사람들의 미간을 찌푸리게 한 것은 두발 사람들의 험상궂은 모습들이었다. 두발 사람들의 머리카락 역시 고멜 사람들처럼 산발이었고 그들의 옷이란 것이 겨우 손바닥만한 가죽 조각으로 사타구니만을 가렸을 뿐 거의 나체나 다름없는 것이었다. 그들은 허리에 띤 가죽 띠에 짧은 칼을 찼으며 그들의 가슴에는 무성하게 돋아난 털들이 덮여 있었다. 그들 역시 고멜 사람들처럼 맨발로 걸어들어오고 있었다. 고멜 사람들의 모습이 산적과 같은 것이라면 두발 사람들은 바로 해적의 모습이었던 것이다.

그런 모습들은 뒤이어서 들어온 메섹의 대표단도 마찬가지였다. 메섹왕 메긴이 동반하여 들어온 신상은 역시 여자의 모습이었다. 메섹의 여신은 죽음과 아름다움의 여신 헬라였다. 헬라는 싸움하다 죽은 남자들의 시체를 쓸어다가 재어놓고 매일 밤 시체들과 사랑을 즐기는 변태 취미의 여신이었던 것이다.

맨 마지막으로 들어온 디라스 역시 여신을 내세우며 들어오고 있었다. 디라스의 여신 키벨레 역시 아프로디테와 견줄 만한 몸매와 풍만한 유방을 소유하고 있었다. 키벨레는 디라스 사람들이 섬기고 있는 풍요와 다산의 여신이었던 것이다. 그러나 사람들은 한결같이 지저분한 두발, 메섹, 디라스 대표단의 모습에 눈살을 찌푸리고 있었다.

"역시 야벳 집안 놈들은 야만인이로군."

"어젯밤에 거리에서 난동을 일으킨 불한당 놈들도 모두가 야벳 놈들이었어."

"하난 대제는 어째서 저런 놈들을 만국회의에 초청했던 것일까?"

"저건 사람이 아닌 짐승이야. 저런 놈들은 모두 다 저주의 바다에 쓸어 넣어야 해."

"그래도 그들의 여신 중에서 몇몇 여신은 쓸 만하던 걸?"

그렇게 이야기하는 사내는 멀어져가고 있는 아프로디테의 미끈한 뒷모습에 아직도 눈을 주고 있었다.

그때였다. 갑자기 또 요란한 나팔소리가 터져나오면서 공중에서 뭔가 우룽우룽하는 소리가 들려오고 있었다.

"……?"

깜짝 놀란 백성들이 하늘 위로 시선을 옮겼을 때 갑자기 신전탑의 꼭대기에서 푸른 연기가 터져나오기 시작했다. 그리고 신전 한가운데가 흔들리면서 반으로 갈라지는 것이었다. 그것은 실로 놀라운 광경이었다. 백성들은 그렇게 높은 신전을 본 것도 처음이었지만 신전이 반으로 갈라지는 모습은 꿈에도 생각할 수 없었던 광경이었다. 사실 그것은 신전이 갈라진 것이 아니라 신전의 각층마다 장치된 돌문들이 일시에 열렸기 때문이었다. 그리고 그 열린 각층의 문마다에서 거대한 사다리가 굴러나왔고 또 한번 나팔이 울리자 신전 꼭대기에 닌릴 여신의 위엄 있는 모습이 나타나더니 천천히 그 사다리를 타고 내려오기 시작하는 것이었다.

그야말로 닌릴의 하강은 하늘로부터 내려오는 여신의 모습과 방불한 것이었다. 신전 앞 광장에 도열하고 있는 각국의 대표단도 입을 벌린 채 닌릴 여신을 바라다보았고 앗수르의 백성들은 큰소리로 환호를 터뜨렸다.

"닌릴 여신이다."

"모든 인류의 어머니이시다!"

닌릴 여신의 신상은 남쪽 성문 위에도 서 있었으나 지금 신전탑의 사다리를 타고 내려오는 닌릴의 신상은 그보다 훨씬 아름답고 우아하였다. 장자의 가문 앗수르를 다스리는 최고의 여신이요 모든 신들의 어머니로서 등장한 닌릴은 그 명성에 알맞도록 약간 살이 찐 여유 있는 모습에 부드러운 미소를 띠고 있었다.

또 한번 우렁찬 나팔소리가 하늘에 가득 찼고 뒤이어서 신전 탑 계단에 도열하고 있던 1천 4백 4십명의 여제관들이 합창하는 닌릴의 찬가가 울려퍼지기 시작했다.

위대하신 앗수르의 여신 닌릴이시여
당신은 앗수르의 어머니이시며 모든 신들의 어머니이시며

산과 들과 바다에 사는 모든 사람의 어머니이시라.
당신의 아름다운 태반에서 앗수르의 풍요가 태어나고
당신의 풍성한 젖줄로 모든 백성이 살찌나이다 …

닌릴 여신의 아름다운 자태가 거의 신전에 내려설 때쯤 해서 하난 대
제는 아릿다 황후 쪽으로 몸을 기울이며 낮은 목소리로 말했다.

"저 닌릴 여신의 모습은…"

"……?"

"아무래도 당신을 너무 닮았소."

"제가 닌릴 여신만큼 아름답다는 뜻인가요, 아니면 닌릴의 모습이 다
른 여신들보다 못하다는 뜻인가요?"

"내 말은 많은 사람들이 당신의 얼굴을 기억하게 되면 좋지 않을 것
이란 말씀이오. 세상에는 앗수르 황실을 대적하여 노리는 사람들도 상
당히 있으니까."

"폐하께서는 제가 나돌아다니는 것을 달갑지 않게 여기시는데 제 얼
굴을 광고해 놓으시는 쪽이 오히려 좋지 않을까요?"

닌릴 여신의 신상은 탑의 기반을 이루고 있는 신전의 지붕까지 내려
와서 멎었고 다시 울리는 나팔소리와 함께 탑 꼭대기에는 드디어 모든
신들 중의 신인 니눈타의 모습이 나타났다. 이번에는 본부석 좌우에 도
열해 섰던 1백 20명의 제사장들이 니눈타에게 드리는 찬미가를 부르기
시작했다.

천하를 다스리시며 번개와 천둥을 주관하시는 니눈타여
모든 신들 중의 신이시며 모든 나라들과 족속들을 다스리시는 아버지시며
장자의 나라 앗수르를 보호하시며 그 홀을 지키시며
모든 백성들 가운데 질서를 가르치시며 평화를 주관하시는 니눈타여
이제 모든 나라의 왕들과
모든 백성의 장로들과
모든 가문의 신들이 당신에게 경배를 드리나이다
영원하소서 니눈타의 위엄이여
빛을 발하소서 니눈타의 영광이여 …

모든 나라의 대표단과 그 왕들이 바라보고 있는 가운데 니눈타는 신전탑에서 유유하게 내려와 신전의 지붕을 걸어 닌릴 여신의 오른쪽에 멈추어섰다.

그와 동시에 신전 앞 광장에 가득히 운집해 있던 앗수르의 백성들과 모든 나라에서 모여든 백성들은 두손을 흔들며 열광했다.

"니눈타 만세!"

"우리의 영원한 어머니 닌릴 만세!"

"앗수르의 위대한 영도자 하난 폐하 만세!"

"앗수르의 자애로운 모후 아릿다 황후 만세!"

"하난! 하난! 하난 폐하는 하늘의 아들이시며 니눈타의 아들이시다!"

백성들의 환호가 절정에 이르렀을 때 하난 대제는 천천히 자리에서 일어섰다. 그는 환호하는 백성들을 내려다보며 오른손을 들어 답례한 후 두손을 벌려서 조용히 하라는 명령을 내렸다. 다시 한번 공중에서 나팔소리가 울렸고 열광하던 백성들은 쥐죽은 듯이 조용해졌다. 하난은 잠시 사이를 두었다가 우렁찬 목소리로 말하기 시작했다.

"모든 바다와 모든 땅 끝으로부터 니느웨를 찾아오신 만국의 지도자들과 대표단 여러분, 나 앗수르 대제국의 황제 하난은 여러분을 한핏줄의 형제로서 진심으로 환영합니다!"

그러자 먼저 광장에 모인 백성들 속에서 환호와 박수가 터져나왔고 도열한 대표단에서도 하난을 지지하는 함성이 솟아 올랐다. 그러나 아직도 앗수르의 장자권에 대해서 불만을 품고 있는 상당수의 세력이 있음을 하난은 재빨리 간파하고 있었다. 하난은 다시 한번 심호흡을 한 뒤 입을 열었다.

"우리 온 천하의 모든 나라들은 이제 모두 한형제가 되었으며 자유와 협력 속에서 눈부신 발전을 계속해 왔습니다. 모든 나라의 야금 기술과 기계 기술은 나라들의 수확을 늘렸고 맹수들을 퇴치하였으며 천문학의 발달은 민족들을 홍수의 재난으로부터 보호하였고 무엇보다도 건축술의 발전은 오늘날 여러분이 니느웨에서 보시는 것처럼 인간의 이름을 온 천하에 드높이게 되었습니다."

다시 한번 앗수르 백성들 사이에서 환호가 터졌고 이제 모든 족속의 대표단들도 거기에 동조하지 않을 수 없게 되었다. 그렇게 하지 않으면 인류의 발전에 참여하지 않고 기여하지 않는 족속으로 낙인 찍혀 버려 당장 외톨이가 될 수도 있기 때문이었다.

"그러므로 나 하난은 모든 나라 모든 족속의 대표이신 여러분들께 오늘 한가지 제안을 하겠습니다. 이제 인류는 무엇이든지 할 수 있게 되었고 불가능한 것이 없게 되었습니다. 이제 천하에 우리의 이름을 빛내고 다시는 우리가 분열하지 않고 하나가 될 것을 약속하는 의미에서 하늘까지 닿을 탑을 쌓아 올리자고 제안하는 바입니다. 우리에게는 건축의 기술이 있고 돌을 다듬는 능력이 있으며 역청(瀝靑)과 진흙으로 돌보다 더 견고한 벽돌을 구워낼 수 있는 지식이 있습니다. 그리고 무엇보다도 우리에게는 서로 협력하고 단결할 수 있는 의지가 있습니다. 이제 우리는 우리의 무한한 능력을 신들에게 보여주기 위하여 하늘까지 닿을 수 있는 인간의 탑을 쌓아올립시다!"

과연 하난 대제의 연설은 감동적인 것이었다. 그의 음성은 확고한 신념에 차 있었고 인류의 단결과 협력을 호소하는 그의 열변은 드디어 모든 대표단의 마음들을 사로잡아가고 있었던 것이다.

하늘에 닿기까지

하난 대제의 연설이 끝나자 곧 이어서 모든 신들에 대한 제사 의식이 시작되었다. 신들의 우상은 만신전(萬神殿) 앞의 대 위에 도열하였고 각국의 대표단은 광장 중앙에 마련된 제대(祭臺)를 중심으로 대열을 바꾸었다. 모든 백성들의 장자권자이며 모든 신들에 대한 제사권자인 하난 대제는 자리에서 일어나 천천히 계단을 내려섰다. 모든 백성들이 주시하고 있는 가운데 그는 광장 중앙의 제대 앞으로 걸어가 다시 제대의 계단을 오르기 시작했다. 제관단과 성가대의 장엄한 찬미가가 울려퍼지기 시작했다.

위대하도다 니느웨에 당도한 천하 만민들이여
니느웨에서 모든 백성은 한형제되기를 맹세하였도다
모든 신들이 니느웨를 굽어 살피심이여
만민의 탑이 하늘에 닿을 때 신들은 놀라셨도다 …

이윽고 제대에 올라선 대제사장 하난은 분향 배례를 시작하였다. 광장을 가운데 두고 니눈타 신과 닌릴 여신은 신전탑 쪽에, 그리고 다른 신들은 만신전 쪽에 서로 마주보고 있었기 때문에 하난 대제는 양쪽을 향하여 두 번 분향 배례하였다.
하난 대제의 분향이 끝나자 앗수르로부터 시작하여 모든 나라에서 도착한 왕들이 그들이 가져온 희생제물을 제단에 바치기 시작하였다. 제단에는 수십 명의 제사장들이 올라서서 왕들의 제사를 거들었고 그들이 도살한 소와 양과 염소들은 순식간에 수백마리에 이르고 있었다. 삽시간에 광장 한가운데 설치된 제단은 희생제물로 인하여 붉게 물들었고, 제단에서 흘러내린 피들은 도랑을 타고 광장에 매설된 하수도로 흘러들어가는 것이었다.

이윽고 제단에서는 연기가 피어오르기 시작하였다. 연기와 함께 고기 타는 냄새가 광장을 가득히 채웠고 왕들은 다시 수많은 신들을 향하여 배례하였다.

그때 광장의 백성들은 다시 술렁거리기 시작하였다. 누군가가 큰소리로 외쳤다.

"죄수들이 들어오고 있다!"

그러자 사람들은 일제히 광장의 입구 쪽을 향하여 시선을 돌렸다. 과연 입구 쪽에서는 상체가 결박된 죄수들이 다시 한줄로 묶인 채 들어오고 있었다.

"희생 제물로 바쳐질 죄수들이다!"

앗수르의 백성들은 일찍이 사람을 희생제물로 쓰는 것을 본 적이 없었기 때문에 더욱 흥분하고 있었다. 본래 셈 집안의 제사 의식에서는 언제나 소나 양을 썼던 것이다. 사람의 번제(燔祭)는 주로 가나안 지방에서 행해지고 있는 풍습이었다. 그들 지방에서는 사람의 희생을 최고의 영광으로 여겼기 때문에 명문의 자녀들까지도 예사로 바쳐지고 있었던 것이다. 이제 모든 나라의 왕들이 모이는 이곳 니느웨에서 하난 대제가 죄수들이나마 제물로 쓰려는 것은 셈 집안이 함 집안과 좀더 가까워지도록 노력하겠다는 호의적 의사표시이기도 한 것이었다. 뿐만 아니라 사람의 희생은 보는 백성들로 하여금 제사권에 대한 두려움을 갖게 하고 황실의 위엄에 굴복하게 하는 부수적인 효과를 가져올 수 있는 것이었다.

제단 밑에 도착한 죄수들은 흘러내리는 짐승들의 피에 발을 적시며 계단을 올라서기 시작했다. 남자 죄수가 1백 20명, 여자 죄수가 60명이었다. 다시 제관단의 합창이 들려오기 시작했다.

빛나도다 제물로 바쳐지는 자녀들의 영광이여
그대들은 만민의 평화를 위하여 자신을 신들에게 드리도다
그대들의 허물은 오늘의 영광으로 온전히 씻겨졌으니
신들의 나라에서 백성의 평화를 위해 노래하리로다…

제대 위에 올라선 죄수들은 하나씩 제단 위에 반드시 눕혀졌고 제사
장들의 칼에 의하여 목의 핏줄이 절개되었다. 제사장들은 그들의 목에
서 흘러나오는 피를 남김없이 제대의 사방에 뿌렸고 마침내 그들의 몸
뚱이는 짐승들과 마찬가지로 불 속에 던져졌다. 그들의 몸이 타는 냄새
역시 짐승들의 타는 냄새와 섞여서 하늘 높이 피어 오르고 있었다.
　그때였다. 갑자기 둘러서 있던 백성들의 한쪽 구석이 무너지면서 일
단의 사람들이 우루루 몰려나왔다. 늙은이도 있었고 부녀자나 어린아이
도 있었다. 그들은 희생되고 있는 죄수들의 가족들인 듯
　"여보…"
　"아버지!"
　"엄마아…"
하고 일제히 부르짖으며 중앙의 제대를 향하여 달려가고 있었다. 인파
를 정리하던 군인들은 모두 칼을 뽑아들었고 곧 그것들을 휘두르기 시
작하였다. 사방에서 피가 튀었고 제대를 향하여 달려가던 사람들은 나
무토막이 쓰러지듯 곳곳에서 쓰러지는 것이었다. 삽시간에 광장 안은
수라장이 되었고 여기저기에 시체가 나뒹굴기 시작했다. 제관단의 합창
은 절정에 이르렀고 구경하던 백성들은 너무나 끔찍한 광경을 보고 입
을 다물지 못하고 있었다.
　죄수들의 번제까지 모두 끝낸 하난 대제는 모든 왕들을 안내하여 제
대 아래로 내려오기 시작했다. 하난 대제를 비롯하여 모든 왕들의 옷은
이미 피투성이였고 그들의 얼굴에도 피가 튀어 있었다. 하난 대제는 궁
내장관에게 사냥대회의 절차와 무술대회의 규칙을 발표하도록 이르고
난 뒤에 다시 왕들을 안내하여 석조전으로 향했다. 왕들의 피묻은 몸들
을 목욕시키고 그 옷들을 갈아 입히기 위함이었다.
　사냥대회의 절차는 우선 짐승의 몰이부터 시작되는 것이었다. 각 나

라에서 온 대표들은 니느웨 성의 주변에 있는 들과 산에서 짐승을 몰아 성안까지 들어와야 하고 모든 백성들이 보는 앞에서 그 짐승을 출전 선수가 잡아야 하는 것이었다. 물론 사냥의 성적은 그 짐승의 종류와 마리 수에 따라서 결정되도록 되어 있었다.

궁내장관의 설명이 끝나자 각국의 대표단은 일제히 대열을 정비하더니 빠른 속도로 성을 빠져나갔다. 하난 대제가 각국의 왕들과 함께 석조전에 들어가고 대표단들이 모두 사냥대회에 참가하기 위하여 성을 빠져 나가고 있을 때 아릿다 황후는 레센 공주와 함께 본부석에 앉아 있었다. 문뜩 제사장 한사람이 그녀에게 다가오더니 나직한 목소리로 말했다.

"닌릴의 신전에서 뵙고자 하는 분이 기다리고 계십니다."

"나를…? 어떤 분이시더냐?"

"나이가 많이 들어 보이는 귀부인이셨습니다."

순간 아릿다 황후의 눈이 약간 커지고 있었다. 그녀는 잠시 주위를 둘러보다가 레센 공주에게 몇 마디를 속삭인 다음 가만히 자리에서 일어섰다. 각국의 대표단은 사냥대회를 준비하기 위하여 성을 빠져나가고 제사장들은 피 흐르는 제대를 정리하는 데 여념이 없었고 하난 대제와 모든 왕들은 석조전으로 들어간 뒤였기 때문에 장내가 어수선할 때여서 아무도 아릿다 황후의 거동을 눈여겨보고 있지 않았다. 황후는 혼자서 넓은 대리석의 뜰을 가로질러 닌릴의 신전 쪽으로 걸어갔다. 눈부신 아침 햇살이 융단처럼 깔려 있었고 길죽한 그림자만이 황후를 따르고 있었다.

이미 닌릴 여신은 신전탑에서 내려와 신전의 지붕 위에 머무르고 있었기 때문에 신전의 안팎에는 여제관들이 얼씬거리지 않고 있었다. 신전 문 앞까지 다가간 아릿다 황후는 잠시 좌우를 살피다가 건물 안의 어두운 그늘 속으로 성큼 들어섰다.

몇 개의 촛불이 켜져 있기는 했으나 아침 햇살이 환한 바깥에 비하여 안은 매우 어두웠다. 황후는 잠시 걸음을 멈추고 눈을 실내의 밝기에 맞춘 다음 사방을 둘러보았다. 닌릴 여신의 신상이 안치되어 있던 중앙의 단 위에는 빈 제대만 놓였고 촛불들만 깜빡거리고 있었다.

아릿다 황후가 빈 제단을 바라보며 잠시 멈칫거리고 있는 사이에 갑자기 천정으로부터 한 여인의 음성이 쏟아져 내려왔다.

"안녕하셨습니까, 아릿다님…"

그 소리는 마치 천정과 모든 벽들과 바닥에서까지 쏟아져 나오고 있는 것 같았다. 아릿다는 그 소리의 내력을 알고 있었다. 신전의 의식을 행할 때 신비함을 더하기 위해 아릿다 자신이 우부(雨府)의 기술자들을 동원하여 설계한 음성 확대 장치였던 것이다. 닌릴 여신의 신상이 안치된 제단의 뒤에서 여제관이 소리치면 그 소리가 확대되면서 실내의 모든 방향에서부터 그 소리를 되받아 마치 산울림처럼 사방에서 울리게 되어 있었다. 그러나 아릿다는 그것이 자신의 지시에 의하여 설계된 것임을 알면서도 텅 빈 신전 안에서 홀로 그 소리를 듣자 그만 전신이 오싹하는 전율을 느끼고 있었다. 아릿다가 자신의 어깨를 감싸안으며 제단 쪽을 바라보고 있을 때 그 제단 뒤로부터 한 사람의 귀부인이 나타나더니 천천히 다가오기 시작했다.

"……?"

다가오고 있는 사람이 자기가 기대했던 귀부인과 다른 것을 깨닫자 아릿다는 한걸음 뒤로 물러서며 입을 열었다.

"당신은… 당신은 누구…?"

그러자 다가오고 있는 여인은 부드러운 음성으로 말했다.

"오래간만에 뵙습니다, 아릿다님…"

"누구십니까, 당신은…?"

"이 산골의 촌뜨기가 오래간만에 아릿다님을 뵙고 싶어 이렇게 세상 밖으로 나왔습니다."

"나를…?"

"아릿다님… 저를 기억하지 못하시겠습니까? 아릿다님은 저에게 게세대에 관해서 부탁하셨지요?"

"게세대… 게세대가 누구지…?"

아릿다 황후가 거기까지 말했을 때 상대방 여인의 표정은 갑자기 바뀌고 있었다.

"당신은… 당신은 아르박샷의 공주였던 그 아릿다님이 아니로군요?"

"뭣이?"

"당신은… 당신은 누구십니까? 어디서 온 누구입니까?"

그러나 아릿다 황후는 아무 말도 못하고 몸을 떨었다. 상대방의 여인은 좀더 다가가서 그녀의 얼굴을 자세히 들여다보더니 다시 신음소리처럼 중얼거렸다.

"당신은… 당신은 아릿다님이 아니야!"

아릿다 황후는 새파랗게 질려서 사방을 돌아보았다. 그러나 넓은 신전 안에 그녀가 부를 수 있는 여제관은 아무도 보이지 않고 있었다. 그러자 그 귀부인은 천천히 뒷걸음질을 치기 시작했다. 그녀는 점점 어둠속으로 뒷걸음질치더니 아예 어둠 속으로 사라져버리는 것이었다.

같은 시간에 석조전의 황실 목욕탕에서 나와 옷을 갈아입고 있던 하난 대제는 한 시녀로부터 방문객이 있다는 전갈을 받았다. 세 사람의 노인이 특별한 의논을 하기 위해 뒤뜰에서 기다리고 있다는 것이었다. 하난 대제는 왕들이 옷을 다 갈아입고 나면 대회의실로 안내하도록 이른 다음 황금색의 메일을 걸치고 긴 석조전의 복도를 지나 뒤뜰로 나섰다.

"……?"

과연 아침 햇살이 눈부신 뒤뜰에는 세 사람의 노인이 그림처럼 꼿꼿하게 서 있었다. 하난은 그들에게 천천히 다가가면서 물었다.

"그대들은 누구시오?"

그러자 그들 세 노인은 일제히 허리를 굽혔고 그 중의 한 노인이 정중한 목소리로 말했다.

"우리들은 모두 엘람의 장로들입니다."

"엘람의 장로들이라면… 엘람의 수시아나 여왕을 만나러 왔단 말이오?"

"아닙니다. 저희는 앗수르의 하난 폐하를 만나뵈러 왔습니다."

"어째서 나를 만나러 왔단 말이오?"

"엘람의 여왕 수시아나는 자기 오라비 수사님을 시해하고 왕위를 찬탈하였습니다. 천하를 다스리시는 하난 폐하께서는 수시아나를 엘람의 왕으로 인정하지 마시기 바랍니다."

그러자 하난 대제의 표정이 금방 싸늘해졌다.

"세상은 하루가 다르게 발전하고 있소. 이 하난 황제는 수시아나 여왕의 통치 방법을 훌륭하다고 생각하오. 그대들도 과거에 집착하지 말고 미래를 향하여 전진하는 긍정적 생각을 가지기 바라오. 그런데…"

거기까지 말하고나서 하난은 수상한 듯이 세 노인을 자세히 살펴보고 있었다.

"…당신들은 어떻게 이곳까지 들어올 수 있었지?"

석조전은 바로 앗수르 황실의 황궁이었고 모든 나라들로부터 온 왕들이 목욕를 하고 있었기 때문에 많은 경비병들이 배치되어 있을 것이기 때문이었다. 그러나 세 노인는 하난의 물음에는 대답하지 않고 오히려 질문을 던져왔다.

"폐하… 폐하는 정말로 하난 대제이십니까?"

"……?"

"폐하가 하난 대제라면… 어째서 여호와 신을 버리셨습니까?"

"뭣이?"

"당신은… 당신은 누구십니까?"

하난 대제의 안색이 변했다.

"네 놈들은… 네 놈들은 어디서 온 놈들이냐?"

하난이 그들 앞으로 성큼성큼 다가서자 세 노인은 좌우로 벌리면서 하난을 둘러싸고 있었다.

하난 대제는 두손을 내려다보았다. 방금 목욕을 끝내고 옷을 갈아입었기 때문에 그는 몸에 아무런 무기도 가지고 있지 않았던 것이다. 그러나 하난 대제는 그런 것 때문에 겁을 먹을 정도로 나약한 사내가 아니었다. 그는 두팔을 크게 벌리더니 두손과 발을 써서 세 사람의 노인을 한꺼번에 공격해 들어가는 것이었다.

그러나 역시 맨손을 휘두르며 하난의 공격을 몇 수 막아내던 세 노인은 서로 눈짓을 하더니 일시에 몸을 날려 멀어져가고 있었다. 그들은 공중에서 몸을 한바퀴 구르더니 제각기 다른 방향으로 마치 하늘에 띄운 연처럼 펄렁거리며 사라져가는 것이었다.

하난 대제는 소리를 쳐서 경비병들을 부르려다가 그만두었다. 잠시

겨루어 본 바로는 세 노인 모두가 무예의 고수들인 것 같았고 그렇다면
경비병들을 부른다 해도 잡기가 어려울 것 같았을 뿐만 아니라 모든 나
라의 왕들이 모여 있는 자리에서 소란을 떨기가 싫었던 것이다.

하난 대제는 다시 궁전 안으로 들어서다가 문뜩 조금전에 노인들에
관한 것을 전해 주던 시녀가 생각났다. 그 시녀는 바로 자기가 얼마전
마대 땅에서 데려온 계집애였던 것이다. 다시 복도로 들어선 하난은 지
나가는 시녀를 붙잡고 석달 전에 마대 땅에서 데려온 시녀를 찾아내라
고 이른 다음 왕들이 기다리고 있는 대회의실로 들어섰다.

입장식을 할 때 입었던 나라마다의 다른 옷들과는 달리 왕들은 모두
깨끗한 세마포의 흰옷에 보라색 줄무늬가 든 메일을 걸치고 있었기 때
문에 회의실 안의 분위기는 매우 정돈되어 있었다. 하난은 회의장의 가
장 안쪽에 준비된 상좌에 가서 앉았다. 좌석은 하난의 자리를 중심으로
대략 삼각형의 형태가 되도록 배치되어 있었다. 하난 대제의 오른쪽에
는 셈 집안의 왕들이, 그리고 왼쪽에는 함 집안의 왕들이 자리 잡았고
야벳 집안의 왕들은 하난의 맞은편 자리에 둘러앉아 있었다. 하난은 잠
시 장내가 조용해지기를 기다려서 입을 열었다.

"사냥하러 나간 사람들이 짐승들을 몰아올려면 조금 시간이 걸릴 것
입니다."

그때 다시 회의실의 문이 열리고 시녀들이 줄줄이 들어서기 시작했
다. 그녀들은 들고 들어온 찻잔과 과일들을 왕들의 앞에 놓여 있는 탁
자에 내려놓기 시작했다. 하난이 말을 계속했다.

"우선 잠시 기다리는 동안 차를 드시면서 제사 의식이 거행되기 전에
내가 제안했던 평화의 탑 건축에 대해서 상세한 의논을 나누었으면 합
니다."

시녀들이 찻잔과 과일 접시들을 다 내려놓고 나가자 한 시녀가 하난
대제에게 가까이 다가와서 낮은 목소리로 말했다.

"폐하께서 찾으시던 시녀 나메라가 조금전부터 보이지 않고 있습니
다."

하난은 잠시 미간을 찌푸리더니 알았다는 듯 고개를 끄덕여 보이고
나서 다시 왕들을 바라보았다.

"여러분들께서는 나의 제안에 대해서 어떻게 생각하십니까?"

그러자 셈 집안의 자리에 앉아 있던 아르박삿 가문의 가이난 왕이 잠시 좌중을 둘러보다가 입을 열었다.

"본인은 하난 폐하의 제안을 아주 현명한 것이라 생각합니다. 천하의 백성들이 서로 분쟁하는 것은 그 생각하는 것과 그 목표가 서로 다르기 때문입니다. 이제 우리 모두가 힘을 모아서 평화의 탑을 쌓는다면 우리에게는 공동의 목표가 생기게 되며 따라서 모든 백성들의 마음은 서로 하나가 되리라고 믿습니다."

가이난 왕의 발언은 제법 조리가 있었지만 그것으로 왕들을 모두 설득하기에는 미흡한 것이었다. 그것은 가이난 왕이 바로 하난 대제의 처남이기 때문이기도 했던 것이었다. 그러나 이번에는 함 집안의 자리에서 바벨 왕 니므롯이 입을 열었다.

"점점 복잡하게 가지를 쳐가고 있는 천하의 백성들이 무엇보다도 갈망하는 것은 끊임없는 번영과 평화입니다. 그러나 세상이 복잡해져 갈수록 범죄는 더욱더 증가하고 있으며… 나라와 나라는 서로 분쟁하고 신들도 서로 다투기를 끊이지 않고 있습니다. 모든 백성들은 인간의 능력에 한계를 느끼기 시작하고 부정적이며 냉소적인 풍조가 온 세상에 만연하고 있습니다. 우리가 이런 세대에 해야 할 일은… 그들에게 신념을 갖게 해주는 일입니다. 우리 모두가 힘을 합하면 무엇이든지 할 수 있다는 무한한 가능성을 보여 주는 것입니다. 나는 그런 의미에서 하난 폐하의 제안이 참으로 필요한 시기에 적절히 나왔다고 봅니다."

그러나 아직도 함 집안의 왕들은 니므롯의 발언에 완전히 동조하지 않고 있었다. 가나안의 시돈은 그렇게 말하는 니므롯의 옆얼굴을 물끄러미 바라보았고 미스라임의 왕들은 딴전을 피우며 차를 마실 뿐이었다. 그때 팔장을 긴 채 그들의 이야기를 듣고만 있던 야완 가문의 엘리사가 의자에 비스듬히 기대앉은 채로 입을 열었다.

"하난 폐하께서는… 그 탑을 어디다가 세울 생각이십니까?"

엘리사의 말에는 다분히 빈정거리는 뜻이 포함되어 있었다. 왜냐하면 하난이 어떤 장소를 말하더라도 엘리사의 입에서는 야유가 나올 수밖에 없기 때문이었다. 그들은 중원에 땅을 갖고 있지 않았던 것이다.

그러나 하난은 엘리사의 말에 대꾸하지 않고 오히려 그 말을 받아서 되물었다.

"야완 가문의 엘리사 왕께서는 어디에 그 탑을 세우는 것이 좋으리라 생각하십니까?"

그러나 이번에는 엘리사 역시 대답을 하지 않고 또 되물었다.

"하난 폐하께서는 바다 가운데 탑을 세울 수 있다고 생각하십니까?"

엘리사는 지금 결정적인 반대발언을 하고 있는 셈이었다. 야벳 사람들은 셈 집안과 함 집안 사람들에게 밀려서 바다로 나간 사람들이니 정 탑을 세우겠다면 바다 가운데 세우라는 야유였던 것이다. 그러나 하난 대제는 그런 정도의 야유에 물러설 사람이 아니었다. 하난은 진지한 표정으로 엘리사를 바라보았다.

"여러분께서 모두 그렇게 원하신다면… 바다 가운데 탑을 세우는 것도 가능하다고 생각됩니다."

각국의 왕들은 모두 깜짝 놀라서 하난을 바라보았다. 과연 하난은 천하를 다스리는 황제답게 거인이었다.

"아무리 깊은 바다라 할지라도 인간이 계속해서 돌을 날라다 부으면 마침내는 섬이 생기고 말 것입니다. 그러면 우리는 그 섬에다 다시 하늘까지 닿는 탑을 세울 수 있지요. 필요한 것은 여러분들의 동의입니다. 여러분, 모두 바다 가운데 탑 세우기를 바라십니까?"

그러나 아직 아무도 그 물음에 대답하지 못하고 있었다. 심지어는 야벳의 다른 왕들, 그리고 엘리사의 형제들까지도 감히 입을 벌리지 못하는 것이었다. 바다에 돌을 쏟아 넣어서 섬을 만들 수는 있다. 그러나 엘리사가 바다에 탑을 세우자고 했던 것은 단순한 야유였지 실제로 그런 무의미한 공사를 하자고 제안한 것은 아니었던 것이다.

잠시 장내가 어수선한 가운데 듣고만 있던 엘람의 수시아나 여왕이 자세를 바로하며 입을 열었다.

"여기 모인 우리는 모두 천하의 나라들과 족속들을 이끌어가는 지도자들입니다. 그러므로 우리는 이 자리에서 어떤 일도 이야기할 수 있다고 생각됩니다. 왜냐하면 평화는 바로 서로간의 이해(理解)에서 오는 것이며… 이해는 충분한 대화로써만 가능하다고 생각되기 때문입니다.

우리는 사실 이 자리에서 지난 날 땅의 차지를 위해 기득권을 주장하고 형제간에 분쟁하였던 사실들을 반성할 필요는 없다고 생각합니다. 언제나 반성과 후회에만 매달려 있는다면 인류는 발전할 수 없습니다. 그래서 저는 오히려… 지난날의 영토분쟁이 인류를 위하여 좋은 결과를 가져왔다고 믿습니다. 땅을 차지하지 못했던 야벳 집안 백성들은 어쩔 수 없이 바다로 나가야 했으며 그랬기 때문에 야벳 집안은 누구도 흉내낼 수 없는 조선(造船) 기술과 항해 기술을 발전시킬 수가 있었습니다. 더구나 방금 말씀하신 야완 가문의 형제들은 지금까지 우리가 알지 못했던 새로운 땅을 발견하였고 그것은 결과적으로 우리 인류의 살아갈 터전을 그만큼 확장해 놓은 것입니다. 저 자신… 과거에 천하를 다스리던 엘람 가문의 통치자이지만 지금 그 기득권을 주장하고 싶지는 않습니다. 다만 저는 새로운 땅을 개척한 야완 가문의 지도자들에게 찬사를 보내고 싶은 것입니다."

과연 엘람 가문의 통치권을 탈취한 여걸답게 수시아나 여왕의 발언은 감동적이었다. 야완 가문의 네 형제들은 뜻하지 않은 여왕의 찬사 때문에 그만 겸연쩍어져서 눈망울만 굴리고 있을 따름이었다.

"그렇다면…"

야벳 집안 쪽에 앉아 있던 고멜 왕 아스그나스가 수시아나 여왕을 바라보며 말했다.

"수시아나 여왕께서는 어디쯤에 그 평화의 탑을 세우는 것이 좋겠다고 생각하십니까?"

수시아나 여왕은 잠시 망설이다가 입을 열었다.

"탑을 건축할 자리에 대해서 제가 먼저 말씀드리기는 좀 거북합니다만… 아스그나스 왕께서는 숙녀에 대한 예우를 해주시는 것으로 알고 제 의견을 일단 말씀드리겠습니다."

모든 나라의 왕들은 일제히 수시아나 여왕의 입술을 바라보았다. 어느새 여왕의 언변은 모든 왕들의 주의를 사로잡기 시작하고 있었던 것이다.

"우리 모두에게 있어서… 탑을 어느 곳에 세우느냐는 문제는 그다지 중요한 문제가 아니라고 생각합니다. 문제는 평화의 탑을 건축하겠다는 모든 나라의 의지가 아니겠습니까? 만일 우리 모두가 이 공동의 목표를 두고 힘을 합하겠다는 일에 찬성한다면 장소를 정하는 일은 그다지 어렵거나 힘든 일이 아니라고 생각됩니다."

여왕은 잠시 말을 끊었다가 찻잔을 들어 한모금 마신 다음 이야기를 계속했다.

"아까 제사 의식이 있기 전에 하난 대제께서도 잠깐 말씀하셨습니다만… 이번에 우리가 쌓는 탑은 하늘까지 닿을 만큼 높이 쌓아야 하므로 돌로 쌓기는 매우 어렵습니다. 그렇기 때문에 우리는 진흙으로 벽돌을 구워내어 역청으로 쌓아올라가야 하는 것입니다. 그러므로 벽돌을 만들 수 있는 진흙과 역청이 풍부하게 나오는 곳이라야 할 것이며 천하 각국으로부터 오는 인부들이 집결하기 좋은 장소가 아니면 안될 것입니다. 그러므로 나는 이 여러가지 조건들을 생각해 볼 때…"

왕들은 모두 다 여왕의 입에서 떨어지는 지명을 듣기 위해서 귀를 열었다. 대부분의 왕들은 그녀가 필시 니느웨를 말할 것이라고 생각하였다. 그러나 그녀의 입에서 나온 이름은 뜻밖에도 엉뚱한 곳이었다.

"…저는 바벨 땅이 가장 알맞은 장소라고 생각하는 바입니다."

수시아나 여왕의 말이 틀린 것은 아니었다. 바벨 근처에서는 벽돌 굽는 데 사용되는 질 좋은 진흙이 많이 나오고 있었을 뿐만 아니라 역청이 나오고 있는 구덩이도 근처에 여러 군데가 산재하고 있었다. 바벨은 10진법의 발달로 말미암아 기술발전의 속도가 가장 빠른 곳이었고 천하 각국으로부터 장사꾼들이 모여들어 물산의 교역이 풍부한 곳이었다. 뿐만 아니라 바벨 성 주위에는 넓은 평지가 펼쳐져 있어 세계 각국으로부터 집결하는 인부들을 거주하게 하는 데는 더할 나위없이 좋은 조건을 갖추고 있었으며 더구나 유브라데 강을 끼고 있어서 물의 공급에도 유리한 위치를 차지하고 있었던 것이다.

"다만"

수시아나 여왕은 한가지 덧붙이기를 잊지 않았다.

"만일 우리가 바벨 땅으로 건축의 위치를 정하고 바벨 왕께서 이를 수락하신다면 우리는 바벨 왕 전하에게 한가지 조건을 더 말씀드려야 할 것입니다."

수시아나 여왕이 바벨 왕 니므롯을 바라보자 니므롯은 고개를 끄떡거리면서 말했다.

"여왕께서 그렇게 말씀하시니 제가 수락하지 않는다면 세계 평화를 원하지 않는 사람으로 몰리겠군요. 그런데 여왕께서 말씀하시는 조건이란 무엇입니까?"

"그것은"

여왕은 다시 찻잔을 들어 차를 한모금 마셨다.

"그것은 바벨에 평화의 탑을 건축하게 되면 자연히 많은 사람들이 바벨을 드나들게 될 것인데 바벨에서는 모든 나라의 모든 백성들에게 바벨 사람과 동등한 편의와 권리를 보장하셔야 한다는 조건입니다."

"그야…"

"다시 한번 말씀드리지만 우리가 바벨로 그 장소를 정하면 바벨은 더 이상 앗수르의 방패도 아니며 구스 가문의 영토도 아니며 모든 나라 사람들이 자유롭게 모여들어 살 수 있고 마음대로 생업을 가질 수 있는 도성이 되어야 한다는 것입니다. 그렇게 되면 결국 바벨 왕께서는 바벨 성을 앗수르 가문이나 구스 가문의 소유가 아닌 모든 나라의 공동소유로 그 땅을 내어놓으셔야 할 것입니다."

그것은 참으로 야무진 제안이었다. 세계 각국이 힘을 모아 평화의 탑을 쌓으면서 바벨을 큰 도성으로 키워 놓은 다음 그곳의 이권을 바벨의 통치자에게만 독점시킬 수 없다는 주장이었다. 잠자코 여왕의 말을 듣고만 있던 하난 대제가 바벨 왕 니므롯을 바라보며 입을 열었다.

"그것은 여왕의 말씀이 옳다고 생각됩니다. 만일 우리가 그 장소를 바벨로 정한다면 바벨 왕께서는 그 국제적 도성의 통치 방법을 새로운 체제에 알맞게 바꾸어야 할 것입니다. 가령 각국 사람들의 권리가 바벨 성에서는 어떻게 보장된다든지, 또 각국 사람들의 범죄를 어떤 기준으로 다스린다든지… 그리고 바벨 성에서 교역되는 물산에 대해서는 어떻게 세금을 매긴다든지…"

니므롯은 하난 대제의 말을 들으며 그 말에 수긍하는 듯 고개를 끄덕이고 있었다. 하난은 다시 좌중의 모든 왕들을 둘러보았다.

"자… 어떠십니까? 여러분, 수시아나 여왕께서는 우리가 힘을 합하여 건축할 평화의 탑을 바벨에 세우자고 제안하셨습니다. 혹시 다른 의견들은 없으십니까?"

하난은 특히 야벳 집안 쪽의 왕들을 바라보며 물었다. 모두가 팔짱을 긴 채 앉아 있는 야벳 집안의 왕들에게 가장 불만이 많아 보였기 때문이었다. 야벳 집안 중에서 가장 먼 곳까지 밀려나간 디라스의 왕이 역시 팔짱을 긴 채로 물었다.

"만일 바벨을 국제적 도성으로 바꾼다면 바벨에서는 다른 나라 백성들의 이주도 허용할 것이라는 말씀입니까?"

하난이 다시 니므롯을 홀낏 바라다보면서 고개를 끄덕였다.

"물론 그래야 할 것으로 생각합니다. 사실 앗수르에서 이 니느웨 성을 건축할 때에는 이것이 앗수르 가문만의 공사이기 때문에 각국에서 인부들을 데려올 때에도 노예들, 죄수들만을 데려다 썼습니다. 그러므로 앗수르는 그들에게 가족 동반을 불허하였던 것입니다. 그러나 이번 평화의 탑 공사는 그것과 틀립니다. 이 공사는 만국이 모두 자진하여 참여하는 것이고 그야말로 마음을 합쳐서 추진하는 것이기 때문에 일하러 오는 백성들을 강제 노역으로 부릴 수는 없습니다. 우리는 공사가 끝날 때까지 공사에 참여하는 백성들의 가정을 확보해 주고 그들의 거주권을 인정해 주어야 할 것입니다."

그것은 야벳 집안 사람들에게도 매력적인 조건이 될 수 있는 것이었다. 그들은 바닷가에 밀려나가서 살면서도 언제나 때가 오면 유브라데 강과 힛데겔 강이 흐르는 메소포타미아의 중원에 진출하고 싶어하는 꿈을 가지고 있었다. 그런데 이제 바벨의 땅에 공사가 시작되면 그들에게도 자연스럽게 중원으로 진출할 수 있는 기회가 주어지는 셈이었던 것이다. 디라스의 왕은 그거 나쁘지 않다는 표정으로 곁에 앉아 있는 메섹 왕 메긴을 바라보았다. 메긴 왕도 천천히 고개를 끄떡거리고 있었다. 마대 왕 베다가 다시 입을 열었다.

"우리가 바벨에 공사를 시작한다면 모든 나라들은 얼마씩이나 비용을 분담해야 하는 것입니까? …그것은 걱정 안하셔도 됩니다."

하난 대제는 천천히 자리에서 일어서더니 회의실의 한쪽 벽에 쳐져 있던 검은색의 휘장 앞에 섰다. 그러자 검은색의 휘장은 스르르 양쪽으로 갈라지는 것이었다.

"……"

휘장이 둘로 갈라져서 양쪽으로 열리자 벽에는 거대한 탑의 설계도가 나타났던 것이다. 어떤 왕들은 감탄하여 입을 벌린 채 다물 줄을 몰랐고 좀더 그림을 자세히 살피기 위해 자리에서 일어서는 왕도 있었다. 맨 아래에는 커다란 정방형의 대(臺)가 보였고 그 위로 하늘을 찌를 듯한 탑이 서 있었다. 탑은 아래서부터 한층씩 쌓아 올라가게 되어 있었고 층마다는 다시 계단으로 연결되고 있었다.

설계도를 바라보고 있던 미스라임의 루딤 왕이 질문을 던졌다.

"그 탑의 높이는 얼마나 됩니까?"

하난 대제는 그렇게 묻고 있는 루딤 왕의 얼굴을 물끄러미 바라보다가 말했다.

"루딤 왕께서 왕실의 시신을 안치하기 위해 계획하시는 건축물의 높이가 1백 20규빗이라고 알고 있습니다만…"

루딤 왕의 눈이 커지고 있었다. 그 사각추형의 새로운 건축물은 아직 구상중일 뿐이었고 왕실의 비밀에 속하는 사항이었는데 하난 대제는 이미 그 높이까지를 알고 있었던 것이다.

"아까도 말씀드렸다시피 우리가 보통의 탑을 쌓는다면 그것은 무의미한 것입니다. 우리는 하늘까지 닿도록 탑을 쌓아야 할 것입니다."

"하늘까지…?"

왕들은 모두 하난 대제의 말이 믿을 수 없다는 듯 설계도를 바라보고 있었다.

"보시다시피 이 탑은 정방형의 단면으로 되어 있습니다. 물론 이 탑의 건축은 일단 일정한 높이의 대로부터 시작하겠지요. 우리가 만일 이 모양대로 탑을 쌓아서 하늘에 이르지 못하면… 우리는 다시 밑의 대에서부터 시작합니다. 필요한 만큼 대를 덧붙여서 늘리고, 따라서 제1단을 늘리고 또 제2단을 늘리고… 이렇게 해서 맨 윗단까지 늘려가는 것입니다. 즉 이 탑의 설계는 그 탑의 높이가 늘어날 때마다 계속해서 각 층의 크기를 덧입혀가도록 설계되어 있는 것입니다. 그렇게 하여 우리 자랑스러운 인류의 탑은 그 탑이 하늘에 닿을 때까지 계속될 것입니다.

그리고 그때까지 우리 모든 인류는 공동의 목표를 가지고 있을 것이며 우리 사이에는 계속해서 평화가 이어질 것입니다. 조금전 마대 가문의 베다 왕께서 비용에 관한 질문을 하셨는데… 거기에 대해서 말씀드리겠습니다. 우리가 논의한 바와 같이 바벨에 이 탑을 세우게 되면 바벨은 모든 나라들이 공동으로 소유하는 나라가 되고 모든 나라들이 교역하는 물산의 중심지가 될 것입니다. 바벨의 왕궁은 그 물산들이 매매될 때마다 일정 비율의 세금을 떼어 그것으로 탑의 건축비에 충당하면 되는 것입니다. 건축비란 무엇입니까? 모든 재료는 그대로 있는 것이고 단지 부역에 동원되는 사람들과 그 가족들이 먹고 살 수 있는 만큼의 양식과 생활필수품을 의미하는 것입니다.”

모든 왕들은 하난 대제의 너무도 간단한 설명에 놀라면서도 한편으로 마음을 놓고 있었다. 물건을 매매할 때 거기서 얼마의 세금을 받아내든 그것은 왕들과 상관없는 일로 여겨졌기 때문이었다.

“그렇다면 우리는… 그저 공사에 동원될 인부들만 보내주면 된다는 것입니까?”

“그렇습니다. 다만 그들에게 이 탑의 의미를 잘 설명해 주시고 이 일이 세계의 평화에 기여하는 것이며 인류의 발전과 인간의 능력에 대한 무한의 도전이라는 것을 인식시켜 주셔서 이 일에 참여하는 모든 사람들이 자랑과 사명감을 가지고 올 수 있도록 해주십사 하는 것입니다. 이 공사를 시작하게 되면 바벨의 학자들은 공사를 효율적으로 하기 위한 모든 공사 기구 설계에 전력을 다해야 할 것이며 앗수르 신정원의 우부(雨府)도 이 일을 적극적으로 도울 것입니다. 그러나 무엇보다도 필요한 것은 바로 모든 가문의 지도자이신 여러분들의 결단과 성원입니다.”

이쯤 되자 아무도 탑의 건설에 반대할 왕은 없게 된 셈이었다. 하난 대제는 득의에 찬 표정으로 좌중을 둘러보며 물었다.

“… 질문 있으십니까?”

아무도 입을 여는 사람은 없었다. 하난 대제는 잠시 사이를 두었다가 입을 열었다.

“여러분들의 찬성에 감사를 드립니다. 이제 천하의 모든 백성들은 하나의 목표를 갖게 되었고 한가지 일을 위하여 단결할 수 있게 되었습니다. 모두들 오늘의 이 결정에 찬동하시는 뜻에서 박수를 쳐주시기 바랍니다.”

모든 왕들이 박수를 치고 있었다. 지금까지 팔짱을 끼고 앉아 듣고만 있던 야벳 집안의 왕들도 좌우를 둘러보다가 모두들 박수를 치니까 할 수 없이 따라서 치고 있었다.

그때 경비원 한 사람이 들어와서 하난 대제에게 보고했다.

“성문 쪽에서의 연락에 의하면 곧 사냥대회 참가자들이 짐승을 몰고 입장할 것이라 합니다. 미스라임의 메네스 왕자께서 선두에 들어오고 계시답니다.”

왕들은 모두 박수를 쳤고 미스라임의 루딤 왕은 당연하다는 듯 웃지도 않았다. 하난 대제가 왕들에게 말했다.

“자… 그러면 우리도 밖으로 나가서 사냥대회를 구경해야 되겠습니다.”

왕들을 안내하며 복도로 나가던 하난 대제는 문뜩 뒤로 처지면서 엘람의 수시아나 여왕 곁으로 다가섰다.

“아까의 연설을 듣고 매우 감탄했습니다. 역시 여왕께서는 엘람을 개혁하신 여걸이십니다.”

“그렇게 보아주시니 감사합니다만… 바벨이 과연 적당한 장소인지 모르겠군요.”

수시아나 여왕은 앗수르의 새 수도인 니느웨를 제쳐놓고 바벨을 천거한 것이 마음에 걸리는 듯 그렇게 말했다. 그러나 하난은 고개를 저었다.

“사실은… 사실은 나도 그 탑을 건축할 장소로는 바벨이 가장 적당하다고 생각하였습니다.”

수시아나 여왕은 놀랐다는 듯이 하난 대제를 바라보았다.

“어머… 폐하께서도 역시…”

“그렇습니다. 니느웨의 위치는 초생달의 이마이기 때문에 상징적인 의미가 있을 뿐이지만 역시 저런 큰 공사의 입지로는 바벨이 가장 나을 것 같군요.”

　이로써 바벨은 다시 기이한 인연으로 세계의 주목을 받게 된 셈이었다. 천하의 장자권을 물려받은 자이면서도 사랑하는 가나안의 공주 기스 때문에 여호와 신을 반역한 수멜이 새로 세운 도성 그것이 바로 바벨이었다. 바벨은 본래 가나안 공주의 이름을 따서 기스라고 불리워지다가 수멜이 죽은 후 그 이름이 바벨로 바뀌어진 것이었다. 바벨은 잠시 앗수르를 호위하는 도성으로 악갓의 수도가 되었다가 그 악갓이 원인도 모르게 멸망하는 바람에 지금의 니므롯에게로 돌아가게 된 곳이었다. 그 수멜의 원한이 남아 있는 도성 바벨, 신에 대한 최초의 반역을 선언했던 바벨에 다시 모든 신들에게 도전을 선언하는 인간의 탑이 서게 된 것이었다.

　"그런데… 좀 다른 이야깁니다만… 여왕께서 엘람의 정권을 인수하실 때 반대파들은 없었습니까?"

　수시아나 여왕은 잠시 의아한 시선으로 하난 대제를 바라보다가 대답했다.

　"…더러 있었지요."

　"그들을… 모두 제거하지 않으셨습니까?"

　"상당수가 제거되었습니다만… 더러는 도주한 자들도 있었을 것입니다. 그런데… 어째서 그것을 물으시는 거죠?"

　이미 그들은 석조전의 긴 복도를 지나서 현관으로 나서고 있었다.

　"아닙니다. 제가 알기로는 엘람의 장로들이란 몹시 고집이 센 자들이어서…"

　"그랬지요. 엘람의 개혁에 가장 방해가 되었던 자들이 바로 그 장로들이었답니다."

　"그 장로들은 다 어찌 되었습니까?"

　"엘람의 장로들은 모두 여섯 명이었는데… 그 중의 넷은 투옥시켰고 그 중의 둘은 도주했지요."

　엘람은 본래 셈 집안의 장자가문이었기 때문에 아직도 구시대의 7진법이 그대로 남아 있는 셈이었다. 왕과 여섯 장로들을 합하여 7이 되도록 국정의 운영체제가 되어 있었던 것이다.

　"혹시… 전왕(前王) 수사의 혈육도 아직 남아 있습니까?"

"모조리 없앴습니다. 후환이 될 테니까요. 그런데 폐하, 뭔가 짚이시
는 게 있으십니까?"

"아… 아닙니다. 매사는 완벽해야 하는 법이니까요. 어쨌든 여왕의
오늘 발언은 아주 감명 깊었습니다. 평화의 탑이 완성되면 거기에 여왕
의 모습을 새겨넣도록 하겠습니다."

하난 대제와 모든 왕들은 햇살이 쏟아지는 석조전 앞뜰로 나섰다. 옷
을 갈아입고 나오는 왕들의 모습을 바라보며 모든 백성들은 다시 환호
를 보내는 것이었다. 그러나 그 가운데서도 황금빛의 메일을 걸친 하난
대제의 모습은 더욱 빛나고 있었다. 그는 백성들을 향하여 손을 흔들어
보이면서 왕들을 안내하여 본부석 쪽으로 걸어갔다. 이미 성문 쪽에서
는 나팔소리가 들려오고 있었다. 사냥대회의 선수들이 들어오고 있다는
신호였다.

레센을 위하여

수많은 희생과 번제(燔祭)로 인하여 더러워졌던 신전탑과 만신전 사이의 광장은 말끔히 청소되어 있었으나 아직도 피비린내와 고기 냄새가 홍건히 고여 있었다. 그리고 그 냄새들은 사냥꾼들이 들짐승들을 성안으로 몰고 들어오기 좋을 만한 유인의 미끼로도 쓰여지게 된 셈이었다. 광장에 몰려나와 있던 백성들은 모두 다 신전탑 쪽과 만신전 쪽으로 올라가는 계단과 양쪽의 계단을 연결하는 북쪽의 계단으로 이동했고 광장과 계단들 사이에는 야수들이 침입하지 못하도록 방책이 설치되었다. 광장을 둘러싸고 있는 계단은 남쪽의 입구만 빼놓고 ㄷ자형으로 되어 있었던 것이다.

다시 한번 남문 쪽에서 나팔소리가 울려왔다. 백성들의 시선이 일제히 입구 쪽으로 쏠렸다. 입구 쪽에서부터 백성들의 외치는 소리가 들려오기 시작했다.

"오고 있다!"

사람들이 일제히 소리를 지르는 가운데 광장 안으로 제일 먼저 뛰어든 짐승은 온 몸이 검은 털로 뒤덮인 흑표(黑豹)였다. 뒤이어서 뛰어든 것은 세 마리의 들소였고 계속해서 10여 마리의 얼룩말과 2마리의 기린, 그리고 사슴의 떼가 다시 10여 마리 들어서고 있었다. 그리고 또 입구쪽에서 요란한 소리가 들리더니 시꺼먼 물체들이 광장 안으로 뛰어들어오는 것이었다. 다섯 마리의 멧돼지였다.

"아니 저걸 누가 다 잡겠다는 거지?"

"누군지 몰라도 그가 1등이 되겠군."

광장까지 짐승을 몰고오는 데는 지원인력을 사용해도 무방하나 일단 광장 안에 들어오면 출전 선수 혼자서 짐승들을 처리하도록 되어 있었다. 그렇기 때문에 지금 백성들이 놀라고 있는 것도 무리가 아니었던 것이다.

"짧은 시간에 저토록 많은 짐승들을 몰아온 나라는 어디일까?"

"미스라임이 아니면 가나안일 게야."

그 소리에 응답이라도 하듯 광장 안에는 말을 탄 젊은이 하나가 뛰어 들어오고 있었다. 칠흑같이 검은 말에 수십 개의 단창과 장창을 싣고 자신의 몸에도 여러 개의 단검을 두른 메네스 왕자는 들어서자마자 단창 하나를 뽑아 던져 얼룩말 한 마리를 쓰러뜨림으로써 백성들의 갈채를 받았다.

광장에 먼저 도착하는 선수에게는 유리한 점과 불리한 점이 있었다. 유리한 점이란 경기의 규칙대로 하면 뒤에 들어오는 선수가 몰고온 짐승을 잡아도 자기 점수에 가산할 수 있는 것이었고 불리한 점이란 모든 선수가 다 입장할 때까지 경기장 안에 머물러야 하기 때문에 무기가 모자라거나 체력이 달리면 안되는 것이었다.

무엇보다도 메네스 왕자가 먼저 상대해야 하는 짐승은 사납기로 소문난 흑표였다. 왕자는 한눈에 상대를 발견하고 장창 하나를 뽑아 던졌으나 윤기 흐르는 짐승의 검은 터럭 하나도 건드리지 못했다. 더구나 이제 흑표는 자기의 적이 누구인가를 비로소 깨달았다는 듯 왕자의 말을 향하여 날아들고 있었다. 왕자는 재빨리 말을 돌리며 흑표의 공격을 피하는 것과 동시에 또 하나의 단창을 날려 기린 한 마리를 쓰러뜨렸다. 다시 백성들의 갈채가 쏟아져 나왔다. 왕자가 흑표의 공격을 피해 가면서 몇 마리의 사슴을 더 잡았을 때 다시 입구 쪽에서 나팔소리가 울리면서 짐승들의 떼가 몰려들어왔다. 커다란 들소에서부터 시랑(豺狼)과 여우에 이르기까지 들어오고 있는 짐승들은 여러가지의 종류가 모두 섞여 있었다.

짐승들과 함께 뒤따라 들어오는 선수들도 각국의 선수들이 마구 섞여 있었다. 가나안의 아홉 제후국과 미스라임의 일곱 나라에서 선발된 선수들이 서로 뒤섞여 들어오는가 하면 야완 가문을 대표하는 네 개의 폴리스에서 출전한 선수들도 달려들어왔고 결국 셈과 함과 야벳의 세 집안 각 나라와 족속에서 출전한 수십 명의 선수들이 뒤섞여서 각축하고 있었다. 그들 중에는 차근차근히 짐승들을 처치하여 점수를 가산해 가는 선수도 있었으나 들소의 공격을 받아 부상당해 퇴장하는 자도 있었고 심지어는 메네스 왕자가 몰고 들어왔던 흑표의 기습을 받아서 목덜미를 물어뜯겨 절명하는 자도 있었다.

수십 명의 선수가 뒤섞여 있기 때문에 중앙의 제대에 올라가서 선수들을 통제하고 있는 채점관들도 정신을 차리기 어려울 지경이었다. 그것은 마치 짐승들과 사람들의 격전장과 같은 것이었다.

무엇보다도 사람들을 놀라게 한 것은 바벨의 선수들이 싣고 들어온 생물들이었다. 몇 개의 수레를 끌고 들어온 그들이 수레에 실려 있던 상자들을 열자 그 안에서는 2십 규빗도 넘는 큰 뱀들과 악어들, 그리고 도마뱀들이 꾸역꾸역 쏟아져나왔던 것이다. 과연 지난날 유브라데 강에서 우글거리는 용(龍)들을 사냥했다는 니므롯의 나라답게 그들은 끔찍한 파충류들을 경기장 안에 풀어놓음으로써 더욱 구경하는 사람들을 흥분시키고 있었다.

시간이 갈수록 피를 흘리며 죽어가는 짐승의 수가 늘어났고 희생되는 선수들의 수도 늘어나고 있었다. 벌써 지쳐버려서 오히려 맹수들에게 쫓기는데 급급한 선수들도 보였지만 그들은 쉽사리 경기를 포기하지 않고 있었다. 그들의 목표는 오직 미인으로 소문난 앗수르의 공주 레센이었던 것이다. 경기에 우승하기만 하면 천하의 미인을 아내로 얻을 수 있을 뿐만 아니라 하난 대제의 사위가 됨으로써 자신의 영달은 물론 자기가 속해 있는 그 나라의 국제적 지위까지 성큼 올려놓을 수 있는 기회를 잡게 되기 때문이었다.

그래서 경기에 출전한 선수들은 모두가 경기에 목숨을 걸고 있었다. 거기엔 남자의 명예가 걸려 있었고 자신이 대표하고 있는 나라의 권위가 걸려 있었던 것이다.

다시 한번 백성들 사이에서 함성이 터졌다. 루딤의 메네스 왕자가 자

기를 향해 돌진해 오는 멧돼지의 공격을 막고 있는 사이에 기회를 노리
고 있던 흑표가 등뒤로부터 그를 기습했던 것이다. 메네스 왕자는 멧돼
지를 향해 들고 있던 단창을 던지는 동시에 땅바닥으로 몸을 굴리면서
떨어져 있던 긴 창을 집어 위를 향해 찔렀다. 실로 흑표의 공격과 메네
스의 멧돼지를 향한 공격, 그리고 긴 창의 방어가 거의 동시에 일어나
는 순간이었다.

"아앗!"

백성들이 비명을 지르는 것과 함께 공중에 뛰어올랐던 흑표의 가슴에
는 어느새 메네스의 창이 박혀 있었다. 시꺼먼 짐승의 몸뚱이는 털썩
소리를 내며 땅바닥에 떨어졌고 그 반동으로 메네스 왕자는 오뚜기처럼
벌떡 일어섰다. 다시 관중들 가운데서 우뢰와 같은 박수 소리가 쏟아져
나왔다.

"이제 선수들이 거의 다 들어왔나요?"

어른들 틈에 앉아서 박수를 치고 있던 소년이 옆자리의 사내에게 물
었다.

"아직 좀더 있을 것이다. 아람의 선수들이 안들어왔고… 두발과 메섹
에서 온 선수들도 아직 안보이는 것 같다."

"앗, 셀라 아저씨, 저것 보세요!"

소년이 손가락으로 가리키는 곳에는 두 마리의 표범이 번개같이 달려
들어오고 있었다. 그리고 뒤따라 달려들어온 사내는 거의 벌거숭이의
몸에 칼을 뽑아든 산발의 젊은이였다.

"아저씨, 두발 사람인 것 같아요."

"그렇다. 두발 왕 디산의 아들 디달이다. 타우루스의 산기슭에서 사
자를 맨손으로 때려잡았던 장사지. 드단, 너는 두발 땅에서 살았기 때
문에 그 이름을 들어본 적이 있겠구나."

"디달은 두발 땅에서 유명해요. 매년 열리는 씨름대회에서 일등을 하
는 사람은 늘 디달이지요. 전 그 이름만 들었었는데 오늘 비로소 진짜
모습을 구경하게 되었군요."

역시 자기 고향사람이라서인지 드단 소년은 디달을 응원하고 있음이
역력했다. 이어서 다시 한떼의 들소와 산양 떼가 밀려들어왔고 아람의

세 선수가 나타났다. 그들 중의 선두는 아람 왕 홀의 조카이며 게델의
아들인 야긴이었다.

그때, 셀라와 드단이 앉아 있던 뒷자리에서 갑자기 소란스러운 소리
가 들려왔다.

"이봐, 비키지 못해? 재수없이 더러운 거렁뱅이가 끼어들고 있어."

"아, 거랭뱅이는 사냥대회 구경도 못합니까? 이거 놔요!"

귀에 익은 목소리가 들려왔기 때문에 셀라는 얼른 뒤를 돌아다보았
다. 얼굴에 검댕칠을 한 애꾸눈의 앗산이 한 젊은이에게 멱살을 잡혀
있었고 서너 명의 사내들이 그 주위를 둘러싸고 있었다. 셀라는 일어서
서 그들에게로 다가갔다.

"여보시오, 왜 불쌍한 사람을 못살게 구시오?"

"……?"

사내들은 겁없이 끼어드는 셀라의 아래 위를 훑어보다가 거친 음성으
로 물었다.

"넌… 어디서 굴러들어온 말뼉다귀냐?"

"저는… 시골에서 올라온 촌놈 뼉다구 올시다만 오늘같이 좋은 날 서
로 얼굴 붉히지 않고 지내는 게 어떻겠습니까?"

"허어, 이놈 봐라. 자칭 촌놈이라고 하면서 멀쩡하게 훈계하는 투로
구나."

앗산의 멱살을 잡고 있던 사내가 앗산을 밀어던지더니 곧장 셀라를
향해 발길을 내질렀다.

"이러시면 안된다니까…"

셀라가 잠시 허리를 틀어 피하는가 싶었는데 어느새 그 사내는 계단
아래로 굴러 떨어져서 목책을 쳐놓은 자리에 처박혀 버리는 것이었다.
셀라는 놀라서 바라보고 있는 다른 사내들에게 말했다.

"어서 가서 당신들의 친구를 데려가십시오. 그러지 않으면 내가 다시
그분을 경기장 안으로 던져넣을 테니까…"

셀라의 점잖은 위협에 사내들은 그만 기가 질렸는지 더 이상 대꾸를
못했다. 그들은 목책에 처박힌 친구를 끌고 자리를 피하는 것이었다.
셀라는 그제야 드단의 부축을 받고 있는 앗산에게 허리를 굽혔다.

"다치신 데는 없으십니까?"

앗산은 천연덕스럽게 허리를 굽실거리며 셀라에게 인사를 했다.

"고맙습니다, 고맙습니다… 공자님께서 구해 주시지 않았으면 이 구차한 목숨이 끊어져버릴 뻔했습니다요…"

"자… 제 옆에 앉아서 마음 놓고 구경하십시오."

"아이구, 고마우셔라…"

더러운 모습의 앗산이 셀라와 드단 사이에 자리잡자 주위의 사람들은 얼굴을 찌푸렸으나 조금전 건장한 사내를 목책 아래로 처박는 셀라의 솜씨를 보았기 때문에 입을 다물고 있었다. 사람들은 다시 경기장 안의 선수들을 바라보느라고 그들의 일을 잊어버렸으나 아직도 셀라의 뒷모습에 시선을 주고 있는 사람들이 그들에게서 좀 떨어진 뒤쪽 자리에 있었다.

"…이모, 저 사람이 어떤 솜씨로 상대를 던져버렸는가 봤어요?"

"……"

"두손이 상대방의 가랑이 사이에서 수레바퀴처럼 돌고 있었어요. 이모한테 말로만 들었던…"

그러자 이번에는 이모를 사이에 두고 반대쪽에 앉아 있던 소녀가 입을 열었다.

"불쌍한 사람을 구해 주고 옆자리에 앉히는 것을 보면 의협심이 강한 분 같아요. 나한테도 저런 이모부가 있었으면 좋겠다."

"가미엘, 넌 무슨 말을…"

"전 언제나 멋진 남자를 보면 이모 생각을 하게 되거든요."

"이모가 시집을 못가서 어린 너한테까지 걱정을 끼치는구나. 하지만 가미엘, 저 사람은 안되겠어."

"어째서죠?"

"잘 봐라. 그 옆에는 에벨만한 아이가 보이지 않니? 저 사람은 이미 장가를 든 사람이야."

"혹시… 홀아비인지도 모르잖아요?"

"넌… 이모가 홀아비에게 시집을 가면 좋겠니?"

"어머… 아무리 처녀라지만 그렇게 혼기가 지났는데 아직도 총각을 고르실 참인가요?"

가미엘과 에바 이모의 잡담이 거기까지 이르자 에벨은 재미있다는 듯 쿡 하고 웃었다. 에벨은 장난스러운 표정으로 에바를 바라보며 말했다.

"이모, 나 저 사람에게 내려가서 저 사람에게 부인이 있는지 아니면 홀아비인지 알아보고 올까요?"

"에벨, 너까지…"

그러나 에벨의 말은 농담이 아니었다. 그는 어느새 몸을 일으켜 아래쪽의 자리로 걸어내려가고 있었다. 사람들 사이를 비집고 애꾸눈 앗산의 등뒤에까지 다가간 에벨은 앗산의 귓등에다 대고 소곤거렸다.

"사부님, 못난 제자가 도와 드리지 못해서 죄송합니다."

"……?"

앗산은 번쩍거리는 외눈으로 뒤를 돌아보았고 셀라와 드단도 갑자기 나타난 낯선 소년을 의아한 눈으로 바라보았다. 앗산이 얼른 주위를 살펴보고 나서 낮은 목소리로 말했다.

"이 녀석, 얼마나 가르쳐야 말조심을 하겠느냐?"

에벨은 목을 움츠리며 셀라와 드단을 살펴보았다.

"사부님, 괜찮으시면 좀 끼어 앉아도 될까요?"

그는 미처 앗산이 뭐라 말하기도 전에 앗산과 셀라 사이로 비집고 들어오는 것이었다.

"그런데 사부님…"

"그 사부님 소리 좀 그만하지 못하겠느냐?"

"아이구, 내 정신 좀 봐. 그런데… 이 아저씨도 사부님의 제자이신가요?"

"또 사부님…"

"앗차… 내가 이거 벌써 건망증이 생겼나? 아저씨, 불편하게 해드려서 대단히 죄송합니다. 전 에벨이라고 합니다."

아까부터 에벨의 당돌한 행동 때문에 미소를 띠고 있던 셀라가 점잖은 표정으로 통성명을 했다.

"네 사부님께서는 아주 똑똑한 제자를 두셨구나. 난 셀라라고한다."

"셀라… 좋은 이름이로군요. 전 아까 아저씨께서 그 사내를 메다꼰지시는 것을 봤어요. 이미 실전(失傳)된 것으로 알려져 있는 하늘 돌리기의 수법을 쓰시더군요. 아저씨는 아람과 어떤 관계라도 있으신가요?"

"아람…? 아람엔 가본 적이 없는 걸…"

에벨은 자기 추측이 빗나간 듯 고개를 갸웃거렸다.

"이상한 걸? 하늘 돌리기의 비법은 아람에 전해 내려오는 것이었다는데…"

셀라는 소년의 말이 자꾸만 번져나가는 것을 막기 위해서 입을 열었다.

"넌… 혼자서 여기 왔느냐?"

"아뇨, 이모하구 누나랑…"

에벨은 뒤를 돌아다보며 말했다. 셀라는 덩달아서 뒤를 돌아보다가 한 소녀와 함께 앉아 있는 여인과 눈이 마주쳤다. 상대방도 얼른 고개를 돌렸고 셀라 역시 먼 하늘을 바라보며 딴전을 피우다가 시선을 거두었다.

"그런데 아저씨, 우리 사부님과는…"

에벨은 또 그렇게 말하다가 한손으로 입을 막았다. 그리고 좀 더 목소리를 낮추어서 물었다.

"…어떤 관계시죠?"

"저… 난 그냥…"

"적당히 둘러대시려고 그러시죠? 하지만 곤란하시면 대답 안하셔도 괜찮아요. 그런데…"

에벨은 다시 앗산 다음 자리에 앉아 있는 드단을 넘겨다보았다.

"만나서 반갑다. 난 에벨이라고 하는데 네 이름은 뭐니?"

"난… 드단이라고 해."

"드단, 넌 이 셀라 아저씨의 아들이냐?"

"아들…?"

드단이 갑작스러운 질문에 우물거리고 있는데 셀라가 빙그레 웃으면서 대신 말했다.

"그렇단다, 꼬마야. 드단은 내 아들이야."

셀라가 그렇게 말하자 드단의 눈에는 감격의 눈물이 핑 돌았고 에벨의 표정에는 섭섭한 빛이 떠오르고 있었다. 그러나 에벨은 기어코 한가지를 더 확인하기 위해 드단을 바라보았다.

"그런데… 엄마는 왜 같이 안오셨니?"

이번에는 셀라 쪽에서 미처 대답하기 전에 드단이 대꾸했다.

"엄마는… 돌아가셨어."

이제 에벨은 알아볼 것을 다 알아본 셈이었다. 시비 거는 사내를 목책에 던져서 처박았던 그 협객의 이름은 셀라이고 앗산 사부와는 뭔가 관계가 있는 것 같은데 말하기 곤란한 사정이 있는 것 같으며 드단이라는 아들이 있는데 상처한 홀아비라는 것이었다.

그때, 다시 관중들이 함성을 지르기 시작했다. 에벨이 경기장 쪽으로 시선을 옮겨보니 입구 쪽으로부터 여섯 마리의 사자가 으르렁거리며 들어오고 있는 것이었다. 위엄 있는 갈기 털을 바람에 나부끼며 들어선 사자들은 다른 짐승들처럼 별로 서둘지도 않으면서 허공을 향하여 거칠게 포효하고 있었다. 그리고 뒤를 이어서 얼굴을 흰 수건으로 복면한 젊은이 하나가 백마를 타고 입장했다. 바로 그 복면의 선수가 여섯 마리의 사자를 앞세우고 들어왔던 것이다. 그러나 무엇보다도 관중들이 놀란 것은 그가 들고 있는 활이었다. 그는 다른 선수들처럼 말 안장에 장창과 단창들을 장착하고 들어왔으나 그 손에 들고 있는 특이한 활 때문에 사람들은 흥분했던 것이다. 그가 들고 있는 활은 바벨의 기병대장이 사용하고 있는 활보다도 반 규빗이 큰 것이었다.

누군가 신음하듯 부르짖었다.

"단궁(檀弓)이다!"

단궁은 바로 전설의 기인(奇人) 반이 만든 명기이고 사라진 왕국 악갓의 사수단을 지휘했던 신궁(神弓) 이에가 사라진 이후로 세상에서 그 모습을 감추었던 무기였다. 그런데 지금 모든 선수들이 들어오고 난 마지막 순위에 단궁을 들고 나타난 저 복면의 사내가 누군지 백성들은 궁금하지 않을 수 없었던 것이다. 사내는 등에 메고 있던 화살통에서 화살 하나를 천천히 뽑아 시위에 멕였다. 화살 역시 다른 것보다 반 규빗이 큰 1규빗 반의 길이였다. 사내는 어느새 말의 배를 차는가 싶더니 비호같이 경기장 안을 달리기 시작했다.

다시 관중들 가운데서 함성이 터졌다. 우선 그들이 놀란 것은 복면의 선수가 말 위에서 그 몸을 자유 자재로 놀리는 그 기술 때문이었다. 그는 활을 든 채로 그 몸을 말의 옆구리며 앞뒤로 그 위치를 변화시켜가며 사격을 하는 것이었다. 순식간에 십여 마리의 산양이며 얼룩말들이 풀더미처럼 쓰러지고 있었다. 들소 한 마리가 그 커다란 뿔을 곤두세우며 그의 흰 말을 향하여 달려 들었다. 그러나 그는 어느새 말의 옆구리에서 긴 창 하나를 뽑아 들소를 향해 날렸다. 창은 단번에 들소의 미간에 명중하였고 산이라도 무너뜨릴 듯 돌진하던 들소는 그대로 털썩 땅바닥에 쓰러져버리는 것이었다. 그는 미처 다른 선수들이 손 쓸 사이도 없이 종횡무진 경기장 안을 달리며 짐승들을 휩쓸어버리고 있었다.

"대단하군!"

"어느 나라에서 온 선수이지?"

"단궁을 구사할 수 있는 사람은 옛날의 악갓 사람들뿐이야."

"그렇다면 저 사람은 악갓에서 돌아온 유령이란 말인가?"

복면의 선수가 입장한 이후로 삽시간에 많은 수의 짐승들이 줄었으나 오히려 남은 것은 맹수들뿐이었기 때문에 장내의 선수들은 더욱 고전을 하고 있었다.

또 한 사람의 선수가 달려드는 멧돼지에 받혀서 피를 토하며 쓰러졌다.

"저런!"

사람들이 비명을 지른 것은 쓰러진 선수의 한쪽 다리가 달려든 악어의 입 속에서 부서져 버렸기 때문이었다. 달리는 흰 말을 노려보고 있던 표범 한 마리가 공격의 자세로 몸을 웅크리더니 공중으로 뛰어오르며 말을 향하여 달려들었다. 말 위의 선수는 다시 말의 옆구리로 몸을 떨어뜨리면서 창을 뽑았다. 다시 박수가 쏟아져나왔다. 땅 위로 떨어지는 표범의 흰 배에는 어느새 창이 박혀 있었고 배의 흰 털은 붉은 피로 물들어 있었던 것이다.

이제 그 사내의 목표는 맹수들 쪽으로 바뀌고 있었다. 그는 한마리 남은 표범과 여섯 마리의 사자들을 향하여 계속 단궁의 화살을 쏘았다.

어느새 사자 두 마리가 등과 다리에 화살을 맞고 으르렁거리며 흰 말을 향해 달려들고 있었다. 그러나 흰 말은 결코 그들의 발톱과 이빨에 걸려들지 않았다. 말의 어느 쪽으로 달려들어도 거기엔 복면한 사내의 창이 기다리고 있었던 것이다. 마치 그 흰 말은 그 등과 옆구리에 수십 개의 창을 달고 있는 전차와 같았다. 다시 사자 한 마리가 목덜미에 창을 맞고 나가떨어졌다.

이제 거의 경기장은 복면한 선수의 독무대처럼 되어가고 있었다. 미스라임의 메네스 왕자가 두 마리의 사자 사이에서 칼을 뽑아들고 대결 중이었고 두발 땅에서 온 디달 왕자가 달려드는 악어 떼를 피해 가면서 표범과 사투중일 뿐, 다른 선수들은 오히려 맹수들의 공격으로부터 자신을 지키기에 급급한 편이었다.

사람들이 다시 비명을 질렀다. 표범과 맞붙어서 손을 뺄 수 없는 디달의 뒤로 악어 한 마리가 큰 입을 벌리며 달려들고 있었던 것이다. 그러자 그 쪽으로 달리고 있던 복면의 사내가 악어를 향하여 긴 창을 내리꽂았다. 그러나 목표가 너무 낮았기 때문에 사내의 몸은 말에서 떠나 공중으로 날더니 땅 위로 내려섰다. 디달에게 달려들던 악어는 처치했으나 땅 위에 내려선 그를 향하여 악어들과 뱀들과 사자들이 동시에 달려들기 시작했다. 사내는 손에 들고 있던 단궁을 어깨에 둘러메더니 허리에 차고 있던 칼을 뽑았다. 달려들던 맹수들이 사내의 기세에 놀라서 머뭇거리고 있는 사이에 어느덧 사내의 칼끝은 새파란 빛을 발하기 시작하고 있었다. 머뭇거리고 있던 악어들이 다시 달려드는 순간 그 사내의 칼은 갑자기 움직이기 시작했다.

"이얏 … !"

날카로운 기합소리가 광장 안에 가득차는가 싶더니 사람과 칼은 어느 새 한덩어리가 되어서 번쩍거리고 있었다. 사방에서 악어와 뱀들이 토막토막 잘려서 구르기 시작했다. 눈 깜짝할 사이에 그 사내가 움직이는 곳마다 징그러운 파충류의 시체들이 무더기로 쌓여가고 있었다. 사자 한 마리가 사내의 등뒤로부터 뛰어올랐다. 다시 한번 사내의 날카로운 기합소리가 들리는가 싶더니 사자는 공중에서부터 피를 뿜으며 떨어지고 있었다. 그러자 어느새 한줄기의 흰빛이 사내를 향하여 달려왔다. 그가 타고 들어온 백마였다. 복면의 사내는 다시 몸을 날려 말 등에 올라타더니 아직도 다리에 화살이 박힌 채 달려드는 사자를 향해 단창을 던졌다. 단창은 대번에 사자의 목덜미를 꿰뚫었고 뒤이어서 사내를 향해 뛰어오르던 또 한 마리의 사자가 허리에 긴 창이 박힌 채 땅바닥에 떨어졌다.

사내는 잠시 말을 타고 돌면서 장내의 형세를 살피는가 싶더니 표범의 아래위 턱을 잡아 비틀고 있는 디달의 곁을 지나 메네스 왕자 쪽으로 달려갔다. 한 마리의 사자와 엎치락뒤치락하던 메네스 왕자가 마침내 자기 칼로 사자의 배를 찌르는 순간 또 한 마리의 사자가 뒤로부터 그에게 달려들고 있었던 것이다. 이제 어쩔 수 없이 사자의 이빨이 그의 목덜미에 박히려는 순간이었다. 복면의 선수가 말 위에서 던진 단창이 바람을 가르며 사자를 향해 날아갔고, 단창은 사자의 벌린 입 속으로 날아들어가 그 목구멍 깊숙이 박혀버렸던 것이다.

복면의 사내는 다시 한번 장내를 휘둘러보았다. 이미 모든 선수들은 지쳐서 헐떡거리고 있었지만 무서운 맹수들은 대충 처치된 셈이다.

그러자 사람들의 갈채가 미처 잦아들기도 전에 그는 흰 말의 배를 차더니 어느새 입구 쪽을 향하여 달려나가고 있었다. 제일 늦게 사자 여섯 마리를 몰고 들어와 좌충우돌하던 복면의 사내가 다시 그 모습을 감추어 버리자 사람들은 마치 꿈에서 깨어난 것처럼 얼떨떨하여 경기장 안을 들여다보고 있었다.

"누구지?"

"꼭 귀신에 홀린 것 같군."

"천하 제일의 사냥꾼 니므롯인지도 모르지."

"이봐, 지금 니므롯은 황제와 함께 왕들의 자리에 앉아 있어."

"그렇다면… 니므롯의 아들일까?"

"자네는 세상 물정 참 모르는군. 니므롯에게 자식이 없다는 건 세상이 다 아는 일인데…"

복면의 사내가 퇴장하고 얼마 안되어서 경기의 종료를 알리는 나팔소리가 울렸다. 채점관들이 선수들의 실적을 집계하고 있는 동안 진행 담당자들이 만국회의의 일정을 발표하고 있었다.

"오늘 경기장에서 도살된 짐승들의 고기는 니눈타와 닌릴의 신전, 그리고 만신전에 드릴 저녁 제사의 제물로 바쳐질 것이며 제사가 끝난 후 이 광장에서 그대로 구워 백성들에게 나누어 먹게 할 것입니다. 무술대회는 내일 아침부터 다시 이 자리에서 시작됩니다."

선수들은 지쳐버린 몸을 이끌고 퇴장하기 시작했고 경기장 안에는 죽은 짐승들을 실어내기 위하여 십여 대의 수레들이 들어서고 있었다. 그러나 아직도 백성들은 도살된 짐승들의 고기를 맛보기 위하여 자리에서 일어서지 않고 있었다.

"제사가 끝나면 우린 연회에 참석하게 되나요?"

황후 아릿다가 사냥대회 때문에 긴장하고 있던 허리를 펴며 하난 대제에게 물었다. 하난 대제는 고개를 끄덕였다.

"그렇소. 백성들이 사냥한 고기를 먹는 동안 황제궁에서 대연회가 시작될 거요."

"폐하께서는… 또 마대 땅에서 벌거벗고 춤추는 무희들을 데려오셨더군요."

"역시 춤은… 마대 지방의 여자들이 잘 추지 않소? 오늘 연회에는 온 천하의 왕들이 다 참석할 테니 황후의 아름다움이 크게 돋보일 거요."

"각국의 왕들과… 점성술사들도 참석한다지요?"

"그렇소. 우리 인류는 이제 땅 위에서 뿐만 아니라 하늘에서도 지배자가 되어야 하오. 별들을 연구하는 것은 인류의 꿈을 지배하는 통치기술의 큰 기반이 될 것이오."

"내일 무술대회가 끝나면 또 무엇을 하게 되지요?"

"본격적인 평화회의가 시작되는 거요. 바벨탑의 건설계획과 이에 따른 각국의 협력문제, 각 나라의 국경확정의 문제와 통상에 대한 현안 문제들이 집중적으로 논의될 거요. 그리고 셋째 날은…"

거기까지 말하고 하난은 뒷자리에 앉아 있는 레센을 돌아다보았다. 어느새 레센 곁에는 하노스가 들어와 앉아 있었다.

"아, 하노스… 넌 요즘 꽤 바빠진 모양이더구나. 어디를 그렇게 다니다가 이제 왔느냐?"

"온 천하에서 많은 사람들이 모여드니까 구경거리가 많더군요."

하노스가 나타난 것을 보고 아릿다 황후도 추궁에 끼어들고 있었다.

"하노스, 이제 네가 다 컸다고 이 어미에게 아무 말도 없이 네 마음대로 쏘다니는 거냐? 도대체 어딜 그렇게 돌아다녔지?"

그러나 하노스는 오히려 빙그레 웃고 있었다.

"제가 어디서 무얼 했는가는… 제 유능한 경호원들이 나중에 소상히 보고드릴 겁니다. 그런데 폐하… 하시던 말씀을 계속하시지요. 셋째 날에는 어떤 행사가 있게 됩니까?"

하난 대제는 다시 자기 딸 레센을 바라보더니 입을 열었다.

"내일의 무술대회에서 우승자가 정해지면… 셋째 날에는 당연히 레센의 결혼식이 거행되어야 할 것이다. 그렇게 되면 천하의 모든 백성들은 그 결혼을 축하할 것이고 모든 나라의 왕들과 점성가들은 앗수르 황실의 번영과 세계의 평화를 위해서 축배를 들게 될 것이다."

레센은 깜짝 놀라는 표정으로 황제를 바라보았고 아릿다 황후도 아직 거기까지는 모르고 있었는지 눈을 크게 떴다.

"그렇게 빨리요?"

"좋은 일은 빠를수록 좋은 것이오. 어차피 시집보내야 하는 딸은 신랑감이 나타났을 때 딸려보내는 게 상책 아니겠소."

그러나 오히려 다급해진 것은 당황한 레센이었다. 그녀는 고개를 들며 황제에게 항의하듯 말했다.

"폐하… 전 아직 준비가 안되어 있습니다. 전 그렇게 할 수가…"

"핫하… 처녀들이란 으레 그렇게 말하는 법이지. 그러나 이제 내일 모레면 너는 온 천하의 처녀들로부터 부러움을 사게 될 것이다. 지금의 세대에서 천하의 제일가는 신랑감은 미스라임의 메네스 왕자일 것이니까…"

그러자 하노스가 나서면서 물었다.

"폐하, 아직 메네스 왕자가 우승할 것인지는 모르지 않습니까?"

"너도 보았겠지만 오늘의 사냥대회를 보더라도 메네스 왕자를 능가할 사람은 천하에 없을 것이다."

"만일… 메네스 왕자가 우승을 하지 못하면 어떻게 됩니까?"

"그럴 리가 없지."

그러자 잠자코 있던 레센이 다시 나서며 황제에게 말했다.

"폐하께서도 보셨겠습니다만 오늘 사냥대회에서 가장 성적이 좋았던 선수는 마지막에 나타났던 복면의 선수였어요. 만일 내일의 무술대회에서 다시 그 사람이 나타나 우승한다면…"

황제는 다시 빙긋 웃으며 레센을 바라보았다.

"너는 아무래도 그 복면의 사내에게 마음이 있는 모양이로구나. 만일 그 사내가 우승한다면 넌 물론 그 사내에게 시집가게 될 거다. 하지만 레센… 너는 언제나 보이지 않는 쪽에 낙관적 기대를 하는 모양인데… 내 생각은 이렇다. 그 사내는 왜 복면을 했을까? 아마도 그 사람은 얼굴이 아주 못생긴 추물이거나 병신이거나 아니면 늙어빠진 노인일 것이다. 그래서 그는 자기의 본색을 감추기 위해 복면을 했을 것이다. 그래도 너는… 그 보이지 않는 얼굴의 사내에게 호기심을 가지겠느냐?"

그러나 레센은 오히려 결연한 표정으로 말했다.

"폐하, 사람이 한평생 함께 살아가야 할 배우자를 택할 때에는 그 외모보다 사람됨이 더 중요하다고 생각됩니다. 사람의 얼굴은 누구나 늙는 것이지만… 결국 사람은 서로의 마음에 의지하여 살아가는 게 아닐까요?"

"너는 잠시 나타났다가 사라진 그 사내의 사람됨을 어떻게 알 수 있다는 말이냐?"

"폐하, 비록 잠시 나타났다 사라졌을지라도… 그 사람은 위험에 처한 디달 왕자를 도와주었으며 사자에게 먹혔을 뻔한 메네스 왕자를 구해주었습니다. 저는… 자기의 성적을 올리기에만 급급하던 경기장 안의 선수들 중에서 그런 선수를 전혀 발견하지 못했어요."

다시 신전탑에서는 나팔소리가 울리고 있었다. 신들에 대한 제사가 곧 시작된다는 신호였던 것이다. 광장 안에 널려 있던 짐승의 시체들은 모두 제단 앞으로 운반되었고 장내는 말끔히 정리되어 있었다.

제사가 시작되려 할 때쯤 셀라와 앗산은 자리에서 일어섰고 에벨과 드단도 그들을 따랐다. 그들이 일어서는 것을 보고 뒷자리에 앉아 있던 에바와 가미엘도 사람들 틈을 헤치며 뒤쪽으로 빠지고 있었다. 그들이 관중석의 계단을 다 빠져나와 밖으로 나가는 통로에 들어섰을 때 에벨은 앞서가는 에바와 가미엘을 뛰어가서 불러세웠다.

"이모, 뒤에 오시는 분과 인사를 나누세요. 그분의 이름은 셀라라고 하더군요."

"내가 왜 그분과 인사를 한단 말이냐?"

"이모는 평소부터 강호의 협객들과 사귀기를 좋아하시지 않았어요?"

"하지만 상대방이 어떤 사람인지도 모른 채 이름만 듣고 어떻게 사귄단 말이냐?"

에벨은 힐끗 뒤쪽을 바라보다가 목소리를 낮추었다.

"함께 있는 아이는 그분의 아들이라는데 그 애의 엄마는 돌아가셨대요."

"그들 부자는… 어느 나라에서 왔다더냐?"

"앗차… 그걸 알아보지 못했네. 하지만 이모, 저들이 앗산님과 아는 사이인 것으로 봐서 수상한 사람은 아닌 것 같…"

"앗산님과는 어떤 관계라든?"

"아, 저… 그것도 아직…"

그러는 동안 뒤에 따라오던 사람들은 이미 가까이 이르고 있었다. 에바는 에벨의 입을 막기 위해서 어쩔 수 없이 앗산에게 아는 척을 하지 않을 수 없었다. 앗산은 에바를 발견하자 외눈을 번쩍거리며 반가워했다.

"오오, 에바 아가씨. 미인을 만나니까 내가 정신이 번쩍드는군. 아가씨도 사냥 경기를 구경하셨소?"

앗산이 또 자기를 미인이라고 추켜세웠기 때문에 에바의 얼굴이 빨개지는데 앗산은 모르는 체 혼자서 떠벌리고 있었다.

"아가씨, 아가씨가 여기 왔는 줄 알았으면 아가씨와 함께 구경을 하는 건데 공연히 좁은 자리에 끼어 앉아 있었군 그래. 사냥 경기를 보니 어떻습디까? 천하의 호걸들은 다 모였던 것 같던데 혹시 신랑감 될 만한 청년이라도 살펴보셨는지…?"

에바가 자꾸만 난처한 기색을 보이자 앗산은 그제서야 뒤에 서 있던 셀라를 바라보며 말했다.

"앗차… 내 정신 좀 봐. 이 늙은 나이에도 미녀만 보면 정신이 팔리니 말이야. 이리 오셔서 인사 좀 하시오, 셀라님…"

셀라가 멈칫거리며 몇 발짝 앞으로 나서자 앗산은 그에게 에바를 소개하였다.

"이 아가씨의 이름은 에바라고 하는데…"

앗산은 주위에 듣는 귀가 없는가 확인하고 나서 목소리를 낮추었다.

"악갓 사수단의 지휘자였던 이에님에게서 활을 배운 명궁이지요."

앗산의 추켜세우는 소개 때문에 에바가 난처해 하고 있는데 앗산은 기어코 한마디를 덧붙였다.

"셀라님, 에바 아가씨는 아직 미혼의 처녀라우."

에바는 이제 완전히 당황해서 어쩔 줄을 모르는 형편이었다. 앗산은 다시 에바에게 셀라를 소개했다.

"셀라님은 아르박삿 왕궁의 왕자이고 가이난 왕의 아드님이십니다."

에바는 어색한 분위기 때문에 간신히 셀라에게 목례를 보냈고 셀라도 에바에게 정중한 인사를 하였다. 이번에는 에벨이 드단을 에바에게 소개하였다.

"이모, 이 아이의 이름은 드단인데 셀라님의 아들이래요."

에바는 그제서야 자세를 가다듬으며 드단에게 미소를 보냈다. 앗산은 그제야 할 일을 다했다는 듯 딴전을 피웠다.

"자… 이제 어디 가서 요기를 좀 했으면 좋겠군. 난 악어나 뱀의 고기는 질색이니 어디 분위기 좋은 곳에 가서 멋진 식사를 하고 싶군."

"염려 마십시오, 장군. 오늘은 제가 좋은 곳으로 모시겠습니다."

앗산은 에벨을 바라보며 하나밖에 없는 눈을 찡긋하고 있었다.

목격자를 찾아서

그날 밤도 니느웨 성의 모든 술집은 세계 각국으로부터 모여든 구경꾼들과 수행원들로 북적거리고 있었다. 사람들의 화제는 온통 낮에 있었던 어전의 사냥대회에 쏠렸고 그럴 때마다 바람처럼 나타났던 복면의 선수에 관한 추측이 만발하고 있었다.

"어이, 자네는 그 사람이 어디서 온 사람이라고 생각하나?"

"난 말이야… 아무래도 그는 마곡에서 온 사람같애."

"마곡…?"

"생각해 보게. 오늘 사냥대회에 참가한 나라 중에서 빠진 나라가 어디 있던가? 셈 집안의 다섯 나라가 모두 참가했고 함 집안에서는 네 가문이 모두 참석했을 뿐만 아니라 미스라임의 일곱 왕국, 그리고 가나안의 아홉 제후국까지 참가했지 않나?"

"그렇지. 야벳 집안의 야완 가문에서도 네 곳의 폴리스에서 모두 선수를 참가시켰고…"

"야벳의 장자가문인 고멜을 비롯해서 마대, 야완, 두발, 메섹, 디라스가 모두 참가했는데 오직 빠진 것은 마곡뿐이란 말이야."

"하지만… 마곡 가문은 이미 검은 바다 저편으로 사라져버리지 않았나?"

"그렇다고 해도 마곡 백성이 모조리 다 사라졌다고 할 수는 없겠지. 어젯밤 니칼의 신전 앞에서 야벳 집안의 대동단결을 외치던 그 청년도 마곡의 저주를 퍼부어댔거든.”

“그러고 보니 오늘의 입장식에서도 괴이한 일이 있었지. 통나무 관이 실린 수레를 끌고 나타나서 마곡의 저주를 떠벌리던 늙은이가 있었어.”

“그 늙은이는 누구일까?”

“앗수르의 경비병들이 잡아갔으니까 문초를 하겠지.”

“그러니까… 아무래도 그 복면의 선수는 마곡에서 온 사람 같단 말이야. 다른 나라의 선수라면 무엇 때문에 신분을 숨겼겠나?”

“그렇다면… 마곡은 뭔가 천하의 모든 나라들에 대해서 원한을 품고 있다는 것 아닌가? 어젯밤 거리에 나타나서 마곡의 저주를 퍼붓던 청년, 오늘 입장식에서 통나무 관을 싣고 들어와 죽음의 저주를 외친 늙은이, 그리고 사냥대회를 휩쓸어버린 복면의 기사…”

그러나 마곡의 일로 인하여 떠들고 있는 그들 가까운 곳에서 조용히 술잔을 기울이며 웃음을 참고 있는 사람들이 있었다. 그들 여섯 명은 모두 사복을 입었으나 청동의 검으로 무장을 하고 있었다. 그중에 나이가 가장 들어보이는 사내가 말했다.

“오늘은 모두들 수고가 많았다. 모두들 짐승 모는 솜씨가 대단했어.”

“지금 생각해도 꿈만 같군. 갑자기 여섯 마리나 나타나는 바람에 얼마나 놀랐는지… 그러나 저러나 모두들 그 복면의 기사가 누구냐고 궁금해서 야단들인데 입이 가려워서 큰일났어.”

“하노스님의 절대적인 부탁이시니까 모두들 명심해둬라. 내일이면 하노스님 자신이 복면을 벗고 정체를 밝히실 테니까 하루만 입을 다물면 된다.”

“어쨌든… 정말 무서운 솜씨였어. 입장식에 참석했던 세 분 대군들도 하노스님의 무예에는 어림없을 거야. 그런데… 지금 하노스님과 만나고 있는 저 아가씨는 누굴까?”

“그렇지 않아도 아릿다 황후로부터 하노스님과 만나고 있는 여자의 신분을 알아내어 보고하라는 지시가 있었어.”

그들은 술잔을 든 채로 일제히 건너편 주점의 2층 창문을 바라보았다. 아직도 창가에는 젊은 남녀가 마주 앉아서 다정하게 얘기를 나누고 있었다. 사완이 말했다.

"걱정들 말게. 저 여자의 신분에 대해서는 내가 조사를 할 테니까."

"그렇지, 자네가 제일 적임이야. 자네라면 하노스님께 직접 여쭤볼 수도 있지 않은가?"

경호원들은 사완이 하노스로부터 충분히 신임받고 있는 것을 알고 있었다. 그리고 그것은 지난날의 경호원들이 모조리 처벌받은 것을 알고 있는 그들에게 다행한 일이 아닐 수 없었던 것이다. 만일 하노스가 전처럼 경호원들을 따돌리고 마음대로 돌아다닌다면 그들은 언제 어떻게 문책당할지 모르는 판이었다. 그러나 사완 때문에 그들은 하노스의 행방을 놓치지 않을 수 있었고 하난 대제와 아릿다 황후 쪽에 올리는 정보보고가 단절되지 않게 되었던 것이다. 더구나 하노스는 사완을 통해 경호원들을 후히 대접하였고 자주 그들의 가정에까지 은급을 내려서 생활을 도왔기 때문에 이제 그들은 거의 황제나 황후보다도 오히려 하노스 쪽에 더 충성하는 심복들이 되어 있었던 것이다.

"여보게, 저것 좀 봐."

"……?"

그들이 보고 있는 가운데 건너편 주점의 하노스는 자리에서 일어나 2층의 창문을 닫고 있었다.

"…드디어 오늘은 사랑의 비가 내리려는가?"

"창문을 닫기엔 아직 이른 시간인데…"

그러자 사완은 자리에서 벌떡 일어섰다.

"어딜 가려고…?"

"하노스님의 모습이 보이지 않으니 내가 접근해서 경호해야 할 것 같군. 자네들은 내가 올 때까지 여기 있게. 오늘은 하노스님이 직접 자네들을 만나서 치하하신다고 했으니까 꼼짝말고 기다려야 하네. 그리고…"

사완은 다시 품속에서 은을 꺼내어 경호원들에게 나누어 주었다.

"걱정 말고 주는 대로 받아두게. 우리 같은 것들은 그저 생길 때 받아두는 것이 상책이야. 그렇다고 너무 마시지는 말고… 하노스님이 오셨을 때 너무 취해 있으면 곤란하니까. 그리고… 사람들이 어떤 소리들을 지껄이고 있는가도 잘 들어두게. 이제 하노스님에게도 여러가지 정보가 필요할 때이니까… 이미 그분도 열다섯살이거든."

사완의 말은 매우 함축성이 있는 말이었다. 경호원들의 느낌대로 하노스가 그 형들보다 높아질 수도 있는 것이며 최소한 바벨의 니므롯처럼 한 나라를 차지할 수도 있다는 뜻이 담겨져 있었던 것이다.

"그분에게는 이제 정말 자네들의 도움이 필요할 때가 오고 있는 게야. 내일 그분 자신이 자기의 정체를 공개하게 되면 명실공히 천하의 으뜸가는 무인으로 인정받게 되고 폐하께서도 그분의 기업에 대해서 고려하시지 않을 수 없을 걸세. 그렇게 되면… 자네들은 그분의 힘이 되어 드려야 하네. 오늘 자네들이 그렇게 했듯이 말이야…"

사완의 말은 아무런 소망도 없이 살아왔던 경호원들에게 신선한 기대를 불어넣어 주고 있었다. 그들이 지금까지 관찰해 온 것으로 보아 하노스가 하난의 아들들 중에서도 뛰어난 인물임에는 틀림이 없는 것이었다. 그의 형들인 시날, 에렉, 갈레가 이미 모두 중원의 성읍들을 차지하여 왕의 반열(班列)에 있었는데 하노스라고 늘 그 아비의 품에만 있으란 법은 없는 것이었다. 하노스가 그 아비로부터 기업을 나누어 받아 독립하게 되면 그에게 충성했던 경호원들이 상당한 대접을 받을 것은 틀림없는 일이었다. 그렇게 되면 그들은 황제와 황후의 무서운 감시망으로부터 벗어날 수 있었고 오히려 한 왕의 측근으로서 그 장래를 보장받을 수 있게 되는 것이었다.

사완은 동료들을 그렇게 안심시켜 놓고 나서 주점을 나와 길을 건넜다. 아직도 거리는 여러 나라로부터 온 나그네들로 인하여 붐비고 있었다. 그는 잠시 주위를 살피다가 건너편 주점 안으로 성큼 들어섰다. 이미 안면 있는 주인이 다가서며 고개를 끄덕여보였다. 사완은 북적대는 손님들 사이를 헤치고 2층으로 올라갔다.

간 밤에 옷을 바꿔 입었던 하노스와 신지가 벌써 친해져서 이야기를 나누는 중이었고 신지의 누이동생 아리사도 재미있다는 듯 그들의 이야기에 끼어들고 있었다. 그들은 사완이 문을 열고 들어서자 모두 일어서서 그를 맞았고, 사완은 하노스에게 시중의 상황을 보고했다.

"거리의 주점들마다 복면의 선수에 관한 화제로 가득차고 있습니다."

"복면의 선수가 누구라고 생각하던가요?"

"대부분의 사람들이 마곡에서 온 무사일 것으로 추측하고 있었습니다."

"마곡…?"

"그렇습니다. 아시다시피 셈과 함 집안의 후손들은 그들에게 밀려나 검은 바다 저편으로 사라져 버린 마곡의 가문에 대해서 두려움을 지니고 있지요. 그런데 오늘 입장식에서 괴이한 늙은이 하나가 통나무 관을 수레에 싣고 나타났었습니다. 그 늙은이는 꼭 유령 같은 모습이었고 검은 말이 끄는 수레 위의 통나무 관에서 튀어나온 흉칙한 신상은 죽음의 신이라는 것이었습니다. 그리고 달려드는 경비병들에게 그가 전한 것은 마곡의 저주였던 것입니다."

"그래서 그 노인은 어떻게 되었습니까?"

"경비병들에게 체포되었지요. 아마 지금쯤은 황실의 치안대에서 문초를 받고 있을 것입니다. 그 노인은… 고멜의 아스그나스 왕과 그의 두 아우가 입장한 다음에 들어왔지요."

"제대로 마곡 가문의 서열에 맞추어 들어온 셈이로군요."

"그렇습니다. 그래서… 사냥경기에 다시 복면의 선수가 들어오자 사람들은 곧 그 마곡의 괴인과 복면의 선수를 연관시켜 생각하게 된 것이지요. 더구나 많은 사람들이 어젯밤 마곡의 저주를 퍼붓던 청년의 선동에 대해서 알고 있었기 때문에… 그 소문이 다시 거기에 겹쳐진 것입니다."

"네브로데는 어디 갔습니까? 사자들을 몰아주느라고 수고를 많이 했는데 한턱을 내야 하지 않을까요?"

"하노스님, 오늘은 저희 집에서 만찬을 준비했습니다. 네브로데 형제도 제 집으로 오게 되어 있습니다."

실제로 사자들을 몰아 남문 밖까지 이끌어온 것은 네브로데와 그를 따라온 샤론 마을 사람들이었다. 그것을 모르는 하노스의 경비병들은 자기들의 운과 실력이 좋아서 사자 여섯 마리를 경기장에 몰아넣었다고 생각했지만 실제로 배후에서 일한 것은 샤론의 형제들이었던 것이다. 하노스가 감개무량한 듯이 말했다.

"형님 댁에서 저녁을 먹는다면… 형님의 노모(老母)를 뵈올 수 있겠군요."

그러자 사완의 딸 아리사가 끼어들면서 물었다.

"아버님, 오늘 밤도 오빠와 저는 이 방에서 창문을 열어놓고 있어야 하나요?"

"아니다. 오늘은 창문을 닫았으니까 우리는 모두들 함께 저녁을 들 수 있게 되었다."

그 말이 무슨 뜻인지 몰라서 바라보는 아리사에게 사완은 설명을 덧붙였다.

"오늘은 하노스님과 그 사랑하는 처녀가 창문을 닫아놓고 밤을 보내는 것으로 되어 있으니 아무도 이 방에 들어오지 않는다는 뜻이다."

그것이 무슨 말인지 겨우 알아들은 아리사가 얼굴을 붉히는데 신지가 빙글거리며 누이동생을 놀려대었다.

"이러다가 세상에 소문이라도 나면 아리사는 시집가기 다 틀렸네."

아리사의 얼굴이 본격적으로 빨개지자 하노스도 웃음을 머금었고 사완은 그들을 재촉하여 방을 나섰다. 그들은 밖에서 기다리고 있던 주인의 안내를 따라 뒷문을 통해서 밖으로 나섰다. 사람들의 눈에 띄지 않게 하기 위해서였다.

"형님, 엘람의 장로님들께서는 어떻게 되셨습니까?"

"저희 집에 가시면 다 만날 수 있게 되어 있습니다."

"앗산 사부님과 가미엘 남매는…"

"장군께서도 가미엘 남매와 함께 저희 집으로 오시게 되어 있습니다."

"오늘 저녁은 대연회가 될 것 같군요."

"집이 너무 비좁고 누추해서 걱정입니다."

신지와 아리사가 앞장서서 걸었고 하노스는 사완과 함께 그들을 따라서 걷고 있었다. 하노스는 그들 남매의 뒷모습을 바라보며 말했다.

"형님께서는 자녀들을 아주 훌륭하게 키우셨습니다. 니느웨 성의 경박한 젊은이들과 딴판이로군요."

"저야 군인의 몸이기 때문에 아이들을 돌볼 틈이 없었지요. 오직 여호와에 대한 믿음을 지키고 있는 어머님의 훈도가 큰 힘이 되었던 것 같습니다. 어머님은 본래 신정원의 운사(雲師) 아난님의 가문 출신이지요."

　"그래서… 신지가 운부의 잔시에 문하로 들어가고 싶어했군요."

　"아마도… 그랬을 것입니다. 신지는 어려서부터 할머님을 무척 따랐거든요."

　그들이 걷고 있는 동안에도 거리에는 술 취한 사람들이 넘치고 있었기 때문에 될 수 있는 대로 사람들이 뜸한 골목길을 택하여 걸었다.

　"잔시에 연구관의 문자 연구는 어떻게 되어가고 있답니까?"

　"하난 대제의 명령 때문에 문자 연구는 거의 중단되다시피 했지요. 단지 운부에서 하는 일이란 우부에서 추진하고 있는 건축 설계의 치수를 넣어줄 수 있도록 계산의 부호를 만들어 내는 것 정도랍니다."

　"계산 부호 외에도… 이제 곧 문자의 제정이 필요한 시기가 올 것 같습니다."

　"역사를 남겨두지 않으려는 하난 폐하의 방침이 아직 바뀌지 않았는데 역사를 기록하는 문자가 제정될 수 있겠습니까?"

　"역사를 기록할 필요가 생겼지요."

　"예…?"

　하노스는 놀라는 사완의 표정을 바라보며 싱긋 웃었다.

　"진실의 역사를 기록한다는 것이 아닙니다. 백성들이 불어나고 나라들이 많아지니까 그들을 무기나 병력만으로 통치하기가 어려워진 것입니다. 즉… 통치자는 백성들에게 복종할 것을 가르치고 그들을 다스리고 있는 통치자가 위대하다는 것을 기억시켜 줄 필요가 생긴 것이지요."

　"그렇다면…"

　"그렇습니다. 역사를 꾸며서 지어내는 것입니다."

　"꾸며요…?"

　"그렇지요. 통치자를 위대한 신의 아들로 기록하는 것입니다. 그들은 신들의 권한을 위임받아 백성을 다스리고 백성을 위해 싸워서 승리했다는 영광의 역사를 만들어서 자기들의 통치를 영구히 합법화하려는 것입니다. 그렇게 나라마다 역사를 만들려니까 문자가 필요하게 되는 것이지요."

"하난 대제가 과거를 말살하기 위해서 문자를 없앤 것과는 반대되는 현상이 나타났군요."

"그렇습니다. 역사란 그것이 진실하다면 문자가 없어도 전하여질 수 있는 것입니다. 마치 저 아르박삿 왕궁의 신관 세마가 홍수의 역사를 아직도 기억속에 보존하고 있는 것과 같은 것이지요. 진실한 기억은 아무리 그것을 없애버리려 해도 어디선가 남아 있다가 고개를 들게 되는 것입니다. 그러나… 그러나 꾸며낸 역사는 그것이 거짓이기 때문에 오래 기억해 두기가 어렵습니다. 아무리 반복해서 외우게 해도 사람들은 그것을 곧 잊어버리게 됩니다. 그래서 왕들은 문자가 필요하게 되었던 것이지요."

하노스의 말을 들으며 사완은 한숨을 쉬고 있었다.

"운사 아난님이 살아계신다면 가슴을 치실 일이로군요. 진실을 기록해 두기 위해서 연구했던 문자가 거짓을 기록하기 위해 사용되다니…"

"어쨌든 문자 제정에 관한 일은 이번 만국회의에서 논의될 것입니다. 그것이 결정되면 신정원의 운부도 바빠지게 되겠지요."

사완의 집은 도성의 북쪽 언덕 조금 한적한 곳에 자리잡고 있었다. 번화한 곳에서 떨어진 외곽지대여서 가옥들이 밀집하여 있지 않았기 때문에 샤론의 식구들이 은밀하게 모이는 데는 알맞은 장소였다. 사완은 직접 나와서 문을 열어준 자기 아내 아란을 하노스에게 소개하였다. 아란의 안내를 따라 그들이 집안으로 들어섰을 때 부엌 쪽에서 백발의 노파가 걸어나오는 것이 보였다. 사완은 노파에게로 성큼성큼 걸어가서 인사를 드리고 하노스를 소개하였다.

"어머님, 이 소년이 하난 대제의 막내아들인 하노스입니다.

"하노스…?"

사완의 노모는 눈을 부비며 하노스를 바라보더니 마침내 그 눈에서 눈물을 흘리는 것이었다.

"이렇게 장성하시다니…"

그녀는 더 이상 기쁜 마음을 억제치 못하고 하노스의 두손을 와락 움켜잡는 것이었다.

"이 늙은이가 죽지 않고 살다보니 하노스님을 이렇게 다시 뵙는군요."

하노스는 그녀에게 두손을 잡힌 채 어리둥절하여 사완을 돌아보았다. 지금 사완의 노모는 하노스를 다시 만나게 되어 반갑다고 말한 것이었다. 그녀는 어디선가 하노스를 전에 보았던 것임에 틀림없었다. 사완이 짤막하게 그것을 설명했다.

"어머님께서는 15년 전 아릿다님께서 진통을 시작하실 때 궁중에 불려들어가 황후의 해산을 도우셨습니다. 하노스님께서 이 세상에 태어나 제일 처음 만난 분이 바로 저희 어머님이시지요."

"아…"

하노스는 머리가 띵해 오는 것을 느끼고 있었다. 하노스가 모태에서 나올 때 그를 받아준 여인이 지금 백발의 노파가 되어서 그의 두손을 잡고 있는 것이었다. 아마도 하노스의 모친 아릿다는 신궁 이에의 아내인 이 여인을 신뢰하여 가까이 했던 모양이고 그래서 자기가 진통을 시작하자 불러들여 해산을 도와 달라고 부탁했을 것이었다. 사완이 그 노모에게 말했다.

"그런데 어머님… 부엌에서 무얼 하고 계셨습니까? 부엌 일은 그만 며느리에게 맡겨두시고 안으로 드시지요. 아리사도 데려왔으니 지금부터 제 어미를 도울 수 있을 것입니다."

"오오냐… 하노스님을 만나뵈었는데 내가 부엌에 처박혀 있을 수야 없지."

그녀는 하노스의 손을 잡은 채 거실 안으로 들어섰다. 노파는 연신 하노스의 얼굴을 바라보며 감격하고 있었다.

"하노스님을 처음 받아 안았을 때… 온 방안이 환해지는 것을 느꼈지요. 그럴 수밖에 없었지… 워낙 잘 생기신 아버님과 아름다운 어머님 사이에 태어나신 아기이셨으니까…"

하노스는 노파의 감동이 가라앉기를 기다려서 고개를 들며 입을 열었다.

"…노사모(老師母)께서는 앗수르의 황실과 자주 왕래가 계셨던가 보지요?"

사완의 노모는 갑자기 하노스로부터 사모로 불리우자 어리둥절하여

자기 아들을 바라보았다. 사완이 자기 노모에게 설명을 했다.

"하노스님은 아버님의 제자였던 에바에게서 궁술을 배웠기 때문에 어머님을 사모로 부른 것입니다."

"에바라니… 그 아람 땅에서 왔다던 두 자매의 이름이 에다와 에바였지 않느냐? 그들이 아직 살아 있다는 말이지?"

"그들 중의 언니인 에다는 죽었고 아우 에바는 지금 살아서 많은 궁술의 후예들을 기르고 있습니다."

"오오… 자비로우신 여호와께서 네 선친의 공부를 끊어지지 않게 하셨구나."

사완의 노모는 그제서야 다시 하노스를 바라보며 그의 질문에 대답하였다.

"그렇고 말고요, 하노스님. 아르박삿 가문에서 시집오신 아릿다 황후께서는 늘 저를 황궁으로 부르셔서 가까이 지내셨지요. 황공하옵게도 황후께서는 늘 저를 아나 아줌마라고 부르셨답니다."

"제 어머님께서 아나 아줌마라고 부르셨다면 저도 이제부터 아나 할머니라고 불러야 되겠지요?"

노인들이란 모두 나이가 들면 마음이 여리어지게 마련이어서 아나 노파도 어느새 하노스의 손을 꼭 쥐며 눈물을 글썽이고 있었다.

"붙임성이 있는 것까지도 아릿다님을 빼어 닮으셨군. 이 늙은이는 본래 남에게 존대받는 것을 좋아하지 않는 사람이지만 하노스님께서 그렇게 불러주신다면 사양할 수가 없을 것 같군요."

"아나 할머니… 요즘도 황궁에 자주 들어오시고 계십니까?"

노파는 잠시 눈빛이 흐려지다가 천천히 고개를 저었다.

"요즘은… 아릿다님으로부터 만나고 싶다는 전갈이 끊어졌습니다."

"그것이 언제부터였지요?"

"실은… 하노스님께서 태어나시기 3년 전부터 이미 아릿다님으로부터의 전갈은 끊어져 있었습니다. 아마도 그것은 전쟁 때문이었을 것입니다. 앗수르 황실은 그때 악갓 왕국과 전쟁중이었고 아마도 그래서였는지도 모르나 어쨌든 아릿다님은 저를 부르시지 않았습니다. 그런데 그 전쟁이 끝나기 얼마전쯤 저는 그때에도 앗수르에 있었는데… 갑자기 아릿다님으로부터 전갈을 받았던 것입니다.”

“아기 낳는 것을 도와달라는 부탁이었나요?”

“그렇습니다. 저는 부랴부랴 준비를 한 후 황궁으로 달려들어갔었지요.”

“그때… 어머님의 모습은 어땠습니까?”

“전쟁 때이어서 그런지 황궁의 경비는 삼엄했습니다. 치안대장인 니므롯이 직접 저를 마중하여 황후가 계시던 별궁으로 저를 안내했었지요.”

“별궁…?”

하노스는 고개를 갸우뚱했다. 어째서 중궁에 있어야 할 황후가 별궁에 가 있었다는 것인지 궁금했던 것이다. 하노스의 그런 내색을 알고 아나는 설명을 덧붙였다.

“니므롯은 앗수르가 전쟁중이므로 황후의 안전을 위해서 별궁에 모셨다고 말하더군요. 어쨌든 저는 진통중이던 아릿다님을 뵈올 수가 있었고 분만을 도와드리게 되었습니다. 매우 난산이었지요. 아마도 그래서 아릿다님은 저를 부르셨을 겁니다. 더구나 초산이시었기 때문에…”

“초산이라구요…?”

하노스는 깜짝 놀라서 아나를 바라보았다. 아나도 하지 않아야 될 말을 했다 싶었는지 당황하는 빛이 역력했다. 사완이 곁에서 다시 노모를 안심시켜 드렸다.

“어머님, 이젠 모든 일을 밝히셔도 좋을 때가 되었다고 생각됩니다.”

아나는 잠시 망설이다가 고개를 끄덕이며 이야기를 계속했다.

“본래 아릿다님께서는 시집 오신 후 그 소생이 없으셨습니다. 그래서 그분은 백성들 중에 부모가 없는 고아들을 데려다가 황궁에서 기르셨지요. 시날과 에렉과 갈레는 본래 하난 대제와 아릿다님의 소생이 아닌 고아들이었습니다.”

참으로 충격적인 사실들이 사완의 노모 아나에게서 술술 흘러나오고 있었다. 어딘가 모르게 접근하기 어려웠던 형들과의 관계를 회상하며 하노스는 그 갑작스러운 관계의 변화들을 되씹어보고 있었다. 늘 앗수르의 황실 안에서 혼자만 외톨이인 것처럼 느껴왔던 것도 그러고 보면 결코 우연한 일이 아니었던 것이다.

"그렇다면 아나 할머니… 저의 누이 레센은 어떻게 태어났습니까?"

"제가 황궁에 드나들 때까지만 해도 레센 공주는 없었습니다. 아마도 전쟁이 벌어지고 있는 그 3년 사이에 새로 입양되었겠지요. 어쨌든 아릿다님은 하노스님 외에 다른 자녀를 낳은 적이 없으며 그것은 분명히 초산이었습니다."

하노스는 다시 눈앞이 아득해지는 것을 느끼고 있었다. 그 이유야 어찌 되었든 레센과 하노스는 남매간이 아니라는 것이 밝혀지는 순간이었던 것이다. 하노스는 아나의 선언을 듣는 순간 걷잡을 수 없이 허전함을 느끼고 있었다. 마음속에 커다랗게 자리잡고 있던 중요한 무엇인가가 떨어져나가는 것 같았다. 어려서부터 늘 외톨이였던 하노스는 자기를 가장 이해해 주고 보살펴 주는 누이 레센에게 자기의 많은 부분을 의지하고 있었던 것이 사실이었다. 이제 그 레센의 핏줄이 자기로부터 떨어져나간다고 생각하자 하노스는 당황하지 않을 수 없었던 것이다.

하노스는 석달 전 어느 날의 그 안개가 자욱했던 밤을 기억하고 있었다. 그는 누나보다 더 필요한 여자를 이 세상에서 찾을 수 없을 것 같다고 고백했었고, 레센은 하노스에게 그들이 남매간만 아니라면 누나와 결혼하고 싶다는 뜻이냐고 물어왔었다. 그리고 어떻게 된 셈인지 하노스는 그 누이 레센이 상품으로 걸린 무술대회에 복면으로 출전하였던 것이다.

물론 하노스가 사냥대회에 출전했던 것은 레센을 상으로 타기 위해서가 아니었다. 거짓 신들을 섬기고 있는 가문들을 깨우쳐주고 그들의 교만을 꺾어주기 위해 여호와 신의 능력을 보여주어야 한다며 그에게 강력히 출전을 권유한 사람들은 니느웨 성으로 잠입했던 샤론 마을 사람들이었다.

특히 에바와 네브로데, 구스 가문의 다섯 형제들이 하노스의 출전을 권했고 앗산까지도 그것에 찬성하는 바람에 떠밀리다시피 나섰던 것이지만 하노스에게는 나름대로 또 한가지의 목적이 있었다. 그는 누이 레센을 루딤의 왕자 메네스에게 빼앗기기 싫었던 것이다. 비록 언젠가는 누이 레센을 시집보낼 수밖에 없다 하더라도 그녀를 하난 대제가 구상하는 정략 결혼의 희생으로 내놓고 싶지는 않았기 때문이다.

그런데 지금 사완의 노모 아나는 레셴이 하노스의 친누이가 아니라고 밝혀주고 있는 것이었다. 오랫동안 의지해 왔던 누이의 그림자가 떨어져나가면서 하노스에게는 어렴풋하게나마 또 하나의 가능성이 살아나오고 있었다. 그것은 어쩌면 누이와 결혼을 할 수 있을지도 모른다는 가능성에 관한 것이었다. 하노스는 자꾸만 얼굴이 달아오르는 것을 느끼며 아나에게 질문을 던졌다.

"아나 할머니께서는 제가 태어난 이후에도 계속해서 황궁에 드나드셨습니까?"

아나는 고개를 저었다.

"해산을 보살피고 나온 이후로… 아릿다님은 한번도 저를 부른 적이 없었지요."

그때였다. 갑자기 바깥 쪽에서 사람들의 떠드는 소리가 들려오더니 한떼의 사람들이 몰려들어오고 있었다. 누구보다도 먼저 뛰어들어온 사람은 터질듯이 아름다운 자태의 에바였다. 그녀는 깜짝 놀라고 있는 아나에게 달려들어 그 손을 잡고 감격의 눈물을 흘리는 것이었다.

"사모님… 에바가 너무 무심하였던 것을 용서하여 주십시오."

"이렇게 살아서 만나게 되니 얼마나 감사한 것인가. 노아의 신이신 여호와를 찬송할지로다…"

"이렇게 건강하신 모습을 뵈오니 정말 반갑습니다."

"네 소식은 사완을 통해서 들었다만은…"

아나는 에바의 등뒤에 서 있는 사람들을 바라보았다.

"누가… 누가 에다의 자녀들이냐?"

에바는 눈물을 거두고 가미엘과 에벨을 앞으로 나서게 하여 아나에게 인사를 올리게 했다. 아나는 가미엘과 에벨의 손을 잡아 이끌더니 그들을 품에 안으며 기어코 눈물을 흘리기 시작했다. 그렇게 잠시 숙연한 시간이 지나가고 있을 때 애꾸눈의 앗산이 큰소리로 중얼거렸다.

"이렇게 인사 시간이 길어지다간 영락없이 오늘 저녁을 굶게 생겼군."

그제야 앗산의 말뜻을 알아차린 사완이 그의 노모에게 앗산을 소개하였다.

"어머님, 이분은 치우 도원수의 아드님이신 앗산 장군이십니다."

"앗산 … ?"

어린 남매를 껴안고 눈물을 흘리던 아나는 비로소 애꾸눈의 사내를 바라보며 놀라는 표정을 지었다. 치우 도원수라면 바로 지난날 남편 이에의 상관이었던 것이다. 아나는 두 아이를 떼어 놓고 자리에서 일어나며 공손히 머리를 숙였다.

"치우님의 혈육이 아직 살아계시다니 정말 마음 든든합니다."

그러자 이번에는 오히려 앗산이 당황해서 쩔쩔매며 아나에게 큰절을 올리는 것이었다.

"모처럼 아이들을 만나시는데 못난 놈이 방해를 해서 죄송합니다."

앗산이 절을 하고 일어서자 사완은 다시 뒤에 서 있던 셀라를 소개하였다.

"어머님, 바로 이분이 아르박삿 가문의 셀라 왕자이십니다."

아나의 눈이 다시 놀라움으로 인해 번쩍거리고 있었다.

"셀라? 그러면 바로 저 메루가님의 아드님이시란 말이냐?"

셀라가 앞으로 나서서 절을 올리며 말했다.

"저희 어머니 메루가를 전부터 알고 계셨던가요?"

"알고말고… 저 야심만만하던 마대의 공주… 그러나 아릿다님에게 사랑을 양보하였던 착하신 분…"

그러자 갑자기 문 쪽에서 여인의 낭랑한 음성이 들려오고 있었다.

"아나님께서 저를 그토록 칭찬하시니 제가 아들 앞에서 코가 높아지게 되었습니다."

모두들 그쪽을 바라보자 아직도 아름다웠던 자태가 역력한 아르박삿의 메루가 왕비가 들어서고 있었다. 하노스는 이미 구면인 메루가 왕비를 알아보고 허리를 굽히다가 그 뒤에 따라들어 오고 있는 한 소녀를 발견하고 깜짝 놀랐다. 그녀는 바로 황제궁의 시녀로 있는 나메라였던 것이다. 에벨 소년이 아나의 품에 안기는 바람에 주눅이 들어 있던 드단 소년이 메루가에게 쪼르르 달려가 그녀에게 안기고 있었다. 메루가는 드단의 머리를 쓰다듬어 주고나서 아나에게 다가가서 그 손을 잡았다.

　"아나님… 정말 오래간만에 뵙습니다. 산골에 들어가 사느라고 오랫동안 사람 노릇을 못했습니다."

　"많이 늙으셨습니다만 젊으셨을 때의 아름다움은 여전하시군요."

　"이 늙은이에게 그렇게 말씀하시면 젊은 사람들이 웃습니다. 언제나 유브라데 강의 앞물은 뒷물에게 밀려나게 마련이지요."

　두 여인의 인사가 끝나자 사완은 자기 아들 신지를 메루가에게 인사시켰고 아나는 에바를 그녀에게 소개하였다.

　"그리고 이 아이들은… 에바의 언니 에다의 소생인 가미엘과 에벨이랍니다."

　메루가는 잠시 가미엘과 에벨을 바라보다가 아나에게 물었다.

　"이 아이들은 어쩐지 낯이 익은 것 같은 느낌이 드는군요. 이들의 아버지는 누구입니까?"

　"에다와 에바 자매를 저희 집에 데리고 온 청년이 있었지요. 그 청년이 나중에 그들 자매 중의 언니인 에다와 결혼하여 이 아이들을 낳았습니다만 그 이름은… 그 이름은 게세대라고 하였지요."

　"예…?"

　그 이름을 듣자마자 메루가는 소스라쳐 놀랐고 곁에서 듣고 있던 셀라도 눈을 크게 뜨고 있었다. 아나가 오히려 당황하며 물었다.

　"아니, 메루가님… 어째서 그렇게 놀라시나요?"

　"그 이름이 제가 알고 있는 사람과 같기 때문입니다. 제 남편 가이난에게는 게세대란 이름의 아우가 있었는데 그는 어느 날 갑자기 집을 나가버렸지요. 아나님께서 말씀하신 그 게세대라는 청년과 저의 시동생 게세대가 어쩌면 같은 사람인지도 모르겠군요."

　기이하게도 그 게세대라는 이름은 이 방안에 있는 많은 사람들과 관계를 가지고 있었다. 그는 에바에게는 형부였고 가미엘과 에벨에게는 아버지였으며 메루가에게는 시동생이었고 셀라에게는 삼촌이었으며 하노스에게는 외삼촌이 되는 것이었다.

　"혹시 …"

　메루가는 다소 긴장한 표정으로 아나를 바라보며 입을 열었다.

"그 게세대라는 청년이 무엇인가 남겨놓은 물건 같은 것은 없습니까?"

아나는 메루가의 얼굴을 물끄러미 바라보고 있다가 입을 열었다.

"언젠가 그 청년이 다시 저를 찾아와서 맡겨놓은 물건이 있기는 있습니다만…"

"그것이 무엇이었습니까?"

"남이 맡겨놓은 물건을 이런 자리에서 말씀드리는 것이 옳은 일인지 모르겠군요."

그러자 곁에서 잠자코 있던 에바가 앞으로 나서며 공손한 태도로 말했다.

"사모님, 그러나 지금 이 자리는 가미엘 남매의 핏줄을 찾을 수 있을지도 모르는 중대한 문제를 풀려 하고 있습니다. 사모님께서는 그 물건이 무엇인지 알려주셔도 좋으실 것 같군요."

아나는 잠시 생각에 잠기다가 이윽고 결심한 듯 일어서서 옆방의 문을 열고 들어갔다. 모두들 입을 다문 채로 기다리는 가운데 다시 그 옆방의 문이 열렸다. 그쪽을 바라본 메루가의 입이 커다랗게 열리며 가슴에 두손을 모으는 것이었다. 옆방에서 나온 아나는 한 손에 낡은 지팡이를, 그리고 한 손에는 양을 잡을 때 쓰는 짤막한 칼을 들고 서 있었던 것이다. 메루가는 그녀에게로 다가가서 떨리는 손으로 그 물건들을 받아 살펴보고 있었다.

"…틀림없군요."

"……?"

"이 물건들은 제 시동생 게세대가 집을 나갈 때 훔쳐가지고 달아났던 것들입니다."

"이것들이 무엇인데 그가 이것들을 훔쳤던 것일까요?"

"이 지팡이는… 우리들의 조상인 노아님의 것입니다. 그리고… 이 칼은 바로 노아님이 방주에서 나와 첫 제사를 드릴 때 양을 잡았던 칼인 것입니다."

방안의 모든 사람들이 놀라서 그 물건들을 바라보고 있었다. 아나가 먼저 정신을 차리고 메루가를 바라보며 말했다.

"이렇게 노아의 물건들만 바라보고 있을 게 아니라 이제 메루가님께서는 새로 조카들의 인사를 받으셔야 할 것 같습니다."

메루가는 비로소 정신을 차리며 가미엘과 에벨을 바라보더니 그들의 손을 잡았다.

"내 어쩐지… 너희들을 처음 보았을 때 낯이 익은 것 같다고 생각했더니만…"

메루가는 더 말을 잇지 못하고 울먹이는 것이었다. 시집 온 후로 그토록 마음을 써가며 돌보고 보살폈던 시동생 게세대의 생각이 다시 떠올랐기 때문이었다. 셀라가 그 어머니 메루가에게 물었다.

"어머님, 이 아이들이 게세대 삼촌의 자녀라면 저와는 사촌간이 아닙니까?"

"그렇구나. 가미엘과 에벨은 바로 네 아우들이 되는 거다. 그리고…"

메루가는 좌중을 둘러보다가 하노스를 찾아내고 그를 바라보며 말했다.

"하노스에게는 외삼촌의 자녀들이니 외사촌이 되는 셈이다."

그러자 어리둥절하고 있던 에벨이 갑자기 기분이 좋아져서 큰소리로 말했다.

"아이구… 나는 이제 큰 부자가 되었네. 한꺼번에 형이 둘씩이나 생기고…"

그러다가 그의 시선은 드단 소년에게서 멈추었다.

"어이, 드단. 너는 우리 형님의 아들이니까 내게 조카가 되는구나. 이제부터는 나를 아저씨라고 불러라."

에벨의 지껄이는 소리를 듣고 메루가는 의아한 듯 아들 셀라의 얼굴을 바라보았다. 셀라가 씨익 웃으며 눈을 찡긋해 보이자 메루가는 셀라가 드단을 자기 아들이라 말했었음을 짐작할 수 있었고 고아인 드단의 입장을 감싸주기 위해 입을 다물었다. 아나가 메루가를 바라보며 말했다.

"…이렇게 되고 보니 저는 갑자기 저의 손주들을 메루가님께 빼앗겨버린 것 같은 느낌이 드는군요. 그런데… 메루가님께서는 산 속에 은거해 계시다가 어떻게 갑자기 이 니느웨로 행차하시게 되었습니까?"

"아…"

메루가는 미소를 띠며 뒤에 서 있던 나메라를 돌아다보았다. 나메라가 어색한 표정을 지으며 아나에게 절을 올렸다.

"이 아이는 제 친척이 되는 마대 가문의 아이인데 제가 앗수르 황실의 어떤 정보를 알아내기 위하여 그리로 들여보냈습니다."

좌중의 모든 사람들이 다 긴장된 표정으로 메루가를 바라보고 있었다. 산 속의 아르박삿 왕궁에 은거하고 있던 메루가 왕비가 어떤 정보를 알아내기 위하여 앗수르 황실에 첩보원을 잠입시켰던 것일까? 비록 산 속의 나라에 은거하고 있기는 했으나 왕년의 그 야심만만하고 활달했던 마대의 공주 메루가의 거상은 아직도 변함이 없는 것 같아보였다. 천하의 장자권을 지녔던 수멜 황태자와 혼담을 벌였었고 다시 그 장자권을 손에 잡은 하난과 염문을 뿌렸던 그 화제의 주인공답게 아직도 메루가라는 이름은 만만하지 않다는 것을 여실히 보여주고 있는 것이었다.

아직도 노아의 지팡이와 칼을 들고 있던 아나는 그것을 탁자 위에 내려놓으며 메루가에게 물었다.

"메루가님께서는 앗수르 황실의 어떤 정보를 알아내시기 위하여 이 소녀를 들여보내셨나요?"

"…앗수르 황실에 대한 저의 의문은 꽤 오래전부터 시작되었습니다. 하난 대제의 아우 악갓이 독살되고 치우 도원수와 72인 의형제단이 자결한 이후 앗수르 황실의 신정원에서는 변화가 일어나기 시작했었지요. 신정원 3부의 풍백(風伯) 루악, 운사(雲師) 아난, 우사(雨師) 마달 등 세 지도자가 바뀌면서 점점 여호와 신앙이 흐려져 가더니 마침내 앗수르의 민족신은 앗술로, 그리고 이제는 니눈타로 바뀌어 버리고 말았습니다. 거기서부터 저의 의문은 시작되었습니다. 내가 알고 있는 하난 그분이라면 결코 그렇게 하지 않았을 것이다. 내가 알고 있는 아릿다님이라면 결코 그런 일들을 보고만 있지는 않았을 것이다. 그런데 다시 저는 그 아릿다 황후가 니느웨 도성에 닌릴 여신의 상을 건립하고 있다는 소식을 들었던 것입니다. 그래서 저는 친정에 부탁해 이 아이를 앗수르 황실에 잠입시키도록 공작하였던 것입니다."

거침없이 말하고 있는 메루가를 바라보며 아나는 기가 질린 듯이 말했다.

"그래서… 이 소녀의 보고는 어땠었나요?"

"이 아이의 보고를 면밀하게 검토한 저는 현재 앗수르 황실에 있는 그 아릿다 황후가 진짜 아릿다님이 아니라고 단정하게 되었습니다. 그래서 저는 이번에 산을 내려와 니느웨로 들어왔고 오늘 만신전의 제사가 끝날 때쯤 아릿다 황후를 닌릴의 신전으로 불러내어 단독으로 만났습니다."

"어떻게… 어떻게 아릿다 황후와 단독 면회를 하실 수 있었습니까?"

"아릿다 황후는 평소에 시돈 출신의 기스와 은밀히 만나고 있었습니다."

"예…? 기스라면 저 수멜의 황후였던 그 기스 말씀입니까?"

"그렇습니다."

"그 기스는 이미 오래전에 라가스에서 죽지 않았던가요?"

메루가는 조용히 고개를 가로저었다.

"수멜만이 라가스에서 죽었고 기스는 전쟁터에서 도주하여 살아 있었습니다. 무슨 까닭인지는 모르나 아릿다 황후는 최근 계속해서 그 기스와 접촉을 가지고 있습니다. 그래서 그녀는 어떤 늙은 여자가 은밀하게 만나고 싶어한다는 전갈을 받고 혼자서 닌릴의 신전으로 왔던 것입니다."

"그래서… 황후를 만난 결과는 어떠했습니까?"

"그녀는 제가 알고 있던 아르박삿 출신의 그 아릿다님이 아니었습니다."

"……?"

좌중의 모두가 깜짝 놀라며 눈을 크게 뜨고 있었다. 그러나 그들 중에서 누구보다도 놀란 것은 하노스였다. 지금의 아릿다 황후는 바로 자기의 어머니인 그 아릿다가 아니라고 메루가는 선언하였던 것이다. 아나 할머니는 자기 손으로 하노스를 받아냈고 분명히 자기를 낳은 것은 진짜의 아릿다 황후였다. 그런데 어찌된 셈인지 그 아릿다 황후는 가짜 아릿다 황후로 바뀌어져 버렸다는 뜻이 되는 것이었다. 하노스는 평소에 자신을 아들로서가 아니라 한 사람의 사내를 대하듯 해오던 황후의 태도를 상기하며 생각에 잠겼고, 아나는 가슴에 손을 대면서 메루가에게 말했다.

"세상에 어찌 그런 일이… 그렇다면 도대체 하난 그분 자신마저 진짜가 분명한지 알아보아야겠군요."

그때였다. 다시 문 쪽에서 커다란 늙은이의 목소리가 들려오고 있었다.

"그 점에 대해서는 저희들이 알아보았습니다."

모두들 일제히 그쪽을 바라보니 엘람의 두 장로가 한 백발의 노인을 양쪽에서 모시고 들어서는 중이었다. 그리고 그 뒤로는 룻 가문의 왕자였던 네브로데와 악갓 왕국의 마방(馬坊) 주사였던 하루하 노인, 그리고 그의 아들 후넨이 들어오고 있었다. 샤론 마을 사람들과 함께 사자들을 성으로 몰아넣을 때 후넨과 그의 동료들도 많은 도움을 주었던 것이다.

엘람의 두 장로는 메루가에게 먼저 목례를 보낸 다음 아나에게 허리를 굽혀 인사했다.

"저희들은 엘람의 장로인 시브온과 아한입니다."

아나가 미처 답례를 할 틈도 없이 그들 두 장로는 가운데 있던 노인을 소개하였다.

"이분이 바로 신정원의 우부를 맡고 계시던 우사 마달님이십니다."

"예?"

아나뿐만이 아니라 모든 사람들이 깜짝 놀랐다. 신정원의 여호와 제사가 중단되면서 사라져 버렸던 세 지도자 중의 한 사람이 거기 서 있는 것이었다. 방안에 있던 모든 사람들이 마달에게 경의를 표했다. 백성들의 정신적 지도자들이 모두 사라져 버린 세대에 살고 있던 그들에게 마달의 출현은 그야말로 기적이 아닐 수 없었던 것이다. 마달은 아나에게 고개를 숙여 인사하며 말했다.

"얼마나 고생이 많으셨습니까? 운사 아난의 친척이시라는 것을 전부터 듣고 있었습니다. 신궁 이에님의 소식을 못 듣고 계신다니 참으로 안타깝습니다."

마달은 그렇게 인사하다가 문뜩 아나의 앞에 놓여 있는 지팡이와 칼을 발견하고 깜짝 놀라는 것이었다.

"아니… 이것들은 무엇입니까?"

"아마도… 이미 마달님께선 그것을 아실 텐데요?"

마달은 떨리는 손으로 지팡이와 칼을 만져보고 있었다.

"이것은… 이것은 노아의 유품이 아닙니까?"

아나는 조용히 고개를 끄덕이고 있었다.

"이럴 수가… 이것들은 모두 엘람의 신정원에 있던 것인데 어떻게 여기에 와 있습니까?"

"마달님, 그 사연은 차차 알아보시도록 하고 우선 하난 대제의 이야기부터 들려주시지 않겠습니까? 누구보다도 이 자리에 그 일에 대해서 궁금한 사람이 있습니다."

아나는 하노스의 손을 잡아 이끌며 그를 마달에게 소개하였다.

"마달님, 이 소년이 바로 하난 대제의 아들 하노스님이십니다."

그러자 마달은 눈을 크게 뜨며 하노스에게 절을 올리는 것이었다.

"저는… 악갓과의 전쟁이 시작되던 그 해에 체포되어 지하 감옥에 수감되어 있었습니다만 이렇게 뵙게 될 줄은 몰랐습니다. 아까 낮에 하노스님의 단궁 솜씨를 먼발치에서 구경하기는 했습니다만…"

마달은 거기까지 이야기하고 나서 잠시 사이를 두었다가 모두들 자기를 바라보고 있는 것을 깨닫고 설명을 계속하였다.

"저는… 어떤 옥졸의 희생적인 도움으로 지하 감옥을 탈출하여 사람들의 눈을 피해 은거생활을 하고 있었습니다. 온 세상이 여호와 신을 버리고 죄악의 길을 걷고 있음을 슬픈 마음으로 바라보다가 아르박삿 왕궁에 여호와 신앙이 남아 있다는 말을 듣고 그곳을 찾게 되었던 것입니다. 거기서 메루가님의 계획에 대해서 듣게 되었지요. 그래서 저는 메루가님과 함께 산을 내려왔고, 오늘 메루가님께서 아릿다 황후의 정체를 확인하고 계시던 그 시간에 엘람의 두 분 장로님들과 함께 황제궁으로 가서 하난 대제를 만났던 것입니다."

이제까지 뒷전에서 그들의 이야기를 듣고만 있던 애꾸눈의 앗산이 앞으로 나섰다.

"마달님께서 오셨으니 제가 인사를 드리지 않을 수 없군요. 저는 기스 성의 수비대장을 맡고 있던 앗산이라고 합니다."

그러자 마달은 반색을 하며 앗산의 손을 잡는 것이었다.

"바로 치우님의 혈육이신 앗산 장군이시로군요. 전에 치우님을 따라 앗수르에 오셨던 장군을 먼발치에서 뵈온 적이 있습니다. 셀라 왕자로부터 장군께서 생존해 계시다는 소식을 들었지요."

"앗산이 불민하여 기스 성을 지키지 못한 것이 지금까지도 부끄럽습니다. 그런데… 손수 확인하신 하난 대제의 모습은 어떠했습니까?"

"본래 여기 계신 두 분 장로님들께서는 10년 전쟁이 끝난 이후에 장로가 되셨기 때문에 하난 대제의 모습을 정확히 기억하지 못하고 계셨습니다. 그러나 저는 신정원의 일을 맡아보았기 때문에 늘 가까이서 폐하의 모습을 뵈올 수가 있었지요. 그런데 저희가 만난 하난 대제는 진짜 하난 대제가 아니었습니다."

다시 사람들은 술렁거리기 시작하고 있었다. 앗산이 다그쳐서 또 물었다.

"그렇다면… 그 가짜 하난 대제는 도대체 누구였습니까?"

"그는… 앗수르의 치안장관을 맡고 있던 니므롯 그 사람이었습니다."

모두들 입을 벌린 채 다물지를 못하고 있었다. 누구보다도 얼굴이 창백해진 것은 하노스였다. 그는 지금까지 사냥꾼 니므롯을 자기 아버지로 알고 살아온 것이었다. 더구나 비록 자기의 생모가 진짜 아릿다라는 것은 확인되었다 하더라도 자기를 낳은 아버지가 진짜 하난 대제인지 아니면 니므롯인지는 아직 확인 안된 상태였다. 만약 니므롯이 하난 대제를 어떤 방법으로든 처치하고 가짜 노릇을 해왔다면 그런 가능성도 배제할 수만은 없는 것이었다. 그는 떨리는 목소리로 입을 열었다.

"마달님… 마달님께서 오늘 만나신 하난 대제가 사냥꾼 니므롯이라면 지금 만국회의에 참석하고 있는 그 바벨의 니므롯은 누구입니까?"

"오, 하노스님… 저는 아직 바벨 왕 니므롯을 만나본 일이 없습니다만… 아마도 그는 또 가짜 니므롯이겠지요."

하노스는 머리가 띵해 오는 것을 느끼고 있었다. 아릿다 황후도 가짜요, 하난 대제도 가짜요, 그리고 바벨 왕 니므롯도 가짜라면 도대체 이 세상에 그 무엇이 진짜란 말인가. 도대체 어떻게 해서 이런 기이한 일들이 일어날 수 있단 말인가.

"마달님, 그렇다면… 이렇게 온통 진짜가 가짜로 바뀌어버린 일들이 어떻게 일어났던 것일까요?"

마달은 고개를 끄떡이며 말했다.

"저 역시도 이미 투옥되어 있는 가운데 그런 일들이 일어났으므로 무어라 단정해서 말하기는 어렵습니다. 더구나 니므롯은 가짜 하난 대제 노릇을 해내기 위해서 진짜 하난 대제의 얼굴을 알고 있는 모든 사람들을 다 죽이거나 투옥시켰을 것입니다."

"그렇다면 지금에 와서 그 일들에 대해 알고 있는 사람은 아무도 없다는 말씀이십니까?"

마달은 한참 동안 고개를 숙이고 있다가 입을 열었다.

"…그러고 보면 한가지 이상한 일이 있습니다. 아릿다 황후의 오라비 되는 가이난 왕은 분명히 그 누이의 얼굴과 매부인 하난 대제의 얼굴을 알고 있을 텐데도 지금 버젓이 가짜 하난 대제가 주최하는 만국회의에 참석하고 있는 것입니다. 그리고 그는 지금도 하난 대제로부터 많은 신임을 받고 있습니다. 가짜 하난 대제가 진짜 하난 대제의 처남인 가이난 왕을 입다물게 하려면 분명히 어떤 설명이 필요했을 것입니다. 그리고… 이제야 생각이 나는데… 가이난 왕은 제가 체포되던 그 해에 천문학을 배우기 위해서 바로 제가 맡고 있던 앗수르 신정원의 우부에 와 있었습니다."

아르박삿의 메루가 왕비가 입술을 깨물고 있더니 고개를 들었다.

"그렇다면 저의 남편 가이난은 이 진상을 알고 있을 것입니다. 결국 이 사건의 유일한 증인이 될 수 있는 사람은 가이난뿐인 것 같습니다. 우리는 모두 지금 가이난 왕의 숙소로 가서 그것을 확인하는 것이 어떻겠습니까?"

"잠깐"

아나의 아들 사완이 메루가를 만류하고 나섰다.

"잠깐만 제가 한 말씀드리겠습니다. 가이난 왕은 지금 황궁의 연회에 참석하고 있습니다. 우선 제 아내가 마련한 저녁을 드시고 가셔도 늦지는 않을 것입니다."

그때 문 쪽에서는 또 한 사람의 목소리가 들려왔다.

"그렇습니다. 가이난 왕은 아직도 어전회의에 참석중입니다. 연회까지 끝나고 숙소로 돌아오려면 상당한 시간이 걸릴 것 같습니다."

문 쪽에서 장신의 사내 고센과 구스 가문의 다섯 형제가 들어서고 있었다. 고센은 좌중의 모든 사람들에게 허리를 굽혀서 인사하며 말했다.

"우리도 여기서 또 하나의 만국회의를 열만 하겠습니다. 셈 집안의 엘람 장로님들, 앗수르의 하노스님, 아르박삿의 셀라 왕자님, 룻의 네브로데 왕자님과 앗산 장군 그리고 아람 가문의 에바님… 게다가 함 집안 구스 가문의 다섯 형제님들과 야벳 집안 마대 가문의 메루가님까지 계시니 이만하면 우리도 만국회의인 셈입니다."

고센의 말에 우선 가미엘 남매와 드단을 비롯한 아이들이 먼저 박수를 쳤고 어느새 사완의 아내 아란과 딸 아리사는 먹음직스런 음식들이 담긴 쟁반을 나르기 시작하고 있었다.

흔들리는 성좌(星座)

　석조전의 대회의실에서 만국회의를 주재하고 있는 하난 대제는 이따금씩 벽에 걸려 있는 그림을 바라보며 어쩐지 자꾸만 마음이 산란해지는 것을 느끼고 있었다. 그것은 바로 자기를 찾아왔던 세 사람의 노인들 때문이었다. 그들이 도주한 직후 하난 대제는 그들의 말을 전했던 마대 소녀 나메라를 찾았으나 그녀는 날이 저문 이 시간까지도 행방을 알 수가 없는 것이었다.

　더구나 그의 아내까지도 그에게 불길한 보고를 전하였다. 그녀 역시 어떤 노파로부터 면회 요청을 받았는데 그 노파도 아릿다 황후가 가짜라는 것을 알아내고 당신은 아릿다가 아니라면서 사라져 버렸다는 것이었다. 15년간 아무 탈없이 가리워져 왔던 앗수르 황실의 비밀이 그 냄새를 피우기 시작하고 있었다. 모든 과거를 말살해 버리기 위해서 하난 대제는 문자의 제정을 중단시켰고 모든 역사를 흑암 속으로 쑤셔넣기 위하여 과거의 일들을 거론하지 못하게 했으며 앗수르의 모든 신하들을 갈아치웠었다. 마침내 그는 앗수르의 신까지 갈아치우는 대개혁을 감행하기도 했다. 여호와 신은 결코 진실의 도말을 허용하지 않는 신이며 인간의 권력을 인정하지 않는 신이었으므로 그에게는 몹시 불편한 신이었던 것이다. 그는 앗수르의 민족신을 앗술 신으로 바꾸었고, 이제 다시 그것을 천둥과 번개의 신인 니눈타로 갈아치웠던 것이다.

　그런데도 이제 과거속에 웅크리고 있던 유령들처럼 이상한 늙은이들이 그의 주위에 나타나고 있는 것이었다. 이제 그에게는 더 강하고 더 엄격한 통치력이 필요하게 되었다. 그는 한번 더 평화의 탑을 바라보고 나서 둘러앉은 열국의 왕들을 둘러보았다.

"폐하, 한가지 질문이 있습니다."

"질문…?"

하난 대제는 목소리가 들려온 쪽으로 고개를 돌렸다. 질문을 한 왕은 가나안의 시돈이었다.

"말씀하십시오."

"오늘 아침의 입장식에서 통나무 관을 수레에 싣고 들어온 늙은이를 앗수르의 경비병들이 체포했는데 그가 누구였는지 밝혀졌습니까?"

하난 대제는 이미 그런 질문이 나올 것으로 예측하고 있었다. 만국회의의 입장식에서 발생한 마곡의 저주 사건은 모든 왕들의 관심을 모으기에 충분한 것이었다. 천하의 모든 나라 대표들이 그들의 신상을 이끌고 만국회의에 참가하였는데 오직 한 가문만이 그 자리에 빠져 있었다. 검은 바다 저편으로 사라져 버렸던 야벳 집안의 둘째 가문인 마곡 가문은 영영 땅 위에서 그 모습을 감추어 버렸던 것이다. 이미 그 저주의 관을 싣고 들어온 노인이 나타나기 이전에도 모든 나라 대표들의 마음 한구석에는 만국회의에서 빠져버린 마곡 가문의 자국이 어두운 동굴처럼 자리잡고 있었는지도 몰랐다. 그런데 그 늙은이의 저주는 왕들의 어두운 동굴에다 소름끼치는 메아리를 쏘아넣었던 것이다.

하난 대제는 고개를 들더니 무표정한 얼굴로 말했다.

"…그 늙은이는 앗수르 감시청에서 조사한 결과 단순한 미치광이로 판명되었습니다."

"미치광이라구요?"

입장식에 끼어들었던 그 늙은이의 행동은 단순한 미치광이라고 보기에는 너무나 계획적이고 의도적인 것이었다. 그러나 하난 대제는 지금 그를 단순한 미치광이라고 발표한 것이었다. 모든 왕들은 앗수르 감시청의 실력을 알고 있었다. 수많은 인물들을 체포 투옥하여 처형 실적을 자랑하는 앗수르 감시청에 불려 들어가기만 하면 그 어떤 사람도 입을 열지 않고는 못배긴다는 공포의 수사기관이었던 것이다.

"그렇습니다. 그 늙은이는 여러 사람이 모인 자리에서 자기를 과시하고 싶은 망상에 사로잡혀 엉뚱한 일을 만들었던 것입니다."

"그 늙은이는"

다시 입을 연 사람은 야완 가문의 둘째인 달시스였다.

"그 늙은이는 어느 족속에 속하는 사람이었습니까?"

달시스는 이미 지난 밤 니칼의 신전 앞에서 자기 형제들과 함께 야벳 집안의 궐기를 외치는 괴청년의 연설을 들었던 것이다. 하난 대제는 잠시 달시스의 얼굴을 물끄러미 바라보다가 대답했다.

"그 늙은이는 이 니느웨 성에 살고 있는 앗수르 사람이었습니다."

"그렇다면…"

야완의 장자 엘리사가 질문에 나섰다.

"그 늙은이는 왜 앗수르 사람이면서 마곡의 저주를 입에 담았던 것입니까?"

"모두들 아시다시피 지금 온 세상에는 각종의 유언비어가 조작 살포되어 민심을 현혹시키고 있습니다. 잠시 후에 다시 그 문제를 의논하겠습니다만 기존의 통치체제에 대한 도전이 사방에서 머리를 들고 있는 것입니다. 마곡의 저주도 바로 그런 반역의 세력들이 이용하고 있는 수단의 하나입니다. 백성들의 심리를 불안하게 만들어서 백성들로 하여금 그들을 다스리는 권력으로부터 이탈하게 만드는 것이지요. 그러나 이번 사건을 일으킨 그 늙은이는 단순한 망상에서 마곡의 저주를 외쳤던 것으로 밝혀졌습니다. 나도는 소문에 사로잡혀 불안에 떤 나머지 자기 자신을 마곡의 사자로 착각하는 환상에 빠졌던 것입니다."

하난 대제는 거기까지 설명하고 더 이상 할 말이 없다는 듯 입을 다물었다. 그러나 사실 감시청의 보고서는 그 늙은이의 배후에 대해서 언급하고 있었다. 그 늙은이는 니느웨에 살고 있는 것이 사실이었고 약간 머리가 이상한 것도 사실이었지만 누군가가 그에게 상당한 은을 주고 그런 일을 하도록 시켰다는 것이었다. 노인은 이미 병이 깊어 얼마 더 살지 못할 상태에 이르러 있었는데 그 사람은 노인에게 상당한 은을 주었을 뿐만 아니라 그 가족의 장래까지도 돌보아 주겠다고 약속하였다는 것이었다. 앗수르 감시청은 즉시 병력을 보내 그의 가족들을 잡아들이도록 하였으나 이미 그의 가족들은 종적을 감추어 버렸다는 보고였다. 일이 그렇게 되자 조사의 실마리는 노인이 본 그 배후 인물의 인상착의 뿐이었고 노인의 말은 시종 횡설수설로 이어져서 아무것도 얻어낼 수가 없었다는 것이었다.

하난 대제가 만국회의에서 그 노인을 단순한 미치광이었다고 발표한 것은 몇 가지 사정을 감안한 결과 취해진 것이었다. 그 하나는 만국의 왕들 앞에서 앗수르 감시청의 허점을 보이지 않으려는 것이었고, 또 하나는 열국 통치에 필요한 정보를 함부로 헤쳐놓지 않으려는 배려 때문이었던 것이다.

하난 대제가 그 문제의 노인을 미치광이라고 단정해 버렸기 때문에 아무도 더이상 질문할 일이 없어져 버린 셈이다. 그러나 이번에는 고멜 왕 아스그나스의 아우 도갈마가 입을 열었다.

"폐하께서도 보셨다시피 오늘의 사냥대회에서는 정체를 알 수 없는 복면의 선수가 나타나서 백성들을 의아하게 하였습니다. 앗수르 황실에서는 그 복면의 선수가 누구인지 파악해 보셨습니까?"

도갈마는 하난 대제의 아픈 곳을 찌르고 있었다. 그 역시 복면의 선수가 누구인지 그 신분을 알아야 하는 사람들 중의 하나였지만 아직 아무런 정보도 얻지 못하고 있는 것이었다. 그러나 하난 대제는 앗수르 정보망의 허약성을 열왕들에게 드러내 보일 수 없었기 때문에 미소로써 자기의 난처함을 위장하였다.

"복면의 선수는 이번 만국회의에 대한 백성들의 흥미를 더해 주고 있습니다. 너무 성급하시지 말고 내일까지 기다려 주시기 바랍니다."

"내일까지…?"

"그렇습니다. 내일은 강호의 무사들이 천하 제일의 패권을 놓고 겨루는 무술대회가 있습니다. 그 복면의 선수는 반드시 내일 또 출전할 것이며 스스로 자기의 신분을 밝힐 것입니다."

아직 그에 대해서 아무런 정보도 가지고 있지 못한 하난 대제가 그렇게 단정하는 데는 이유가 있었다. 그 복면의 선수가 대회의 상으로 내걸린 레센 공주를 목표로 하고 있다면 결국은 그 복면을 벗지 않을 수 없으리라는 것이 하난 대제의 계산이었던 것이다.

"폐하께서는 이미 그 사람에 대해서 다 알고 계시는 것처럼 말씀하시는데…"

다시 말을 꺼낸 사람은 아람 왕 홀의 아우 게델이었다. 그는 자기 아들 야긴을 이번 무술대회에 출전시키고 있었으므로 복면의 선수에 대해서 관심이 컸던 것이다.

"오늘 사냥대회에서 그 복면의 선수는 이미 강호에 실전(失傳)되었던 단궁(檀弓)을 구사하고 있었습니다. 폐하께서는 그가 어디서 단궁의 구사를 전수받았는지 알고 계십니까?"

하난 대제는 잠시 당혹스러운 표정을 짓더니 이내 다시 미소를 띠며 말했다.

"이미 강호에는 수많은 문파에 의해 다양한 무기와 무예가 보급되고 있습니다. 사냥대회에 출전한 선수가 단궁을 사용했다고 해서 조금도 이상할 것은 없는 것이지요."

"그러나 단궁은…"

그렇게 시작한 굵은 목소리의 주인공은 무예의 본산(本山)을 자처하고 있는 룻의 루두스 왕이었다. 그는 거대한 체구를 바로 세우며 하난 대제를 바라보았다.

"단궁은 그 활과 화살의 길이가 다른 활보다 반 규빗이나 길 뿐 아니라 그 재료가 박달나무로 만들어졌기 때문에 활을 만드는 것이나 사용하는 것이 모두 비전(秘傳)에 의하지 않고는 불가능한 것으로 알려져 있습니다. 이에 대해서는 사냥의 대가이신 바벨 왕 니므롯님께서도 잘 아실 터인데 어떻게 생각하십니까?"

루두스 왕이 그렇게 말하며 니므롯을 바라보자 딴 생각을 하고 있던 바벨의 니므롯은 멍청한 얼굴로 루두스를 바라보았다.

"어떻습니까? 오늘 사냥대회에 나타났던 그 복면의 선수는 어디서 그 단궁의 기법을 배웠으리라 생각하십니까?"

"그야… 단궁의 기법을 배웠다면 그것을 가르칠 만한 사람에게서 배웠겠지요."

니므롯이 루두스의 두번째 질문을 받고 대답을 얼버무리자 이번에는 두발 왕 디산이 그 흐트러진 머리를 쓸어넘기며 말했다.

"그렇다면 단궁의 대가인 이에가 아직도 강호에 살아 있다는 말씀입니까?"

"이에가 살아 있을 수도 있고, 아니면 악갓 사수단의 누군가가…"

니므롯은 하난 대제의 얼굴을 바라보다가 자기의 실수를 깨닫고 입을 다물었다. 아직도 앗수르 제국 치안장관 시절의 버릇에 묶여 있는지 바벨 왕 니므롯은 하난 대제의 영향력 아래에 놓여 있었다. 사라진 왕국 악갓에 대한 논의는 바로 그 하난 대제가 금지시켜 버린 것이었다. 그래서 니므롯은 말을 하려다 말고 입을 다물어 버렸던 것이다. 아직도 왕들이 니므롯을 바라보고 있을 때 하난 대제가 입을 열었다.

"여러분, 내일이면 우리의 궁금증은 풀릴 것입니다. 우리는 보다 다른 유익한 토론을 계속하는 것이 좋겠습니다. 우리에게는 이번 회의 기간 내에 처리해야 할 문제들이 산적해 있기 때문입니다."

"그런데…"

아직도 왕들의 질문은 끝나지 않은 것 같았다. 고멜 왕 아스그나스가 그냥 넘어가는 화제의 뒷자락을 잡아당기고 있었다.

"그 복면의 선수가 마곡에서 온 사람일 것이라는 소문이 있습니다. 폐하께서는 그 소문에 일리가 있다고 생각하십니까?"

"아스그나스 전하"

하난 대제는 다소 짜증스러운 표정을 지으며 아스그나스를 바라보다가 단호한 목소리로 말했다.

"다시 한번 말씀드리지만 지금 항간에는 기존 통치 질서에 거역하는 무리들이 백성들의 심리를 불안하게 하기 위하여 여러가지 유언비어를 퍼뜨리고 있습니다. 그리고 그들이 상습적으로 이용하고 있는 것이 바로 마곡을 내세운 불안감 조성인 것입니다. 복면의 기사가 누구이든 그를 가리켜 마곡과 연결시키려 시도하는 자들이 있다면 그들 또한 우리를 거역하려 하는 자들일 것입니다."

"폐하께서는… 현존의 통치체제에 승복하지 않는 거대한 세력이 있는 것처럼 자꾸만 말씀하시는데… 그것은 어떤 세력입니까?"

아스그나스의 질문은 자꾸만 계속되고 있었다. 그리고 그의 질문에는 뼈가 있는 것이었다. 지금의 천하는 장자권을 쥐고 있는 앗수르가 다스리는 중이었고 막강한 군사력과 재력을 갖춘 가나안과 미스라임이 그 권력을 뒷받침해 주고 있었다. 말하자면 천하의 통치권을 셈 집안과 함 집안에서 모두 움켜쥐고 있는데도 자꾸 도전 세력에 대해서 이야기한다면 그것은 곧 야벳 집안을 가리켜 일컫는 것이나 다름없었던 것이다.

"아스그나스 전하, 오늘의 천하는 단순한 통치 조직만 가지고는 다스려 나가기 어려울 만큼 그 규모가 커지고 있습니다. 여러분도 아시다시피 이미 앗수르 내부에서도 황제에게 그 아우인 악갓이 반역하는 사례가 있었지 않습니까?"

"폐하께서 그렇게 말씀하시는 것은 앞으로도 형제간의 반목이 예사로 일어날 것이라는 의미이십니까?"

아스그나스의 질문은 하난 대제의 난처한 부위를 계속 찔러가고 있었다. 하난 대제가 그렇게 말하는 것은 곧 야벳의 반역이 있을지도 모른다는 뜻이냐고 추궁하는 질문이었던 것이다. 대회의실은 갑자기 긴장하기 시작하고 있었다. 지금 질문하고 있는 아스그나스 왕은 야벳 집안의 장자가문인 고멜의 왕이었고, 그렇기 때문에 그의 질문은 야벳 집안 전체의 의문을 대리하여 질문하고 있다 해도 과언이 아니기 때문이었다. 그러고 보면 그 마곡의 저주에 대하여 질문하고 있는 사람들은 대부분이 야벳 집안의 사람들이었던 것이다. 그럴 수밖에 없는 것이 마곡은 야벳 집안의 둘째 가문이었고 그 마곡의 일로 인하여 하난 대제가 누군가를 의심한다면 그것은 곧 야벳 집안에 대한 의심이라고 간주할 수밖에 없는 것이기 때문이었다.

뜻밖에도 하난 대제는 고개를 끄떡였다.

"형제간뿐만이 아니라 이러한 반목은 같은 가문 내에서도 일어날 것입니다."

"……?"

"여러분은 지금 모두 자기 나라를 비워두고 이 회의에 참석하셨습니다. 여러분께서 여기와 계시는 동안에 다른 누군가가 여러분의 자리에 앉아 있지 말란 법은 없지 않습니까? 이미 여러분들 가운데는 장자가 자리에 없는 사이에 그 자리에 앉으신 분들도 계시지 않습니까?"

"그 말씀은 매우 듣기 거북스럽습니다."

볼멘소리로 이의를 제기한 것은 셈 집안 아람 가문의 홀 왕이었다. 그는 아람의 장자 우스가 어디론가 행방을 감춘 사이에 그 자리에 올랐던 것이다.

하난 대제는 미소를 띠며 엘람의 수시아나 여왕을 바라보았다. 그녀도 오라비 수사를 밀어내고 엘람의 왕위에 오른 경력을 가지고 있었다.

"그런 입장이라면 여기 계신 분들 중에서도 비슷하신 경우가 드물지 않을 것입니다. 그러나 우리는 지금 과거의 일들을 따지려는 것이 아니라 앞으로의 일들을 의논하기 위해서 여기 모였습니다. 우리는 이제 모든 백성들을 다스리는 통치체제를 강화하고 통치자의 권위를 영구화 해야 할 필요가 있는 것입니다."

마곡의 문제를 끄집어냄으로써 야벳 집안의 소외에 대하여 불평하려던 야벳의 왕들은 하난 대제가 교묘하게 끌어들인 이 새로운 안건 때문에 입을 다무는 수밖에 없었다. 통치 권력의 영구화는 모든 왕들이 당면하고 있는 과제이고 관심사이기 때문이었다. 지금까지 팔짱을 낀 채 남들의 이야기를 듣고만 있던 미스라임의 루딤 왕이 굵은 목소리로 말했다.

"그렇다면… 폐하께서는 어떤 복안을 갖고 계십니까?"

남방의 중추 세력을 형성하고 있는 미스라임의 루딤 왕이 토론에 참가하게 되자 회의는 그 긴장감을 더하여 가고 있었다. 모든 왕들의 표정은 심각해졌고 드나들던 시녀들의 출입까지 통제되었다. 하난은 잠시 좌중의 왕들을 둘러보다가 헛기침을 한번 한 후 말을 계속했다.

"우리의 통치체제가 백성들 위에 가장 확실하게 군림하는 방법은… 우리 모두를 신의 아들들로 탄생시키는 것입니다."

왕들은 그것이 무슨 의미인지를 몰라서 서로의 얼굴을 바라보며 웅성거리기 시작했다.

"신의 아들…?"

"그렇습니다. 모든 왕들은 보통의 인간과는 다른 신의 아들로서 태어나는 것입니다. 모든 왕들은 태어날 때부터 백성들을 다스리기 위한 사명과 운명을 가지고 태어났음을 알리는 것입니다. 그렇게 되면 아무도 감히 신의 아들에게 도전하지 못하게 될 것입니다. 또한 신의 아들에게 도전하는 사람은 사악한 자로 간주되어 처벌받게 될 것입니다."
 "그러나…"
 하난 대제의 건너편에 앉아 있던 마대 왕 베다가 입을 열었다.
 "우리가 어떻게 다시 신의 아들로 태어난단 말씀입니까?"
 "…그렇게 발표하는 것입니다."
 "……?"
 "모든 나라의 왕들은 그 나라의 신들 사이에 자기의 위치를 삽입합니
다. 그 나라의 왕이 가장 위대한 신의 아들이라고 가르치는 것입니다."
 "그러나 그 이야기는 꾸며낸 것이니 권위가 없을 것 아닙니까?"
 "그 권위를 위하여 나는 두 가지 방안을 마련했습니다. 그 중의 하나
가 바로 각국의 점성술사들을 이용하는 것입니다."
 "……?"
 "아시다시피 점성술사들은 하늘의 일월과 별들로 땅 위에서 일어나는
일들을 점치고 있습니다. 그리고 모든 백성들은 그들의 말이 상당히 합
리적일 것으로 믿고 있습니다. 왜냐하면 하늘의 변화와 백성들의 생활
은 깊은 관계가 있기 때문입니다. 그러므로 이들 점성술사들에게 모든
왕들의 탄생 신화를 만들게 하면 백성들은 믿지 않을 수 없을 것입니
다."
 "탄생 신화를…?"
 "그렇습니다. 아시다시피 점성술사들은 태양이 지나가는 황도(黃道)
에 12궁의 성좌를 배열하고 사람의 사주(四柱)를 각 성좌에 적용하여
길흉화복을 점치고 있습니다. 그러나 이제 우리 신의 아들들은 12궁의
영향을 받지 않는 자신의 초월적 별자리를 만드는 것입니다. 하늘에는
아직도 우리의 이름을 걸 만한 많은 별들이 있는 것입니다."
 사실 하난 대제는 자신의 별자리를 12궁의 처음인 백양궁(白羊宮)에
다 밀어넣고 각 나라의 왕들을 다른 별자리에 맞추어 넣으려고 생각했
었다. 그러나 별자리는 12개뿐인데 셈 집안에는 5가문, 함 집안에서는
4가문 그리고 야벳 집안에는 사라져 버린 마곡 가문을 뺀다 하더라도 6
가문이나 있어서 자리가 모자라는 것이었다. 더구나 미스라임의 7왕,
가나안의 9제후, 그리고 야완의 4형제들도 각기 자기의 별자리를 원할

것이 분명했기 때문에 하난 대제는 본래의 12궁 성좌 외에 각 왕들의
별자리를 만들기로 계획한 것이었다.

"점성술사들이 그 일을 할 수 있겠습니까?"

"그 일 때문에 나는 이미 전세계 점성술사 회의를 소집해 놓았습니
다. 이제 내가 연락을 하면 그들은 일제히 자기 나라 왕들의 별자리를
지정하고 그 탄생의 유래를 지어낼 것입니다."

과연 하난 대제의 계획은 놀랍도록 치밀한 것이었다. 만국회의에 모
인 모든 왕들은 자신의 집권을 영원히 지속시키고 싶어했으며 그것을
합리화시키는 데 부심하고 있었던 것이다. 특히 이 일에 관심을 보이고
있는 엘람의 수시아나 여왕이 입을 열었다.

"폐하께서는… 조금전에 모든 왕들을 신들의 아들로 태어나게 하실
것을 제의하셨는데… 모든 통치 권력을 남자에게서 남자에게로 세습되
게 하는 가부장제(家父長制)로 고정시키실 작정이십니까?"

하난 대제는 수시아나 여왕의 불만을 이해하고 있었다. 그리고 이미
메소포타미아를 비롯하여 가나안 왕실에 이르기까지 모든 나라의 통치
체제 속에서 여성들의 영향은 점점 커지고 있는 것이 사실이었다. 하난
대제는 진지한 얼굴로 수시아나 여왕을 바라보며 말했다.

"나는 셈 집안의 뿌리 깊은 가부장제에 대하여 그 문제점들을 의식하
고 있습니다. 이미 우리들의 학문과 노력은 세상의 모든 이치들이 음양
의 조화로 이루어지고 있는 것을 밝혀내고 있습니다. 하늘이 있으면 땅
이 있고 해가 있으면 달이 있으며 낮이 있으면 밤이 있듯이 세상의 모
든 번영과 풍요는 남성과 여성이 서로 화합해야만 이루어지는 것입니
다. 그래서 이미 모든 나라들은 자기들의 여신을 가지고 있지 않습니
까? 특히 여신에게서는 그 생산성의 위대함이 강조되어 여성은 남성의
어머니란 점이 주장되고 있습니다. 오늘의 입장식에서도 보셨습니다만
미스라임의 이시스 여신은 호루스 신의 어머니로서 부각되었고 가나안
의 아세라 여신은 아타르 신을 안고 입장하지 않았습니까? 그래서 앗수
르는… 천하를 다스리고 있는 장자의 가문으로서 이번의 만국회의를 계
기로 닌릴 여신을 추대하였던 것입니다."

수시아나 여왕은 하난 대제의 설명에 다소 기분이 풀린 듯 턱을 치켜

들며 질문을 계속했다.

"그렇다면 폐하께서는 세계의 모든 나라들에서 여성에게도 통치권이 이양될 수 있음을 인정하시는 것입니까?"

"물론입니다. 그렇기 때문에 오늘 열리게 되는 세계 점성술사 회의에서는 엘람의 수시아나 여왕이 수쉬낙 신의 따님이심을 발표하게 될 것입니다. 즉 여왕께서는 수쉬낙 신의 열쇠와 도끼를 위임받은 엘람의 통치자로 추대되는 것입니다."

수시아나 여왕의 표정이 어지간히 풀리고 있었다. 그녀는 하난 대제의 방침에 대해서 불만이 없는 모양이었다. 그러나 그녀는 다시 한가지를 더 짚고 넘어 가고자 하였다.

"그러나 폐하… 폐하께서는 통치권의 권위를 위해서 두 가지 방안을 마련하셨다고 말씀했는데 또 한 가지 방안은 무엇입니까?"

"그렇습니다. 내가 마련한 또 한 가지 방안은 바로 문자의 제정입니다."

하난 대제가 그렇게 발표하자 다시 왕들은 술렁거리기 시작했다. 문자란 주로 과거의 기록을 위해 만들어지는 것이며 과거에 집착하는 것은 비생산적이라는 이유로 문자 제정을 중지시킨 것이 바로 하난 대제 자신이었기 때문이었다. 수시아나 여왕이 다시 이 문제를 거론했다.

"제가 알기로는 폐하께서 이미 문자의 제정을 중단시킨 것으로 기억하는데 어째서 다시 그것을 계속하겠다는 것입니까? 폐하께서는 다시 백성들에게 과거를 기록하도록 허용하겠다는 뜻입니까?"

사실 하난 대제의 과거 말살 정책에 대해서 가장 찬성하고 있는 것이 바로 수시아나 여왕 자신이었다. 수시아나 여왕에게 있어서 모든 과거의 역사란 경멸의 대상이었다. 왜냐하면 역사가 거꾸로 거슬러 올라갈수록 사람들의 생활질서는 남성 위주의 가부장제로 돌아갈 것이기 때문이었다. 하난 대제가 다시 답변을 시작했다.

"인류가 과거에 집착하면 퇴보한다는 본인의 소신에는 변함이 없습니다. 그러나 이제부터 우리가 계획하고 있듯 통치 권력의 확립과 권위를 위하여 왕들의 신화를 탄생시키려면 그것을 기록할 문자가 필요해지는 것입니다. 그리하여 그 신화를 모든 돌에 새기고 모든 성벽에 새겨서 그것을 움직일 수 없는 진리로 고정시켜야 하는 것입니다. 물론 문자가 제정되면 모든 문자의 사용은 황제와 왕들의 권한 아래 관리되어야 할 것입니다."

"문자를 관리한다는 것은 문자를 사용하는 자격에 제한을 둔다는 뜻입니까?"

"물론 그것도 필요할 것입니다만 실제로 문자란 사람이 읽을 수 있어야 가치가 있는 것이고 읽을 줄 알게 되면 자연히 쓸 줄 알게 되기 때문에 문자의 사용 자격을 제한하는 것은 어려운 일일 것입니다. 방금 내가 관리한다는 표현을 쓴 것은 물론 포괄적인 것이기는 합니다만 그 핵심은 문자의 용도를 제한한다는 뜻입니다."

"어떻게 제한한다는 것입니까?"

"우선 문자는 왕들의 역사를 기록하는 데 사용하게 합니다. 왕들이 어떻게 신들에게서 태어났으며 그 신들이란 어떤 존재들이며 왕들은 어떻게 훌륭한 일들을 하였는가에 대해 기록하는 것입니다. 그리고 또 한 가지는 백성들이 지켜야 하는 법률을 만들고 그것을 기록하는 것입니다. 백성들이 왕들의 말에 순종하고 왕들을 두려워하여 섬기지 않으면 어떤 벌을 받게 된다는 것을 기록하여 백성들로 하여금 낮이나 밤이나 그것을 외우게 하고 그것에 매이도록 하는 것입니다. 즉 모든 왕들은 이 두가지 목적 외에 문자를 사용하지 못하도록 관리하는 것입니다."

"꼭 그렇게 문자의 용도를 제한할 필요가 있겠습니까?"

"그렇습니다. 문자는 그것이 왕들의 권한 안에 들어 있으면 매우 유능한 것이 되나 백성들이 이를 함부로 사용하게 되면 위험한 도구가 되지요. 그러므로 문자는 의사를 교환하는 데 사용되면 안됩니다. 오직 왕들의 일방적인 요구를 전달하는 데만 사용되어야 그것은 안전해지는 것입니다."

이제 아무도 하난 대제에게 의문을 제기하는 왕은 없었다. 문자를 제정하여 왕들의 신화를 만들고 백성들을 다스리기 위한 법률을 기록하겠다는 데 대하여 아무도 반대할 이유가 없었던 것이다.

회의가 시작되고 있을 때 마곡의 저주를 퍼붓던 노인에 관하여 질문하였을 뿐 줄곧 왕들의 이야기만을 듣고 있던 가나안 가문의 시돈 왕이 입을 열었다.

"폐하께서는… 어떤 식으로 문자를 제정하겠다는 복안을 가지고 계십니까?"

그러자 하난 대제는 손뼉을 쳐서 대기하고 있던 시종관을 불렀다.

"신정원 운부의 잔시에 연구관을 들게 하라."

이미 하난 대제의 명을 기다리고 있었던 듯 얼마 지나지 않아서 한 장년의 사내가 손에 괘도를 말아들고 나타났다. 하난 대제는 그에게 명령했다.

"잔시에, 이곳에는 만국회의에 참석하신 모든 나라의 왕들이 계시다. 앗수르 신정원의 문자 제정 계획을 보고하라."

"알겠습니다, 폐하."

잔시에 연구관은 손에 들고 있던 괘도를 펴서 벽에다 걸었다. 괘도에는 이상한 모양의 부호들이 잔뜩 그려져 있었다. 잔시에는 왕들에게 공손히 예를 올린 후 차분한 목소리로 설명을 시작하였다.

"대체로 문자의 목적은 두 가지가 있다고 생각됩니다. 그 하나는 사람들 사이에 의사를 전달하기 위한 방법이고 또 하나는 기억을 위한 목적으로 사용되는 것입니다."

잔시에는 잠시 생각을 정리하다가 다시 입을 열었다.

"처음부터 사람은 말을 가지고 있었습니다. 그리고 말로써 의사를 전달하는 데는 큰 불편이 없었습니다. 그것은 지금 사람들이 문자가 없이도 큰 불편 없이 살아가고 있는 것이나 마찬가지입니다. 그런데 이상한 것은 세월이 흐를수록 사람과 사람 사이에 의사전달이 어려워지고 문자의 필요성이 나타나기 시작했다는 사실입니다."

잔시에의 설명을 듣고 있던 엘람의 수시아나 여왕이 질문을 꺼냈다.

"세월이 흐를수록 의사의 전달이 어려워진 것은 그만큼 사람들의 지혜가 발달하고 생활이 복잡해지면서 필연적으로 나타난 현상이 아닐까요?"

"그렇게 생각할 수도 있습니다. 그러나 우리 조상들의 시대라고 해서 그들의 생각이나 생활이 단순했다고는 볼 수 없습니다. 전해 내려오는 바에 의하면 우리의 조상 노아님이 만들었다는 배는 그 길이가 3백 규

빗, 폭이 50규빗, 그리고 높이가 30규빗이나 되는 3층의 방주(方舟)였
였다고 하는데 오늘날에도 그런 배를 만들 수 있는 나라는 없는 것입니
다. 그러므로 과거로 돌아간다고 해서 사람의 지혜가 무지의 상태였다
고는 단정하기 어렵습니다."

인간의 지혜와 생활이 발전하고 있는 것이 아니라 퇴보하고 있는지도
모른다는 잔시에의 설명에 왕들은 이해하기 어렵다는 듯 고개를 갸웃거
리고 있었다. 미스라임의 루딤 왕이 입을 열었다.

"연구관의 학설은 동의하기가 어렵군. 오늘날 우리가 볼 수 있는 기
술의 향상과 산업의 발전을 놓고 보더라도 인간의 지혜는 진화하고 있
는 것이지 퇴보하고 있는 것이라고는 할 수 없을 거요."

"루딤 전하의 이론대로라면 인간의 처음 모습은 짐승처럼 무지하고
야만적이었다는 결론에 도달하게 됩니다."

"그럴지도 모르지 않소?"

"전하, 우리 메소포타미아의 백성들은 비록 제각기 다른 신들을 섬기
고 있기는 해도 대부분이 창조의 신화를 믿고 있습니다. 즉 인간은 신
에 의하여 창조되었다는 것입니다. 그런데 인간의 처음 모습이 짐승과
같은 야만이었다면 신은 지혜로운 인간을 창조한 것이 아니라 야만을
창조하였다는 의미가 되는 것입니다."

그러자 잔시에의 설명을 듣고만 있던 하난 대제가 그들의 논쟁을 가
로막고 나섰다.

"잔시에 연구관, 그대는 문자의 제정계획에 대해서 설명하면 된다.
인간의 지혜가 발전하고 있는 것이 아니라 퇴보하고 있는 것인지도 모
른다는 그대의 가설은 한 학자의 연구 과제로써는 일리가 있을는지 모
르나 앗수르의 통치방침에는 어긋나는 이론이다. 과거로 돌아가서 얻을
것이 없다는 것과 인간의 산업은 현명한 통치에 의해서 끝없이 발전한
다는 것이 앗수르 황제의 소신인 것을 명심하라."

"알겠습니다, 폐하. 저는 단지 문자의 유래에 대해서 설명하다가 그
런 표현이 되었을 뿐입니다."

잔시에는 다시 패도를 바라보며 설명을 계속하였다.

"하여간… 어떤 이유인지는 모르나 홍수 이전 시대의 유물에서는 문

자다운 문자가 발견되지 않고 있습니다. 다만 미스라임 지방에서 발견된 왕들의 무덤이나 에렉 지방의 매몰된 가옥에서 드물게 발견되는 단순한 그림들이 문자의 원형이 아닐까 추측되고 있을 따름인 것입니다. 간단한 물고기의 모양이나 새의 모양, 또는 소의 머리모양들이 그때 사람들의 의사 소통이나 기억을 위한 부호로 사용되었을 가능성이 있습니다. 이런 단순한 그림만으로 문자의 목적을 달성할 수 있었던 그 시대의 사람들이 더 지혜로웠던가, 아니면 무지하였던가 하는 문제는 다시 거론하지 않기로 하겠습니다."

잔시에는 그렇게 해서 논쟁을 회피한 다음 괘도를 한 장 넘겼다. 원과 반원으로 된 부호들이 그려져 있었다.

"최초로 문자를 만들어서 쓰기 시작한 나라는 역시 수멜이었습니다. 수멜은 바퀴의 기술을 만들어낸 나라답게 원형으로 숫자를 나타내었으며 처음으로 6진법을 쓰고 있는 것을 알 수 있습니다. 여기서 보시는 작은 반원은 1을 의미하고 큰 반원은 60을 의미합니다. 그리고 이 큰 원은 60의 60배인 3천 6백을 의미하는 것입니다."

잔시에가 또 한 장의 괘도를 넘기자 왕들은 그제야 아는 척을 하고 있었다. 거기엔 수많은 작대기들이 그어져 있었던 것이다.

"여러분이 모두 잘 아시는 미스라임의 숫자들입니다. 미스라임에서는 이렇게 작대기로 숫자를 표시해서 작대기 한 개는 1, 작대기 두 개는 2… 이런 식으로 되어 있습니다. 그리고 숫자가 10을 넘어가면 작대기의 수가 너무 많아지기 때문에 말굽쇠 모양의 부호를 써서 말굽쇠 하나는 10, 말굽쇠 둘은 20… 이렇게 나가고 있지요."

잔시에가 보여준 다음의 괘도에는 앗수르에서 사용하고 있는 쐐기 모양의 숫자가 그려져 있었다.

"이렇게 쐐기를 거꾸로 세워놓은 것 같은 숫자는 지금 앗수르에서 사용하고 있는 숫자입니다. 앗수르의 숫자도 미스라임과 마찬가지로 10에 이르면 눕혀진 쐐기 모양을 사용하고 있습니다. 다만… 이 쐐기 모양을 먼저 사용했던 나라는 역시 수멜이었습니다. 모양은 쐐기 모양입니다만 수멜의 신정원 사람들은 새의 발자국을 모방하여 이 쐐기 문자를 만들었다고 합니다.

"그렇다면…"

다시 문자에 대하여 관심이 많은 루딤 왕의 질문이 있었다.

"수멜 사람들은 그 쐐기 모양을 숫자가 아닌 문자에도 사용하였단 말이오?"

"그렇습니다. 수멜 사람들의 원형을 사용한 숫자도 나중에 모두 이 쐐기 모양으로 바뀌었으며… 그들은 문자에도 그것을 도입하였습니다. 물론 처음에는 여러 개의 쐐기 모양을 실물의 형상과 비슷하게 배열하여 부호로 사용하였으나 날이 갈수록 그 구성은 단순해졌고… 다시 앗수르와 악갓에 이르러 더욱 실물과는 전혀 다른 부호로써 사용되었던 것입니다."

"연구관의 말에 따르면… 앗수르와 악갓에서도 문자를 사용하고 있었다는 뜻이로군."

잔시에는 흘낏 하난 대제를 한번 바라보고 나서 말했다.

"앗수르의 문자는 일반화되지는 않았었습니다. 다만 신정원의 운부가 황실 내의 기록을 위해 연구하고 있는 단계였는데… 하난 폐하의 통치 방침에 의해서 그 연구가 중단되었던 것입니다."

"지금까지 연구관의 설명을 들어보면… 문자란 결국 단순한 실물의 형상에서 출발하여 복잡한 부호로 바뀌었다는 것인데… 그렇다면 인간의 생활이 복잡해지고 의사소통이 어려워짐에 따라 문자도 복잡해졌다는 뜻인가?"

"그렇습니다."

"그렇다면 문자의 발전은 역시 지혜의 진보와 같은 맥락이 아닌가?"

"복잡해지는 것이 꼭 진보라고 단정하기는 어렵지요."

"흐음…"

루딤 왕은 팔짱을 낀 채 뭔가 생각에 잠기고 있었다. 하난 대제를 비롯한 모든 왕들은 인간의 지혜와 기술과 산업이 모두 날이 갈수록 발전하고 있는 것이라 보고 있는데 어쩐지 잔시에 연구관은 거기 선뜻 동의할 수 없다는 듯한 태도를 보이고 있었다. 누구나 선뜻 알아보기 어려운 부호로 문자를 만드는 것이 현명한 것인가, 아니면 단순한 그림으로써 복잡한 의사를 다 나타내는 것이 합당한 일인가에 대해서 아직도 루딤 왕은 뚜렷한 자기 의견을 세우기 어려운 모양이었다. 그러나 어쨌든 좌중의 모든 왕들은 쐐기 모양의 문자 쪽에 더 관심을 보였고 그것이 바로 인간의 발전을 상징하는 부적이라도 되는 것처럼 느끼고 있었다.

하난 대제가 왕들을 바라보며 말했다.

"여러분, 어떠십니까? 문자란 아무나 함부로 쓸 수 있어서는 안됩니다. 그것은 오직 점성가들과 신관들에 한해서 사용되어야 하고 통치자들에 의해 철저하게 관리되어야 합니다. 그런 의미에서도 문자는 어디까지나 부호이어야 합니다. 그러므로 앗수르 신정원은 수멜의 신정원에서부터 연구되고 있던 이 쐐기 모양의 부호를 발전시켜서 만국 공통의 문자로 제정하려는 것입니다. 또한 이 통일된 문자의 제정은 앞으로 우리가 모두 합력하여 해내야 하는 평화의 탑 건설에도 유효하게 사용될 것입니다. 여러분의 의견은 어떠십니까?"

그러자 이번에는 다시 엘람의 수시아나 여왕이 나섰다.

"물론 본인은 쐐기 모양의 문자에 반대하려는 것은 아닙니다. 다만 한가지 밝혀두고 싶은 것은… 그 쐐기 모양의 문자가 수멜에서 시작되었다는 것에 대하여 정정하고자 하는 것입니다. 여러분께서 아시다시피 수멜은 엘람의 황태자였으며… 문자의 연구는 이미 엘람의 신정원에서부터 시작되고 있었던 것입니다. 그러므로 나는 하난 폐하와 그리고 잔시에 연구관에게 그 문자의 기원을 엘람 신정원까지 소급시켜 주시도록 요청하는 바입니다."

하난 대제는 다소 당혹스러운 표정으로 수시아나 여왕을 바라보다가 다시 빙그레 미소를 띠며 말했다.

"쐐기 문자의 기원이 엘람이든 수멜이든 그것은 아무래도 좋겠지요. 그러나 어째서 갑자기 여왕께서는 과거의 일에 관심을 두십니까?"

수시아나 여왕은 하난 대제의 교묘한 야유 때문에 얼굴을 붉히면서 말했다.

"어차피 오늘은 우리 모두가 처음부터 과거의 일만 이야기하지 않았습니까?"

하난 대제는 고개를 끄떡이면서 말했다.

"그러고 보니 정말 오늘의 천하는 해를 거꾸로 돌렸군요. 우리 모두 다시 앞을 향하기 위해서 연회장으로 자리를 옮깁시다. 전세계로부터 온 좋은 포도주와 요리가 우리를 기다리고 있으니까."

하난 대제가 재치 있게 화제를 바꾸자 잔시에 연구관은 괘도를 도로 말아들고 황제에게 절을 하며 물러났다.

"아, 잔시에 연구관…"

하난 대제는 그를 불러 세우고 말했다.

"그대는 문자의 제정을 서둘러야 한다. 이제 곧 많은 것을 기록해야 할 것이다. 그리고 신정원의 우부에도 연락해서 내일의 회의에 차질이 없도록 준비해 놓으라 일러라. 내일 무술대회가 끝나면 곧 평화의 탑 건설에 관한 실무 회의에 들어갈 터이니까…"

"네, 잘 알겠습니다."

잔시에가 다시 절을 하며 물러나자 하난 대제는 일어서고 있는 왕들을 향하여 말했다.

"오늘의 연회는 전세계에서 모여든 점성술사들과 합동 연회로 마련했습니다. 여러분께서는 오늘 밤 마음껏 마시면서 멋진 꿈을 꾸십시오. 여러분께서는 오늘 밤 모두 신들의 아들…"

그는 깜빡 잊었다는 듯이 수시아나 여왕을 바라보며 웃었다.

"…그리고 신의 딸로 태어나실 것입니다. 여러분은 영원히 여러분의 나라를 다스려야 하는 위대한 지도자로 태어날 것입니다."

모든 나라의 왕들이 몹시 만족한 듯 웃고 있는데 미스라임의 루딤 왕만 무엇인가 골똘하게 생각하고 있었다.

"잔시에의 생각에 의하면… 인간은 지혜가 발달하여 문자를 만들어낸 것이 아니라… 의사 소통에 문제가 생기고, 기억력에 문제가 생겨서… 말하자면 지혜가 퇴보하였기 때문에 문자가 필요하게 되었던 것이다… 그럴지도 모른다. 신이 인간을 창조할 때에는 인간이 지혜롭고 명석했는데… 세월이 지나면서 무슨 이유에서인지 점점 머리가 나빠지고 우둔해지고 어리석어졌는지도 모른다. 왜 그렇게 되었단 말인가? 어째서?"

잔시에의 생각은 루딤 왕을 몹시 곤혹스럽게 하고 있었다. 그것은 엄청난 생각의 전환이었고 관점의 변혁이었던 것이다.

가이난의 비밀

이미 밤이 이슥했는데도 니느웨의 거리는 낮에 있었던 사냥대회의 흥분으로 들떠 있었다. 아직도 술집에는 혀꼬부라진 소리로 노래를 부르는 자들이 있는가 하면 거리에는 술취한 사람들이 비틀거리며 걷고 있었다.

그 술 냄새 풍기는 거리에 한떼의 군인들이 나타났다. 그들은 삐그덕거리는 한대의 마차를 호위하며 화강암으로 포장된 도로 위를 걷고 있었다.

"아직도 술이 부족하신 모양입니다, 전하."

공작의 깃털로 만든 부채를 움직여 술 냄새를 날리면서 수시아나 여왕은 침울한 표정으로 앉아 있는 가이난 왕의 얼굴을 바라보고 있었다.

"아닙니다… 술은 많이 마셨는데도 어쩐 일인지 오늘은 취하지를 않습니다."

"무엇을 그렇게 생각하고 계시지요?"

"아, 그저… 복잡하게 돌아가는 세상 일들을 생각하고 있었습니다."

"아르박삿 왕실에도 어려운 문제들이 있습니까?"

"제게는 형제도 없고 단 하나의 아들이 있을 뿐이므로 아르박삿에는 세력의 분쟁같은 것이 없는 셈이지요."

"백성들은 어떻습니까?"

"아르박삿의 백성들은 산 속에서만 살아왔기 때문에 양순하고 선량하지요. 너무 촌뜨기 같아서 문제입니다만…"

"그래도 얼마나 다행스러운 일입니까? 엘람의 왕실에는 아직도 반역의 기미가 남아있고 장로들은 모두 갈아치웠으나 백성들 가운데 박혀 있는 그들의 뿌리가 아직도 강하거든요.

"허나 여왕께서는 능한 통치력과 강한 심장을 가지고 계시니 엘람은 계속해서 번영할 것입니다."

"어쨌든 저는… 이웃에 아르박샷과 같은 형제국이 있음을 마음 든든하게 생각합니다."

수시아나 여왕은 진지한 표정으로 가이난 왕을 바라보며 말했다. 수시아나 여왕이 아르박샷과 접근하고 있는 것은 바로 엘람과 국경을 접하고 있는 마대의 군사력이 날로 비대해지고 있기 때문이었던 것이다. 물론 아르박샷 왕국은 산 속에 은거하고 있는 미약한 나라여서 유사시에 엘람을 도울 수 있는 정도의 실력을 가지고 있지는 못했다. 그러나 눈치 빠른 수시아나 여왕은 가이난이 앗수르의 하난 대제와 밀접한 관계를 유지하고 있음을 짐작하고 있었던 것이다. 그러므로 수시아나 여왕이 아르박샷과 친밀한 관계를 유지하면서 앗수르의 뒷받침을 받게 되면 셈 가문 전체의 지지를 받는 것이나 마찬가지이고 그녀의 지위는 반석 위에 있는 것이나 마찬가지가 될 수 있었던 것이다.

"제가 늘 궁금한 것은…"

여왕은 다시 날아오는 술 냄새를 부채로 날리면서 말했다.

"현명하신 전하께서 왜 야만의 나라 마대의 여자와 결혼하셨을까 하는 점이에요."

가이난은 자조(自嘲)하듯이 피식 웃음을 흘리고 있었다.

"그것은… 나 자신도 왜 그랬는지 늘 기이하게 생각하고 있습니다."

"그… 마대의 여자는 젊었을 때 제법 미인이었던 모양이지요?"

"아니었다고 할 수는 없습니다만… 어쩐지 그 여자와 나는 서로 원하지 않는 결혼을 하였던 것 같은 생각이 듭니다."

"잘은 모르겠지만 어쩐지 전하께서는 외로워 보이시는군요. 아르박샷 왕궁을 비워두시고 밖에 나와 계시는 날이 더 많은 것을 보면…"

마차가 속도를 줄이더니 어느새 멈추고 있었다. 수시아나 여왕의 사관 앞이었다. 여왕은 다시 가이난을 바라보며 말했다.

"어떠세요? 제 숙소에 들려서 한잔 더하고 가시지 않겠어요?"

연회가 끝난 후이기 때문인지 여왕의 목소리는 매우 부드러워져서 사내의 마음을 흔들기에 충분한 것이었다. 그러나 어쩐지 가이난은 마음이 내키지 않는 눈치였다.

"여왕 전하… 오늘은 어쩐지 좀 피곤하군요. 일찍 돌아가서 좀 쉬었으면 합니다."

수시아나 여왕은 자신의 제의가 성큼 받아들여지지 않자 다시 싸늘한 표정으로 돌아가며 작별의 인사를 했다.

"사실은 전하께서 좀 피곤해 보이시므로 위로를 해드리고 싶었었지요. 이만 해방시켜 드릴 테니 푹 쉬세요. 그럼…"

여왕은 마차에서 내려 자기 경호원들과 함께 숙소로 걸어 들어가고 있었다. 가이난은 가라앉은 목소리로 마부에게 말했다.

"가자"

비록 나이가 들기는 했으나 가이난은 지금까지 여자의 유혹을 거절해 본 적이 없는 사람이었다. 그러나 오늘 저녁 그의 표정은 몹시 어두웠다. 그는 마차의 등받이에 몸을 기대며 생각에 잠기고 있었다. 연회 도중 자기를 한쪽 구석으로 불러서 낮은 목소리로 말하던 하난 대제의 표정이 떠오르고 있었다.

(지금까지 15년 동안 잘 지내온 셈인데… 이상한 일이 일어나기 시작했다.)

하난 대제의 눈은 가이난을 쏘아보고 있었다. 그의 눈은 의심하는 눈이었고 질책하는 눈이었고 당황해 하는 눈이었던 것이다. 하난 대제의 비밀을 알고 있는 사람은 가이난 자신뿐인 것처럼 되어 있었으므로 이제와서 변명하기도 어려운 입장이었다. 아무리 하난 대제가 그 비밀을 알고 있는 자들을 모조리 제거했다고 하더라도 수많은 당시의 앗수르 황실 사람들과 대신들과 하솔들을 다 처치할 수는 없었을 것이고 더구나 전세계의 왕들과 군대들과 백성들을 다 속일 수는 없었을 것이다. 그런데도 이상하게 가이난 혼자만이 그 비밀의 보따리를 움켜쥐고 있는 것으로 되어버렸던 것이다.

이제 그 비밀이 다시 새어나오기 시작했다. 마치 보자기에 싸 놓았던 등잔불이 다시 새어나오기 시작한 것이나 같은 것이었다. 하난 대제에게는 세 사람의 노인이 찾아왔었다고 했다. 아릿다 황후에게도 정체 모를 노파가 찾아왔었다는 것이었다. 그리고 그들은 감히 하난 대제와 아릿다 황후에게 당신은 누구냐고 물었다고 했다. 천하를 한손에 쥐고 있는 앗수르 황제에게 당신은 진짜가 아니라고 지적했다는 것이었다. 그렇게 되면 가이난 자신은 그 모든 허위를 감싸안고 살아온 거짓의 증인이 될 수밖에 없었다.

그는 거리에서 비틀거리는 취객들을 바라보면서 차라리 자기도 그런 백성들 중의 한사람이었으면 좋을 뻔했다고 생각했다. 저 아라랏 산의 산기슭, 아르박삿으로부터 내려와 메소포타미아 들판으로 뻗어내려오던 가이난의 끝없는 욕망이 어느새 무너져내리는 순간이었다.

(…이렇게 해서 인생은 헌 옷처럼 낡아지고 구겨지는 것인가?)

인생은 신에 의해서 좌우되는 것이 아니라 인간 스스로의 결단과 노력에 의해서 조종되고 전진하는 것이라고 믿어왔던 가이난이었다. 그는 스스로 고리타분한 셈 집안의 선구자요 진취적인 지도자라고 생각해 왔었다. 그런데도 어느새 가이난은 별로 이루어 놓은 것도 없이 늙어가고 있었던 것이다.

특히 요즘 와서 가이난은 자꾸만 무엇엔가 쫓기고 있는 자기 자신을 느끼기 시작하고 있었다. 가이난 자신은 비록 강대하지는 못하더라도 일국의 왕이요, 하난 대제의 처남으로서 그의 신임받는 측근이며 천문학에도 학식이 뛰어나서 점성술사들의 존경을 한몸에 받고 있는 실력자였다. 그런데도 가이난은 나이가 들어서인지 자꾸만 자기가 심약해져가고 있는 것을 자각하고 있었던 것이다.

(…나는 아직 늙지 않았다. 나는 아직도 더 도전할 수 있는데…)

그러나 생각과는 반대로 적막한 피곤이 솜처럼 내려덮이고 있었다. 그는 무거운 눈꺼풀이 내려오는 대로 그냥 두었다. 잠이 와서 때문이라기보다도 차라리 그냥 눈을 감고 있는 것이 더 편안할 것 같았기 때문이었다. 그러나 그나마의 짧은 안식도 줄 수 없다는 듯이 마부의 음성이 들려왔다.

"전하, 숙소에 도착했습니다."

그는 마치 잠에 취해 있었던 것처럼 억지로 눈을 떴다. 사관의 돌기둥이 보이고 있었다. 그는 천근이나 되는 것 같은 몸을 자리에서 일으키며 마부에게 말했다.

"… 수고가 많았다. 너도 피곤하지?"

"아닙니다, 괜찮습니다."

(괜찮다니… 바보같은 녀석. 너는 언제부터 거짓말로 대답하는데 익숙해졌는가?)

그러고 보면 가이난 왕 자신이 늘 그에게 거짓말의 대답을 요구하고 있었는지도 모를 일이었다. 그렇지 않고서야 마부가 그토록 거짓 대답에 익숙해져 있을 필요가 없었을 것이기 때문이었다.

(어쩐 일일까… 나는 지금까지 거짓속에서 살아왔단 말인가?)

그는 오늘 있었던 어전회의를 생각하고 있었다. 하난 대제는 각국의 통치체제를 안전하게 지키기 위해서 신화를 지어내자고 제안하였다. 모든 왕들은 신들의 아들들이라고 알려주자는 것이었다. 그리고 그것을 뒷받침하기 위하여 점성술을 동원하고, 그것을 영구화하기 위하여 문자를 제정하자고 하였던 것이다.

(천문학으로 거짓 신화를 꾸미는 데 사용하다니…)

가이난은 점성술이란 말 대신 천문학이란 용어를 쓰고 있었다. 천체의 운행을 관측하고 그 영향을 추적하며 그것이 갖는 이론적 근거를 탐구하는 일은 인간의 진보와 세상의 발전을 위하여 꼭 필요한 연구라고 확신하였던 것이다. 그런데도 하난 대제는 그 천문학을 권력의 절대화를 위한 거짓 이야기를 만들어내는 데 이용하겠다는 것이었고 아무도 그것에 반대하지 않았던 것이다.

(그런데… 그런데, 거짓속에 살고 거짓 일들을 꾸며내는 것은 하난 대제뿐만이 아니라 그 가운데 나까지도 끼어 있었던 것이 아닌가?)

생각에 골똘하면서 마차에서 내리던 가이난은 발을 헛디뎌서 비틀거렸다. 마부가 얼른 그를 부축하면서 말했다.

"전하, 아무래도 좀 취하신 것 같습니다."

"취했다구…? 취한다는 것은 무엇인가? 감각과 두뇌 활동이 마비되었다는 뜻이겠지… 뭔가 잘못된 환경 속에서 살아왔기 때문에 몸의 각 부분이 제 기능을 못하고 있다는 의미겠지?"

"아, 전하… 결코 그런 뜻이 아니오라…"

"알았다, 이제 그만 내 팔을 놓아라. 그리고… 내 걱정일랑 그만 하고 너나 어서 가서 쉬어라."

"감사합니다, 전하."

그는 잠시 미간을 찌푸리며 사관의 열려진 문을 바라보다가 걸음을 옮겨놓기 시작했다. 저벅저벅 소리가 뒤에서 나고 있었다. 경호원들이 가이난의 뒤를 따라 발을 맞추어 걷고 있었던 것이다. 가이난은 뒤를 돌아보며 말했다.

"너희들도… 이제 그만 가서 쉬어라."

그제서야 경호원들의 발소리는 멈추었다. 가이난은 다시 발을 옮겨놓기 시작했다. 더 이상 그들의 발소리는 들려오지 않고 있었다. 그가 숙소의 문을 들어설 때 문 앞에 지키고 있던 두 사람의 보초가 군례를 올렸다. 가이난은 고개만 약간 끄덕이면서 그 앞을 지났다. 여느 때와는 다르게 보초들의 모습이 약간 낯설어 보였으나 가이난은 그런 것에 개의하고 싶지 않을 정도로 몹시 피곤하였다.

그는 사관의 넓은 마당을 지나 현관 쪽으로 걸어갔다.

"어서 오십시오, 전하."

"……?"

늘 듣던 시종의 목소리가 아닌 여인의 음성이 들려왔기 때문에 가이난은 걸음을 멈추었다. 한 늙은 여인이 현관 앞에 서서 그를 바라보고 있었다.

"메루가… 당신이 웬일이오?"

"전하를 만나고 싶어서 이렇게 왔습니다."

"오오… 그러고 보니 내가 그동안 당신에게 너무 무심했었던 것 같소."

"어서 안으로 드시지요, 전하."

"…그럽시다."

메루가를 따라서 현관 안으로 들어선 가이난은 뭔가 실내의 공기가 달라져 있음을 느끼면서 고개를 들었다.

"……"

뜻밖에도 넓은 방안에는 수많은 사람들이 가득히 들어차 있었다. 그들이 누구 누구인지 가이난이 미처 파악하기도 전에 그의 아들 셀라가 앞으로 나서며 절을 올렸다.

"아버님, 그동안 안녕하셨습니까?"

"셀라… 너는 만국회의에 참석할 생각도 않고 어디로 돌아다녔느냐?"

"죄송합니다, 아버님."

가이난은 아들과 몇 마디를 나눈 다음 비로소 방안의 낯선 사람들을 둘러보기 시작했다. 메루가 왕비는 그들을 다 소개할 생각이 없는지 우선 그들 중의 한 노인만을 가리키며 말했다.

"아마도 전하께서는 이분을 알고 계실 것입니다."

"아 …"

가이난이 놀란 표정을 짓자 그 노인은 고개를 숙이며 인사했다.

"전하, 신정원 우부에서 일하던 마달이 문안드립니다."

가이난은 미간을 모으며 그 노인을 바라보고 있었다. 하난 대제는 분명히 신정원 3부의 중진들을 모조리 투옥했다고 했는데 지금 그의 앞에서 인사하고 있는 노인은 우부의 마달이 분명했던 것이다. 그제서야 가이난의 머리속에 뭔가 떠오르고 있었다. 하난 대제는 세 사람의 노인이 자기를 찾아왔었다고 말했던 것이다. 그리고 그 중의 하나가 마달이었다면 그는 진짜 하난 대제의 얼굴을 알고 있는 사람이었으므로 그의 정체를 파악했을 것이었다.

(그렇다면 아릿다 황후를 찾아갔었다는 그 노파는 누구였을까 …?)

그는 다시 방안의 사람들을 둘러보다가 황연히 무엇인가를 깨닫고 그의 아내 메루가를 바라보았다.

(그렇다! 이 방안에서 누구보다도 하난 대제와 아릿다 황후를 잘 알고 있는 사람은 메루가가 아닌가? 하난 대제는 그녀가 사랑하던 사람이었고 아릿다 황후는 그녀의 시누이가 아닌가?)

가이난은 한참동안 그렇게 메루가를 쏘아보다가 신음하듯 중얼거렸다.

"당신이… 당신이… ?"

"그렇습니다, 전하."

메루가는 그녀의 턱을 약간 쳐들며서 단호한 목소리로 대답하였다.

"그렇습니다. 전하께서 짐작하시는 대로 오늘 마달님께서는 하난 대제를 만났으며 저는 아릿다 황후를 만났습니다."

"……"

메루가 왕비는 다시 한번 방안의 사람들을 짧게 둘러본 다음 다시 가이난을 바라보았다.

"전하, 오늘의 방문으로 현재의 하난 대제는 구스의 아들임을 자칭하던 사냥꾼 니므롯이었음이 판명되었습니다. 그리고 이 방안에 와 있는 사람들은… 모두 다 직접 간접으로 가짜의 하난 대제에게 피해를 입은 사람들입니다. 그 중에서도 전하께서는… 이 소년을 기억하실 것입니다."

메루가는 사람들 틈에 섞여 있던 한 소년을 앞으로 불러내었다. 메루가는 가이난에게 말했다.

"전하께서는 누구보다도 이 소년에게 사건의 진상을 밝혀주셔야 합니다. 이 소년은 지금까지 가짜의 하난 대제와 아릿다 황후를 자기의 친부모로 알고 자라왔기 때문입니다."

가이난의 안면에 파르르 경련이 지나가고 있었다. 지금 그의 앞에 서 있는 소년은 바로 앗수르 황실의 하노스 대군이었던 것이다. 그의 귀에 다시 메루가의 음성이 들려오고 있었다.

"전하, 여기 있는 모든 사람들은 앗수르 황실에 중대한 변화가 일어나고 있을 그 당시 전하께서 앗수르에 머물고 계셨다는 것을 알고 있습니다. 그리고 전하께서는 현재의 하난 대제와 아릿다 황후가 가짜라는 사실을 잘알고 있음에도 불구하고 가짜 하난 대제에 의하여 제거되지 않은 채 아직도 신임을 받고 있습니다. 그러므로… 여기 모인 모든 사람들은 전하께서 이 변괴의 진상을 모두 소상히 알고 있다는 것을 확신하고 있습니다. 이제 전하께서는 그 모든 진상을 이 분들에게 설명해 주셔야 합니다."

"……"

가이난의 침묵이 계속되자 다시 우사 마달이 조용한 음성으로 말했다.

"전하… 이 사관은 지금 무장한 의병(義兵)들에 의해 겹겹이 포위되어 있습니다. 전하께서는 오늘의 이 자리를 모면하시지 못하게 되어 있습니다."

가이난은 그제야 자기가 사관의 문을 들어서면서 왜 보초들의 모습이 낯설게 느껴졌었는지 그 이유를 깨닫고 있었다. 이미 보초들은 지금 마달이 이야기하고 있는 무장 괴한들에 의해 교체되어 있었던 것이다. 가이난의 입을 열게 하기 위해서인지 다시 메루가가 질문을 시작했다.

"전하, 오늘 낮에 저는 앗수르 황실의 아릿다님을 만나러 갔었습니다. 그런데… 제가 만난 아릿다 황후는 전하의 누이이며 저의 시누이인 그 옛날 아릿다님이 아니었습니다. 전하, 지금 앗수르 황후의 자리에 들어앉아 있는 그 여자는 도대체 누구입니까?"

가이난은 이제 막다른 골목에 몰리고 있는 처지가 되어 있었다. 방안의 모든 사람들은 그의 입만을 바라보고 있었다. 하난 대제가 우려하고 있던 그 사태가 벌어지기 시작했던 것이다.

(15년간이나 잘 지내왔었는데…)

가이난의 어깨가 축 늘어지고 있었다. 거짓의 껍질이란 벗겨지기 시작하면 무력하기 짝이 없는 것이었다. 메루가는 남편의 대답을 재촉하고 있었다.

"전하, 말씀하십시오. 전하께서 입을 다문다 해서 이미 새어나오기 시작한 봇물을 멈추게 하지 못할 것입니다."

다시 한동안 침묵이 계속되었다. 그러나 침묵하고 있다 해서 방안의 모든 사람들이 기다리고만 있는 것은 아니었다. 그들이 만들어 내고 있는 침묵은 점점 거세어지는 물결을 잉태하고 있어서 곧 폭발할 것처럼 부풀어 오르고 있었던 것이다. 가이난은 드디어 그 숨막히는 수압에 견디지를 못하고 헐떡거리기 시작했다. 이번엔 마달이 그의 대답을 요구했다.

"아릿다 황후로 변장하고 있는 그 여자는 누구입니까?"

마침내 가이난은 더 이상 버티지 못하고 한숨처럼 한마디를 토해 내었다.

"그녀는… 니므롯의 아내 세미라미스요."

아직도 방안의 긴장이 팽팽한 가운데 사람들은 짐작하고 있었다는 듯 고개를 끄떡이고 있었다. 하난 대제의 정체가 사냥꾼 니므롯이고 아릿다 황후가 그의 아내 세미라미스라면 지금의 바벨 왕 니므롯과 왕비 세미라미스 역시 가짜의 모조품이었음이 분명하게 된 셈이었다. 방안의 모든 사람들은 온 천하의 사람들을 미혹 속으로 몰아넣은 니므롯의 가면극(假面劇)에 혀를 내두를 지경이었다. 메루가가 아직도 서 있는 가이난에게 의자를 끌어다주었다. 그를 자리에 앉혀놓고 심문을 계속하겠다는 태도였던 것이다.

가이난은 이제 몹시 피곤하여 그 의자를 거절할 수가 없는 입장이었다. 그가 쓰러지듯 의자에 주저앉자 다시 메루가의 질문이 계속되었다.

"지금의 하난 대제와 아릿다 황후가 니므롯과 세미라미스라면 진짜의 하난 대제와 아릿다님은 어떻게 되었습니까?"

가이난은 그런 질문을 듣기 마저도 괴로운 듯 얼굴을 찡그리고 있었다. 얼마나 오랫동안 가이난은 그 비밀들을 혼자서만 간직해 왔던가. 그 모든 거짓의 보따리들은 또 얼마나 가이난을 괴롭히고 병들게 했던가. 그러나 이제 그 보따리는 해어지고 낡아져서 그 안의 것들을 흘리기 시작하고 있었던 것이다. 가이난은 어금니를 깨물고 있었다. 어차피 터지기 시작한 보따리라면 그대로 풀어헤치고 찢어내고 집어던져서 그 무거운 짐의 굴레로부터 벗어나고 싶었던 것이다.

그는 무거운 고개를 들어서 방안을 둘러보다가 조금전 아내 메루가가 그에게 소개하였던 하노스를 찾아내었다. 그의 착한 누이 아릿다를 꼭 닮은 모습의 하노스를 바라보며 가이난은 어쩐지 마음의 평온을 되찾아가고 있었다. 적어도 그 소년에게서는 자기를 포박하고 조여대는 그런 거짓의 올가미가 보이지 않고 있었다. 어렸을 때 함께 뛰놀며 자라던 누이 아릿다의 모습이 그 소년의 모습 위에 겹쳐져서 떠오르고 있었던 것이다.

가이난은 이제 그 어렸던 시절을 생각하면서 자기의 인생이 그때에 비해 조금도 발전하지 못하고 있는 것을 절감하고 있었다. 그래도 그 나름대로는 자기 발전을 위해서 치열한 도전을 거듭해 온 한평생이었다. 그러나 이제 그는 다시 빈손이 되어 천진했던 어린 시절로 되돌아가고 있었던 것이다.

(하노스… 이 아이에게 그 괴로웠던 올가미를 물려주어선 안될 것이다.)

이제 그는 모든 것을 다 털어놓아도 좋다고 생각하였다. 그는 이제야 자신이 어처구니없는 허상(虛像)을 찾아 헤매어 온 것을 인정하고 있는 셈이었다. 그는 목이 타는지 마른침을 한번 삼키고 나서 끈적거리는 입술을 열었다. 그것은 마치 서늘한 샘물을 갈망하는 한마리의 짐승과 같은 모습이었다.

"메루가… 이 방에 계신 모든 분들은 수멜 황태자의 반역과 10년 전쟁에 대해서 알고 계시오?"

메루가는 천천히 고개를 끄떡였다.

"제가 알고 있는 만큼은 다 이야기했습니다."

가이난은 잠시 생각을 정리하고 있는 듯 그 눈을 허공에 주고 있었다. 마치 그 허공에 얽혀 있는 실마리를 잡아내기라도 하려는 듯 눈망울을 굴리고 있던 가이난은 드디어 그 입을 열기 시작하였다.

"…라가스 성이 함락되고 수멜이 죽었기 때문에 10년에 걸친 전쟁이 끝나게 되었지만… 하난 대제의 일은 다 끝난 것이 아니었습니다."

가이난은 몹시 가라앉은 목소리로 비밀의 실타래를 풀어내기 시작하고 있었다. 듣고 있던 모든 사람들도 긴장하여 숨소리조차도 내지 않는 것이었다.

"아시다시피… 10년 전쟁의 목적은 다만 여호와 신에게 반역을 선언한 수멜을 징계하는 것뿐이 아니고 천하의 모든 형제들로 타락의 길에서 돌이켜 여호와 신앙으로 돌아오도록 하는 것이었지요. 비록 엘람의 백성들은 모두 귀환하였고 신정원의 가짜 신관들은 다 체포되어 투옥되었지만 문제는 수멜 연합군에 가담했던 함 집안 백성들이었습니다. 하난 대제는 함 집안의 왕들과 회의를 열고 형제의 우의를 회복할 것과 여호와 신에게로 돌아올 것을 강력하게 권했지만 그들의 태도는 석연치 않았지요. 그들은 하난 대제에게 분명한 대답을 주지 않은 채 자기들의 나라로 돌아갔고 오직 구스 가문의 대표임을 주장하는 니므롯만이 앗수르에 남아 하난 대제의 신임을 얻게 되었던 것입니다.”

뒷전에 서 있던 구스 가문의 다섯 형제들이 서로 얼굴을 바라보았으나 가이난의 말을 끊고 싶지 않아서인지 입을 다문 채로 다시 그를 주목하는 것이었다.

“…사실 함 집안 사람들로서는 오랫동안 섬겨오던 신을 버리는 것이 그리 간단한 문제가 아니었던 것입니다. 물론 미스라임, 붓, 가나안 모든 가문이 다 마찬가지였지만 그 중에서도 제일 걱정거리는 바로 가나안이었지요.”

“가나안…?”

마달이 그렇게 되뇌이자 가이난은 고개를 끄떡였다.

“그렇습니다. 사실 가나안 가문의 문제는 수멜의 반역보다도 더 심각했던 것입니다.”

가이난이 자꾸 혀끝으로 입술을 축이는 것을 본 메루가가 옆방으로 들어가더니 쟁반에 물 그릇을 받쳐들고 들어왔다. 가이난은 아내 메루가가 내미는 물을 받아서 마시고는

“…고맙소”

하면서 메루가의 얼굴을 바라보는 것이었다. 메루가가 그의 이야기를 이어주기 위하여 입을 열었다.

“그 당시에 알려졌던 바로는… 가나안의 공주 기스와 수멜님의 결혼을 장로회의에서 반대했기 때문에 격분한 수멜 황태자가 반역을 선언하고 여호와 신을 버렸다는데… 오히려 가나안 쪽에 문제가 있었다는 말씀인가요?”

“그렇소. 가나안 가문은 처음부터 노아님의 예언에 불만을 품고 있었는데다가… 셈 집안 백성들이 살고 있는 메소포타미아 땅에 진출함으로써 천하의 패권을 잡으려고 계획하고 있었던 거요.”

“그렇다면… 수멜님께서 가나안 지경에 가셨다가 기스 공주를 만났던 것도… 우연이 아니라 가나안 가문의 계획적인 음모였다는 것인가요?”

가이난은 그렇게 질문하고 있는 메루가를 다시 바라보았다. 바로 그의 아내 메루가는 수멜 황태자와 혼담이 있었던 그 장본인이었던 것이다. 메루가의 마대 가문은 수멜이 이미 기스와 사랑에 빠져 있는 것도

모르고 그를 마대 왕실에 초청하였었고, 다시 메루가 자신이 수멜의 초청을 받아 엘람 황궁까지 방문했었던 것은 가이난 자신도 모두 알고 있었다.

"그렇습니다. 가나안은 메소포타미아 진출의 야망을 이루기 위하여 기스 공주를 내세웠고 그녀를 이용하여 셈 집안의 장자이며 천하 모든 백성들의 장자가 되는 수멜과 엘람 가문을 무너뜨리려고 했던 것이지요. 세상 사람들은… 수멜이 여호와 신을 버리고 자기의 신들을 만들었기 때문에 다른 나라들도 그것을 따른 것으로 알고 있는데… 사실은 가나안 사람들이 먼저 자기의 신들을 만들었고 기스 공주가 그 신들을 수멜에게 소개하였던 것입니다."

결국 수멜의 반역은 오직 가나안의 음모에 의해서 시작되었다는 이야기였다.

물론 메루가 그녀 자신도 수멜의 염문이 기스 쪽의 계획적인 유혹으로부터 시작되었을는지도 모른다는 생각을 하고 있었다. 왜냐하면 수멜 황태자는 비록 여자를 보고 흘낏거리는 버릇이 있기는 했어도 먼저 여자를 유혹할 만큼 솔직한 성격이 아니었기 때문이었다. 그러나 어쨌든 이제 메루가의 추측은 사실이 되어서 나타나고 있었던 것이다. 가이난은 이야기를 계속했다.

"가나안의 기스 공주는 그녀가 계획했던 대로 수멜 황태자와 결혼하게 되었고, 수멜은 기스를 위하여 새 도성을 그녀의 이름으로 지어 바쳤습니다. 그로부터 수멜은 기스의 권유를 따라 새로운 신들을 만들어내기 시작하였던 것입니다. 자세히 살펴보면 수멜의 신들은 모두 가나안의 신들을 불러다가 그 이름만 바꾸어서 내놓은 것들입니다. 천지의 창조자요 주관자라는 신들의 대표 아누 신은 그대로 가나안의 엘 신을 옮겨놓은 것이고 폭풍과 홍수의 신 엔릴은 바알의 변형이며 사랑의 여신 이난나는 가나안의 아스다롯 여신을 가져온 것이었지요. 기스가 수멜에게 시켜서 그의 신들을 가나안의 신들과 같게 한 것은… 언제라도 가나안이 메소포타미아를 자기 것으로 만들면 신들까지도 쉽게 다시 통합할 수 있도록 꾸민 음모였던 것입니다."

"그렇다면… 이 세상에서 여호와 신이 아닌 자기들의 신을 가장 먼저 만들어낸 나라는 가나안이란 말씀인가요?"

"그렇소. 노아님으로부터 저주스러운 예언을 받은 함 집안의 아들들은 모두가 여호와 신에게 반감을 가지고 있었지만 그 중에서도 영리하고 음흉했던 가나안이 제일 먼저 자기의 신들을 만들어내었던 거요. 그리고 그는 자기 신들을 앞세우고 메소포타미아에 들어가 그 땅을 차지함으로써 여호와 신에게 복수하려고 마음먹었던 것이지요."

"그래서…"

마달 노인이 입을 열었다.

"하난 대제께서는 가나안 때문에 근심하셨었지요. 제가 기억하기로도 대제께서는 여호와 신께 제사를 드릴 때마다 가나안 가문을 위하여 기도하셨습니다."

"그렇습니다. 하난 대제는 늘 가나안 때문에 마음이 편하지 못했습니다. 결국 수멜 황태자가 반역하게 된 것도 따지고 보면 가나안의 음모 때문이었고 가나안이야말로 전세계를 타락시킨 장본인일 뿐만 아니라 천하를 위협하고 있는 배후 세력이 되고 있었기 때문입니다. 하난 대제는 언제 또 가나안으로 인하여 제2, 제3의 반역사건이 일어날지 모르기 때문에 우려하고 있었습니다."

마달이 가이난의 설명에 대해서 한마디를 덧붙였다.

"그러나… 하난 대제께서 우려하셨던 것은 가나안의 반역이 아니라 그들의 생각이었습니다. 가나안은 여호와 신앙을 거부하고 여호와에게서 떠남으로 인해 셈 집안과 연결되어 있는 형제의 관계까지도 끊으려는 생각을 가지고 있었기 때문입니다. 그들은 셈 집안과의 관계를 끊으려고 마음먹었을 뿐만 아니라 오히려 그 형제들의 가슴에 칼을 겨누려하고 있었기 때문에 그것이 하난 대제의 마음을 아프게 했던 것이지요. 가나안 가문이 셈 집안을 어떻게 생각하고 있든지 하난 대제는 그들을 아우의 가문으로 생각하고 있었습니다. 그분은 언제나 수멜의 죽음을 슬퍼하였고 또다시 이런 형제 사이의 참극이 일어나서는 안된다고 말하였으며… 차라리 자신의 피를 흘려 그런 사태를 막을 수만 있다면 그렇게 하겠노라는 말씀을 하셨지요."

가이난의 표정이 심각해지며 고개를 끄떡이고 있었다.

"하난 대제께서 늘 그렇게 말씀하셨던 것은 사실이었습니다. 그리고 아마도… 그런 생각 때문에 그는 혼자서 가나안을 방문하기로 결심하였던 것 같습니다."

"가나안을…?"

그것은 평소 하난 대제의 언행으로 보아 충분히 있을 수 있는 일이었다. 사실 셈 집안의 연합군이 반역자 수멜을 징계하기 위하여 전쟁을 준비하고 있는 동안에도 그는 여러차례 수멜을 방문하여 그를 설득하였던 것이다.

"그렇습니다. 하난 대제는 자기의 결심을 치안장관 니므롯에게 말한 후 단신으로 가나안을 향해 떠났습니다. 니므롯 외에 이 일을 알았던 것은 아릿다 왕비와 당시 앗수르에 머물고 있던 나뿐이었지요. 나는 황제의 안전을 위하여 신전에 올라가 기도하던 아릿다 황후를 이따금씩 수행했었기 때문에 그 사정을 알 수 있었던 것입니다. 그런데 하난 대제는 앗수르를 떠난 지 석달이 지나도 귀환하지 않고 있었습니다. 아릿다 황후의 말로는 그가 가나안 사람들을 설득하지 못하면 돌아오지 않겠다고 굳은 결심을 말했다 하지만 황제가 단신으로 황궁을 떠나 석달이 넘도록 소식이 없다는 것은 문제가 아닐 수 없었습니다. 물론 이 사실은 엄중하게 비밀로 했으며 제국의 모든 일들은 치안장관 니므롯이 처리했지만 그 기간이 너무 길어졌던 것입니다. 이윽고 황궁 내에서도 중신들 간에 이상한 말들이 오가기 시작했습니다. 우선 문제는 정규적인 제사 때뿐만 아니라 수시로 여호와의 신전에 나타나 기도하던 하난 대제의 모습이 보이지 않게 된 것에서부터 시작되고 있었지요. 대제사장인 하난 대제의 모습이 석달이나 신전에 나타나지 않았으니 그럴 만도 했던 것입니다. 게다가 국사를 처리하는 니므롯의 태도는 날이 갈수록 방자해져 가고 있었습니다. 마침내 이 문제를 거론하기 시작한 것은 바로 황제의 아우인 악갓이었습니다."

가이난은 다시 물을 한모금 마신 후에 긴 한숨을 쉬고 있었다. 세월의 때 속에 묻혀 있던 일들을 다시 꺼내어 놓으면서 그는 허탈한 마음을 감출 수가 없는 모양이었다.

"기스 성에 주재하면서 안팎으로 떠도는 이상한 소문을 듣고 있던 악갓은 앗수르로 들어와서 치안장관 니므롯에게 이 사실을 따졌습니다.
그러나 니므롯은 당신이 상관할 일이 아니라며 악갓을 따돌렸지요. 그
러나 악갓은 황제를 만나겠다고 우겼고 니므롯은 황제가 당신을 만나지
않겠다 했다며 버티었습니다. 마침내 악갓은 황제의 모습을 볼 수 없었
을 뿐만 아니라 국사의 대부분을 니므롯 혼자서 독단적으로 처리하고
있는 것을 확인하게 되었습니다. 그러던 어느 날… 마침내 치안장관 니
므롯의 발표가 있었습니다."

"발표 … ?"

"앗수르의 국방장관이며 기스의 왕인 악갓을 황제의 명에 의하여 반
역죄로 체포, 투옥하였다는 것이었습니다. 곧 이어서 앗수르에는 대대
적인 검거선풍이 불기 시작했지요. 반역자 악갓의 잔당들을 체포한다는
구실로 앗수르 치안대는 수많은 중신들을 잡아들였습니다. 여기 계신
마달님도 그때 풍백 루악, 운사 아난님을 비롯한 신정원의 제사장들과
더불어 체포 투옥되었지요. 뒤이어서 악갓님이 반역의 죄명으로 사사
(賜死)되었다는 발표가 있었습니다. 그리고 나서 치안장관 니므롯은 천
하의 병권을 한손에 쥐고 있던 치우 도원수를 체포하기 위하여 기스 성
으로 출동하였던 것입니다."

이윽고 치우 도원수의 이야기까지 이르자 지금까지 잠자코 듣기만 하
던 애꾸눈의 앗산이 끼어들었다.

"그때에도… 전하께서는 앗수르 성내에 머무르고 계셨습니까?"

가이난이 앗산의 험상궂은 모습을 의아한 눈으로 바라보자 셀라가 나
서며 그를 가이난에게 소개했다.

"이분은 바로 치우 도원수의 아드님이신 앗산 장군이십니다. 그 당시
기스 성의 수비대장을 맡고 계셨지요."

가이난은 깜짝 놀라며 앗산을 바라보고 있었다. 그렇다면 지금 이 방
안에는 온통 지난날의 앗수르와 악갓의 인물들이 가득하게 들어차 있는
것인지도 모른다고 생각되었던 것이다. 니므롯이 하난 대제의 진짜 얼
굴을 알고 있는 사람들을 그렇게도 무수히 제거했는데 이제 그의 앞에
는 다시 지난날의 핏줄들이 되살아나고 있는 것이었다.

"…치우 도원수에게 영특한 아드님이 있었다는 말을 들은 적이 있습

니다. 아마 어디선가 우리는 만난 일이 있었는지도 모르겠군요.”

　“전하께서는 기억나시지 않겠지만 저는 아버님과 함께 앗수르에 들어갔을 때 아버님과 인사하시는 전하를 뵈온 적이 있습니다. 저는 그때 두눈을 온전히 지니고 있었지요. 어쨌든 전하, 말씀을 계속해 주십시오.”

　“다음에 벌어진 일들에 대해서는 앗산 장군께서 더 잘 아시겠습니다만, 치우 도원수께서는 체포령에 불복했고 마침내 앗수르와 악갓의 전쟁은 시작되었던 것입니다. 그러나 치우 도원수가 병권을 장악하고 있었는데다가 대부분의 병력이 치우 도원수를 따랐기 때문에 니므롯의 군대는 고전하고 있었습니다. 니므롯은 즉시 자기의 처가인 가나안으로 세미라미스를 보내 원병을 요청했으나 가나안은 아직 병력을 출동시키지 않고 있었습니다.”

　앗산이 이상하다는 듯 고개를 갸웃거렸다.

　“알 수 없는 일이로군요. 만일 가나안이 메소포타미아의 패권을 잡아 셈 집안을 장악하고 천하를 제압하려는 야심을 가졌었다면 당연히 병력을 출동시켰어야 하지 않습니까?”

　“바로 거기에… 가나안의 교활함이 있었던 것입니다. 사람들은 가나안 가문을 가리켜서 광야의 뱀이라고 합니다. 그들은 실속 없이 표면에 나서서 천하를 호령하려고 하지 않았습니다. 그렇게 되면 오히려 가나안 가문은 천하의 시기를 받게 되고 계속해서 가나안에 도전해 오는 가문들을 맞아 괴로운 응전을 해야 하는 것입니다. 오히려 가나안은 앗수르 황실을 허수아비 정권으로 만들어 놓고 표면상으로 위계질서를 유지하면서 배후에서 천하를 조종하는 것이 낫다고 판단하였던 것이지요. 그러므로… 가나안의 최선책은 니므롯으로 하여금 앗수르를 다스리게 하려는 것이 아니라 하난 대제를 위협하여 그를 허수아비로 만들어 놓고 천하를 요리하는 것이었습니다. 그런데 그 하난 대제가 혼자서 제발로 가나안 지경에 들어왔던 것이지요. 혼자서 가나안 사람들을 여호와 신께로 돌아오게 하겠다는 일념을 품고 가나안 땅으로 들어선 하난 대제는 가나안의 불량배들에게 납치되었고 레바논을 거쳐 다메섹까지 끌려가 모진 악형을 당하기 시작하였습니다.”

"악형을…?"

"그렇습니다. 여호와 신앙이 깊은 하난 대제를 위협하려면 무서운 악형이 필요했던 것입니다. 그들은 대제에게 갖은 악형을 가한 다음 마침내 대제가 기진하면 다시 뱀들이 우글거리는 토굴 속에다 그를 처박아 넣었습니다."

"그들은 결국…"

마달이 떨리는 음성으로 중얼거렸다.

"그들은 결국 자기들을 구원하기 위하여 찾아간 하난 대제를 때리고 고문하였던 것이로군요."

"…그렇게 된 셈이지요. 그런 끔찍한 상태에서 하난 대제는 2년의 세월을 견디어 내었던 것입니다. 니므롯의 아내 세미라미스가 원병을 요청하기 위해 가나안을 찾아간 것은 바로 그 즈음이었습니다. 가나안 왕 시돈은 세미라미스의 원병요청을 거절함과 동시에 다른 제안을 내놓았습니다."

"세미라미스에게 말씀입니까?"

앗산이 그렇게 놀라서 묻는 것도 무리는 아니었다. 그는 앗수르 황실을 탈취하여 천하를 농락하고 있는 것이 니므롯인 줄 알았는데 알고 보면 그 니므롯의 권력도 세미라미스라는 끈을 통하여 가나안과 연결되고 있었던 것이다. 그렇기 때문에 가나안의 시돈 왕은 니므롯과 대화하는 것이 아니라 세미라미스에게 자기의 제안을 내놓았던 것이다. 그것은 사실상 제안이 아니라 하나의 지령이었다.

"…아시다시피 세미라미스는 가나안 왕궁에서 태어났으며 가나안의 공주 기스에 의하여 훈련된 공작원이었습니다. 사냥꾼 니므롯 역시 가나안 왕실의 지령을 받은 세미라미스에 의하여 포섭되었고 그들에게 이용되고 있는 인물이었던 것입니다. 시돈 왕은 그 세미라미스에게, 2년 동안이나 악형을 받아 심신이 탈진되어 있는 하난 대제를 유혹하여 그로 하여금 가나안의 지령에 복종하는 허수아비가 되게 하라고 지시했습니다. 그렇게 되면 가나안은 하난 대제에게 악갓의 반란을 평정할 수 있는 원병을 내주겠다는 것이었지요."

방안의 모든 사람들은 가나안의 너무나 철저한 계략 때문에 몸서리를 치고 있었다. 아무리 비정한 음모라 할지라도 세미라미스는 어쨌든 니므롯이라는 사람과 결혼한 유부녀였던 것이다. 그 유부녀인 세미라미스에게 다른 남자를 유혹하도록 지시하는 가나안 왕실이야말로 무서운 광야의 뱀이라 할 수밖에 없는 것이었다.

"처음에 수멜 황태자를 손에 넣어서 셈 집안뿐만 아니라 온 천하를 흔들어 놓았던 기스 공주는 아마도 새로운 장자권자인 하난 대제를 자기가 직접 다루어 보고 싶었을는지도 모릅니다. 그러나 그러기 위해서는 자신이 이미 너무 늙어버렸음을 실감했던 탓인지 아직 활짝 핀 풍만함을 지니고 있던 세미라미스에게 그 일을 맡겼던 것이지요. 그러나… 그 역할은 세미라미스에게 있어서는 흥미있는 것이었으나 기스와 시돈에게는 효과적인 계략이 되지 못했습니다. 이미 앗수르 황실과 가깝게 지내고 있던 세미라미스는 하난 대제를 마음속으로부터 사모하여 그에게 접근할 기회를 엿보고 있었기 때문입니다."

사람들은 가이난의 말뜻이 무엇인지를 몰라서 어리둥절하고 있었다. 가나안에서 훈련받은 공작원이며 음란하고 비정한 그녀가 하난 대제를 사모하였다는 것도 납득하기 어려운 일이었지만 어째서 그녀를 내세운 것이 가나안에게 효과적인 계략이 되지 못했다는 것인지도 이해하기 어려웠던 것이다.

"…세미라미스는 시돈 왕과 기스 공주의 지령을 받고 하난 대제를 유혹하기 위하여 다메섹으로 달려갔습니다. 그러나 다메섹에서 하난 대제의 끔찍한 모습을 본 세미라미스는 우선 가나안의 지령보다도 하난 대제에 대한 동정에 빠지기 시작했던 것입니다."

"그렇다면… 세미라미스는 그다지 유능한 공작원은 아니었던 모양이군요?"

"그렇습니다. 그녀의 미모와 비정한 성격은 얼핏 보기에 그 역할에 적합한 것 같으나 일에 임하여 너무 사내를 밝히는 것이 그녀의 약점이지요. 그녀는 일단 어떤 사내에 빠지기 시작하면 곧잘 자기가 해야 할 역할마저 망각할 정도로 열중하는 것이 그녀의 결함이었던 것입니다. 어쨌든 다메섹에 도착한 그녀는 하난 대제를 좀더 편안한 거처로 옮기게 했고 거의 다 죽다시피한 그를 정성을 다해서 간호했습니다. 아시겠습니다만 세미라미스는 그때 니므롯의 딸 레셀을 낳은 지 얼마 안되었기 때문에 처음으로 경험했던 모성애를 하난 대제에게로 쏟아부었던 것이지요."

그의 말을 듣고 있던 하노스의 얼굴 빛이 헬쑥해지고 있었다. 그의 뇌리에는 저 안개낀 밤의 황궁 뒤뜰에서 소곤거리던 레셀 누이의 목소리가 되살아나고 있었던 것이다. 하노스가 자기는 누이보다 더 필요한 여자를 찾을 수 없을 것 같다고 말하자 레셀은 하노스의 팔을 껴안고 그의 어깨에 볼을 부비며

"… 만일 우리가 …"

하고 말했었다. 그 말은 아릿다 황후, 정확하게 말해서 세미라미스의 참견 때문에 중단되었으나 하노스는 이미 그 뒤에 이어지려고 했던 말이 무엇이었던가를 알고 있었다. 레셀은 하노스에게 만일 우리가 친남매만 아니라면 결혼하고 싶다는 뜻이냐고 물으려 했던 것이다. 그런데 이제 하노스가 그렇게도 좋아했던 레셀이 친누이가 아니었음은 밝혀졌지만 그와 함께 레셀은 앗수르를 통째로 삼켜버린 니므롯과 세미라미스의 딸이라는 것도 드러나게 된 것이었다. 하노스에게 가장 가깝고 다정하던 누이 레셀은 갑자기 결혼을 할 수도 있는 상태로 바뀌어졌는가 하면 그녀는 다시 하늘 아래 함께 살 수 없는 원수의 딸로 급변해 버린 것이다. 아무도 그런 하노스의 심경을 눈치채지 못하는 가운데 가이난의 이야기는 계속되었다.

"지금 생각해 보면… 하난 대제에게 있어서 2년 동안의 악형과 고문보다도 더 어려웠던 것이 세미라미스의 유혹이었을 것입니다. 아마도 세미라미스는 그녀가 할 수 있는 모든 방법을 동원해서 하난 대제에게 파고들었을 테지요. 그러나 하난 대제는 결국 세미라미스에게 꺾이지 않았습니다. 석달이 넘게 대제를 공격하던 세미라미스가 마침내 스스로 지쳐서 체념했을 때… 그는 오히려 자기 아내 아릿다를 만나게 해달라고 세미라미스에게 간청했던 것입니다. 세미라미스는 그의 간청에 대하여 시돈 왕과 기스 공주에게 보고하였고… 그들은 결국 그에게 아릿다 황후를 불러다 주기로 결정하였지요. 왜냐하면 그들은 아릿다 황후를 이용해서 하난의 의지를 꺾도록 작전을 바꾸었던 것입니다. 마침내 세

미라미스는 겨우 앗수르 군복으로 변장한 원병 3천을 이끌고 귀환했고, 니므롯의 지시를 받은 나는 누이 아릿다 황후를 호위하여 다메섹으로 들어가게 되었지요.”

하노스의 얼굴이 긴장하기 시작하고 있었다. 비록 그를 낳은 생모가 분명히 아릿다였음은 확인되었으나 그 자신이 누구의 핏줄이었느냐는 것은 아직 밝혀지지 않았던 것이다. 가이난의 이야기가 하난 대제의 실종사건으로 접어들면서 점점 아릿다 황후가 하난 대제의 아이를 임신할 기회가 없어지고 있었기 때문에 하노스는 당황하고 있던 중이었다.

“아릿다 황후는 다메섹의 거처에서 2년만에 만나는 대제와 꿈같은 열흘간을 지낼 수 있었습니다. 그리고 그 열흘이 지나자 그녀는 시돈 왕의 지시대로 하난 대제를 설득하기 시작해야 했습니다.”

“황후께서는 시돈 왕의 지시에 따르셨습니까?”

아릿다 황후에 대하여 누구보다도 잘 알고 있는 메루가가 그렇게 물었다. 그러나 가이난은 고개를 저었다.

“아릿다 황후는 시돈 왕이 시킨 대로 한 것이 아니라 그들이 처해 있는 상황을 하난 대제에게 그대로 설명한 다음 모든 것을 그의 선택에 맡겼습니다. 마침내 하난 대제는 시돈 왕에게 면회를 주청했고 왕의 허락이 내림에 따라 그는 왕 앞에 서게 되었습니다. 그 자리에는 아릿다 황후와 나도 입회하였던 셈입니다.

시돈 왕과 기스의 공주는 하난 대제가 협상에 굴복할 줄로 알고 있었습니다만… 하난 대제는 시돈 왕 앞에서 눈물로 호소를 시작하였습니다.”

가이난은 잠시 눈을 감은 채 생각을 정리하고 있다가 마치 하난 대제의 음성을 흉내라도 내듯 그의 말을 외우기 시작하였다.

“시돈 왕 전하, 그리고 가나안 가문의 여러분… 나는 여러분의 의문과 불만에 대해서 잘 알고 있습니다. 우리의 조상인 노아님의 섭섭한 예언은 수멜의 시대로부터 문제를 일으키기 시작하여 오늘에까지도 이르고 있습니다. 그러나 나는 노아님의 예언이 3형제의 집안을 지목하여 그 장래를 저주하거나 축복한 것이 아니라 아비의 실수를 비웃는 아들과 덮어주는 아들에 관한 교훈적 경고를 해주었던 것으로 생각합니다.

우리에게는… 노아님의 교훈도 중요하다고 생각됩니다. 나는 결코 앗수르의 장자권을 주장하고 고집할 마음이 없습니다. 나는 다만 가나안의 형제들이 여호와 신에게로 돌아오기를 간절히 요청하는 것입니다. 우리를 창조하고 길러주시고 지도하시는 신은 오직 한분뿐입니다. 서로 다른 신을 섬기면 우리들 형제 사이에는 갈등과 충돌만이 일어나게 됩니다. 우리가 여호와 신의 품안에서 서로 화목할 때만이 우리는 이 세상에서 복을 누리며 살 수 있습니다. 시돈 왕 전하, 그리고 가나안 가문의 형제 여러분. 여호와 신에게로 돌아오십시오. 우리는 한배에 함께 타고 홍수를 건너온 한형제들입니다.”

가이난의 표정이 매우 진지하였기 때문에 그의 목소리는 마치 하난 대제 그 사람의 목소리처럼 방안에 가득차고 있었다. 비록 마음이 뱀과 같은 시돈 왕일지라도 하난 대제의 호소를 듣고서는 감동하지 않을 수가 없을 것 같았다. 그러나 가이난의 이야기는 그 반대쪽으로 흘러가고 있었다.

“하난 대제의 말이 끝나자 가나안의 신하들은 일제히 그를 향하여 저주를 퍼붓기 시작했습니다. 가나안의 제사장들은 바알과 아스다롯의 이름으로 그를 저주하였고 시돈 왕 자신도 더 이상 하난 대제를 설득할 수 없음을 알게 되었습니다. 아릿다 황후와 나는 간신히 앗수르로 송환되었고 하난 대제는 다시 결박되어 가나안의 남쪽에 있는 살렘 땅으로 이송되었습니다. 하난이 살렘으로 이송되는 것을 알고 나는 모든 것이 끝장난 것을 직감했지요. 왜냐하면 살렘이라는 곳은 가나안의 반역자들을 처형하는 곳이었기 때문입니다.”

방안의 모든 사람들은 우애의 회복과 여호와 신앙에의 복귀를 호소하다가 최후를 맞은 하난 대제를 생각하며 모두 숙연해져 있었다. 그러나 아직 하노스는 더 들어야 할 것이 남아 있었다.

“전하, 앗수르로 귀환한 아릿다 황후는 어찌되었습니까?”

“아릿다 황후는 앗수르에 돌아와서 다시 별궁에 유폐되었지요. 시돈 왕은 나름대로 아릿다 황후를 살려둔 이유가 있었을지 모르나 니므롯에게는 그럴 만한 충분한 이유가 있었습니다. 니므롯 역시… 아릿다 황후를 사랑하고 있었기 때문이었습니다. 세미라미스가 다메섹에서 하난 대제를 유혹하고 있을 때 니므롯은 앗수르에서 아릿다 황후에게 접근하고 있었던 것입니다."

"니므롯은 그렇다치고… 그러나 세미라미스는 아릿다 황후를 더 이상 살려둘 필요가 없었을 텐데요?"

가이난은 다시 그렇게 묻고 있는 아내 메루가를 힐끗 바라보고 나서 말을 이었다.

"물론 세미라미스는 아릿다 황후를 독살하기 위해서 기회를 엿보고 있었지요. 그러나 아릿다 황후가 앗수르로 돌아온 지 얼마 안되어서 세미라미스는 황후가 임신하고 있는 것을 알게 되었던 것입니다. 그것은 말할 것도 없이 하난 대제의 핏줄이었고 세미라미스는 갑자기 자기가 사모했던 하난 대제의 아기가 탐나서 그 아기가 태어날 때까지 황후를 살려두었던 것입니다. 황후의 해산은 그것이 초산이었기 때문에 몹시 난산이어서 앗수르 성에 머물고 있던 아나 여인이 해산을 도왔지요. 아기를 낳은 후에 세미라미스는 결국 황후를 독살하고 말았습니다."

이제 사람들의 시선은 모두 하노스를 향하고 있었다. 가이난도 하노스를 바라보며 처연한 음성으로 말했다.

"이상하게도… 아기 하노스는 하난 대제와 아릿다 황후의 모습을 골고루 닮고 있었습니다. 그래서 하노스는 니므롯과 세미라미스부터 동시에 사랑을 받으며 자랐지요. 니므롯은 그에게서 아릿다 황후의 모습을 느끼며 그를 아꼈고 세미라미스는 그에게서 하난 대제의 추억을 발견하며 그를 길러내었던 것입니다."

그것은 참으로 기이한 일이었다. 하노스는 자기 부모의 원수들로부터 사랑을 받으며 자라난 것이었다. 하노스는 늘 자기 어머니인 줄로 알았던 아릿다 황후가 자기를 아들 이상의 관심을 가지고 바라보던 것을 기억하고 있었다. 그녀는 심지어 그와 누이 레셴의 사이가 가까워지는 것조차 시기하였던 것이다. 그리고 그녀는 자주 하노스에게 너는 아버지를 닮아서 여자에 무관심한 모양이라고 말하곤 했었다. 또 하노스는 자기를 바라보며 하난 대제가 중얼거리곤 하던 말도 기억하고 있었다. 그는 자주 하노스에게 너도 엄마를 닮아서 심성이 강하지 못한 것 같다고 말했던 것이다. 하난 대제에게 있어서 심성이 강하지 못하다는 말은 지나치게 착하다는 것을 의미하는 것이었다.

"이제 나는… 이야기를 마무리할 때가 된 것 같습니다. 3천 명의 원병을 지원받고도 전세가 점점 기울어지자 니므롯은 한가지 계략을 세웠습니다. 그는 군인들 중에서 하난 대제와 많이 닮은 자를 골라 낸 다음 대제사장의 옷을 입혀 연극을 시켰습니다. 그는 가짜 하난 대제를 호위하고 기스 성으로 출동하여 치우를 꼼짝 못하게 하였고 마침내 치우 도원수와 그 72인 의형제단을 모두 자결하게 하는데 성공했던 것입니다. 그로써 전쟁은 다시 역전되었고 마침내 기스 성은 함락되었지만… 그 일 이후로 니므롯은 아예 가짜 하난 대제 노릇을 하기로 했으며 그 아내 세미라미스는 가짜 아릿다 황후가 된 것입니다. 그리고 그 묘안이 가나안 쪽의 승인을 받은 것은 물론입니다."

이윽고 기나긴 가이난의 이야기는 끝나고 있었다. 가이난은 잠시 또 침묵을 지켰다. 오랫동안 어두운 비밀을 간직한 채 살아오던 가이난의 고뇌가 이제 그 껍질을 벗은 채 사람들 앞에서 초라한 모습을 드러내고 있었다. 마침내 가이난은 신음하듯이 말했다.

"…가짜의 하난 대제는 다시 가나안으로부터 보내온 자로 가짜 니므롯을 만들었으며 역시 기스가 길러낸 또 하나의 공작원으로 가짜 세미라미스를 삼았습니다. 그 모든 일을 다 조작한 후에 그는 나를 황궁으로 불러 설득했습니다. 앗수르의 새시대를 위하여 협조하라는 것이었지요. 그가 진짜의 하난 대제로 인정받으려면 하난 대제의 처남인 나와 그 처가인 아르박삿 가문의 협조가 필요했기 때문입니다. 그는 나에게 이제 여호와의 시대는 갔으며 천하에는 새시대가 열리고 있다면서… 그 새시대에 동참해 줄 것을 권고했고… 나는 결국 그의 제안에 동의했습니다. 내가 그의 제의를 받아들인 것은… 적어도 그의 위협이나 압력 때문만이 아니었지요. 그 당시 나는 셈 집안의 엄격함과 고루함에 대해서 답답하게 생각하고 있었으며… 신에게 비는 것보다는 인간의 능력을 개발하여 천지를 합리적으로 규명하고 그것을 이용하여 발전시켜야 한다는 생각을 가지고 있었습니다. 그것이 새로운 신념으로 천하를 다스려 나가려는 니므롯의 야망과 맞아 들어가고 있었기 때문에 나는 기꺼이 니므롯의 혁명에 가담했던 것이지요."

"이제 내 이야기는 다 끝났습니다. 그게 모두입니다. 모두들 돌아가
주십시오. 모두들… 메루가, 그리고 셀라 너도… 이곳에서 모두들 나가
거라. 여러분… 이제는 나를 좀… 혼자 내버려두어 주십시오."

마침내 사람들은 하나씩 둘씩 그 방에서 빠져 나오기 시작했다. 마달
이 나오고, 앗산이 나오고, 구스의 다섯 형제들과 하루하와 후넨 부자
도 밖으로 나왔다. 에바도, 네브로데도, 고센도, 가미엘과 에벨 남매
그리고 신지와 드단도 나왔다. 엘람의 장로들과 사완과 그리고 하노스
까지 밖으로 다 나왔는데도… 셀라와 메루가는 외롭게 서 있는 가이난
을 한참 동안 그렇게 바라보고 있는 것이었다.

벼랑에 서다

아무도 입을 여는 사람이 없었다. 어느 누구도 창 밖을 내다보며 서 있는 하노스의 벅찬 고뇌를 말끔히 날려보낼 만한 화제를 찾아내지 못하고 있었던 것이다. 가이난 왕의 숙소에서 철수하여 사완의 집으로 돌아온 메루가와 샤론 마을 사람들은 벌써 오랜 시간을 그렇게 침묵속에 잠겨 있었던 것이다.

결국 그들이 짐작했던 대로 세상을 다스리는 모든 권세는 거짓의 장막 속에 싸여 있었다. 그 진실을 밝혀내기 위해서 그들은 참으로 오랜 세월을 기다려왔던 것이다. 그러나 막상 그 진실이 밝혀지자 그들은 모두 할 말을 잃고 있었다. 이미 천하는 되돌이킬 수 없는 기세로 잘못된 방향을 향하여 흘러가는 중이었고 온 세상에서 이미 여호와 신은 그 자취를 감추었던 것이다. 각기 자기들의 신을 섬기는 모든 나라들의 군대는 너무나 강성하여 요지부동의 철벽이 되어 있었고 여호와 신을 섬기며 명맥을 유지하고 있는 나라는 오직 나라들 중에 가장 연약한 아르박삿뿐이었다. 비록 여러 나라에서 밀려난 사람들이 샤론 마을에 모여들었다고는 하나 그들의 수는 겨우 수백에 불과한 것이었다.

사완의 아내 아란과 딸 아리사가 찻잔을 쟁반에 받쳐들고 들어와 사람들 앞에 내려놓았다. 그러나 모두들 찻잔을 집어들 생각도 않으면서 허공을 바라보고 있었다. 사완의 노모 아나는 아까부터 자꾸만 솟아나오는 눈물을 수건으로 눌러대었고 메루가는 하노스의 축 처진 뒷모습을 바라보며 입술을 깨물고 있었다. 에바는 탁자 앞에 처연한 모습으로 앉아 고개를 숙인 채였고 우사 마달과 엘람의 장로 아한과 시브온도 미간을 잔뜩 찌푸린 채 입을 다물고 있었다. 하루하와 후넨 부자도 팔짱을 낀 채 지긋이 눈을 감았고 고센과 구스의 다섯 형제도 한쪽 구석에 엉거주춤 둘러서서 심각한 표정을 하고 있었다. 에벨과 드단 두 소년은 실내의 답답한 공기 때문에 조바심이 났지만 어른들의 눈치를 살피는 수밖에 없었고 이따금씩 나메라와 가미엘 두 소녀는 서로 상대를 바라보며 호기심의 시선을 나누고 있었다.

이따금씩 잔기침을 하는 것은 성격이 급한 앗산이었다. 그는 이런 어색한 자리의 분위기를 풀려면 어떤 농담이 가장 좋을까 하고 아까부터 궁리하고 있었지만 뾰족한 생각이 떠오르지 않아서 조바심을 하고 있던 것이다. 앗산의 그런 마음을 읽어낸 것인지 셀라가 품속에서 대나무 토막 하나를 꺼내어 입으로 가져가고 있었다.

갑자기 실내에는 잔잔하면서도 청아한 대나무의 바람소리가 흐르기 시작했다. 어느 틈엔가 사람들 사이로 스며든 그 맑은 가락은 그것이 닿는 모든 것들을 부드러운 손길로 어루만지는 듯하더니 어느덧 따스한 위로를 방안 가득히 채워가고 있는 것이었다.

셀라가 그토록 신묘한 음률을 익히고 있었다는 것을 아무도 몰랐기 때문에 모든 사람들이 깜짝 놀랐지만 누구보다도 놀란 것은 바로 아론의 수제자이며 수금의 대가인 에바였다. 그녀는 처음에 셀라가 퉁소를 꺼내 불기 시작하자 그저 누구나 다루는 정도의 솜씨려니 했는데 가락이 전개되어 갈수록 점점 눈을 크게 뜨고 있었다.

마치 깊은 산 속의 개울처럼 가냘프게 흐르기 시작하던 셀라의 가락은 어느새 기암절벽을 돌아 강물이 되어 흐르기 시작하더니 혹은 흐느끼고 혹은 한숨 쉬며 구비치다가 마침내 바다처럼 가득히 출렁거리고 있었던 것이다. 아나 할머니는 손수건을 아예 내려놓은 채 흐르는 눈물을 닦을 생각도 못하고 있었다. 메루가의 눈에도 눈물이 고였고 사내들의 눈도 붉게 충혈이 되고 있었다.

이윽고 다소곳이 앉아 있던 에바가 조용히 일어섰다. 그녀는 그림자처럼 스르르 밖으로 나가더니 조금후에 다시 들어왔다. 그녀는 가슴에 수금을 안고 있었다.

에바가 자리에 앉으면서 대나무 소리의 바다에는 작은 물방울 소리가 안겨지기 시작하고 있었다. 처음에는 매우 미약하게 시작되던 그 물방울 소리가 바다의 이쪽과 저쪽에서 그리고 바다의 한가운데서 손을 잡더니 마침내 오색의 꽃무늬를 만들어내기 시작하고 있었다. 대나무의 흐느끼던 소리는 어느새 높다랗게 떠오르면서 하얀 날개를 펴기 시작했고 마침내 두 악기의 가락은 오색의 수실로 엮어져서 사람들의 가슴속에 화사한 햇살을 실어 보내고 있었던 것이다.

그러다가 다시 퉁소 소리는 음량을 낮추면서 잔잔해지기 시작했고 그 나직하게 흐르는 퉁소의 선율 위로 수금 소리가 사뿐사뿐 건너 뛰면서 춤을 추듯 감돌기 시작했다. 때로는 바싹 다가가서기도 하고 다시 연민의 꼬리를 끌며 물러나기도 하고 그 수금의 원무에 방안의 모든 사람들은 넋이 나갈 정도로 매혹되고 있었다.

낮게 흐르던 퉁소 소리가 다시 일어서더니 어느새 긴 가락을 끌며 수금 소리를 감아서 안고 넘실거리기 시작했다. 수금 소리가 사르르 연약해지면서 퉁소 소리에 고개를 기대었고 퉁소의 가락은 어느새 수금의 선율을 쓰다듬으며 위로의 밀어를 소곤거리기 시작하는 것이었다. 방안에는 애틋한 수금의 선율과 너그러운 퉁소의 가락이 한동안 가득차고 있었던 것이다.

사람들은 모두 다 그 두 악기의 어울림에 깊숙이 빠져들어 있었기 때문에 연주가 이미 끝난 후에도 멍하니들 앉아 있다가 셀라와 에바가 모두 악기를 내려놓고 가만히 앉아 있는 것을 알아차리고서야 비로소 연주가 끝난 것을 알았을 정도였다.

이제야말로 한마디해야 할 차례가 되었다는 듯이 앗산은 분위기에 어울리지 않게 큰소리로 한마디했다.

"허어… 난 워낙 음률에 무식한 사람이 되어 잘 모르겠지만 거 어쩐지 꼭 정인(精人)들이 속삭이는 소리 같구먼."

역시 앗산의 한마디는 효과가 있어서 무거운 분위기에 가라앉아 있던 사람들을 스르르 웃게 만들고 있었다. 우사 마달이 감개무량한 표정으로 셀라를 바라보며 입을 열었다.

"셸라 왕자께서 퉁소에 조예가 깊은 줄은 알고 있었지만 오늘의 그 가락은 정말 훌륭하군요. 나는 본래 신정원에서 일할 때에 신정원 악장 아론의 연주를 많이 들어본 일이 있습니다만 오늘의 그 가락은 처음 듣는 것 같은데 그 곡명이 무엇입니까?"

셸라는 빙그레 웃으며 얼굴이 빨개져 있는 에바를 바라보다가 대답했다.

"실은… 여러분께서 모두 마음이 무거우신 것 같아서 즉흥으로 만들어본 곡입니다."

"즉흥으로…?"

사람들은 다시 한번 셸라의 솜씨와 재능 때문에 놀라움을 감추지 못하고 있었다. 그러나 앗산은 계속해서 자기 나름의 농담을 즐기고 있었다.

"그렇지… 처음에는 사람들을 위로하기 위해서 시작했다가 에바 아가씨의 수금이 끼어드니까 정인들의 눈맞춤으로 바뀌어 버렸다는 뜻이렸다?"

에바가 더욱 얼굴이 빨개지며 어쩔 줄을 몰라 하는데 앗산은 짓궂게 거기다가 한마디를 더 추가하는 것이었다.

"내가 이거 너무 솔직하게 말을 해버렸나…? 하지만 퉁소를 분 사람이나 수금을 탄 사람이나 모두 아직 결혼을 못한 노총각 노처녀이니 음률에 무식한 내가 그렇게 생각하는 것도 무리는 아니겠지. 그렇지 않습니까, 메루가 왕비님?"

앗산의 농담은 점점 더 깊숙한 곳으로 파고들어가는 것이었다. 메루가는 바로 노총각 셸라의 어머니였고 며느리를 맞아들이고 싶어서 애태우고 있는 장본인이었던 것이다. 앗산의 농담에 끌려든 메루가가 자신도 모르게 에바의 얼굴을 바라보자 방안 사람들은 완전히 하노스의 고뇌에서 비롯된 무거운 분위기를 벗어나 즐겁게 웃기 시작했다. 어린 소년 에벨이 느닷없이 또 끼어들었다.

"에바 이모… 얼굴이 빨개지니까 정말 예쁜 것 같아요!"

사람들은 이제 마음 놓고 웃음을 터뜨리는 것이었다. 그리고 모두들 두 남녀는 참으로 잘 어울리는 한쌍이라고 생각했던 것이다. 사실 에바에게 있어서도 셀라를 만나게 된 것은 기적과 같은 사건이었다. 그렇게 오랫동안 수금을 타면서 이제까지 그토록 자기의 수금과 잘 어울리는 퉁소의 주자를 만나보지 못했던 것이다. 에바는 지금 마음속으로 그 셀라가 바로 자기의 시나이 곡에 맞추어 퉁소 소리를 보내오던 그 어둠 속의 연주자가 틀림없다고 생각하는 것이었다. 그리고 그토록 오랫동안 어둠 속에서 자신을 골탕 먹여온 상대방이 갑자기 밉살스럽게 느껴져서 불쑥 마음에도 없는 말을 해버렸다.

"여러분, 저는 오늘 저녁 다만 음률의 화답을 했을 뿐이지 오늘의 가락과 남녀관계는 상관 없는 일입니다. 저는 본래 혼자서 살기를 좋아하는 여자이고 더구나 아들까지 둔 바람둥이 홀아비에게는 관심이 없습니다."

에바가 정색을 하고 그렇게 말하자 셀라는 싱긋 웃음을 띠었고 메루가는 모처럼 마음에 드는 며느리감을 찾았는데 놓치는가 싶어서 사실은 드단이 셀라의 아들이 아니라는 것을 말해야 할까 어쩔까 조바심을 하는 것이었다. 잠자코 있던 드단 소년이 갑자기 큰소리로 말했다.

"내가 이거 오늘 좋은 일 망쳐놓는 말썽의 씨앗이 된 것 같은데?"

드단이 그렇게 말하자 셀라는 기어코 한마디를 더하여 사람들을 웃겼다.

"아니다, 드단… 너의 새엄마는 좀더 얌전한 여자를 데려와야 하지 않겠니?"

그러나 사람들을 웃기려고 그렇게 말했던 셀라는 자기가 큰 실수를 저지른 것을 미처 깨닫지 못하고 있었다. 좀더 얌전한 여자를 데려와야겠다고 말한 것은 곧 에바가 얌전하지 못하다는 뜻이 되어버렸던 것이다. 그렇지 않아도 성깔깨나 있는 에바의 눈꼬리가 싹 소리가 날 듯 치켜져 올라가고 있는데, 어색한 분위기를 수습하기 위해서인 듯 룻의 사내 네브로데가 한걸음 앞으로 나섰다.

"저… 여러 어르신들께서 계신데 제가 이렇게 나서서 송구스럽습니다만… 이제 우리는 가이난 왕에게서 얻어낸 진상을 놓고 앞으로의 대책을 의논해야 되지 않는가 생각이 됩니다."

네브로데의 제안으로 다시 방안의 사람들은 조용해졌고 모두들 하노스 소년 쪽으로 눈길을 돌리는 것이었다. 아직도 하노스는 창문 쪽으로 돌아서 있었다. 네브로데 역시 후줄근해 보이는 하노스의 뒷모습을 애처로운 듯 바라보다가 다시 이야기를 계속했다.

"오늘로서 우리는 앗수르 황실에 얽혀 있던 혼돈의 내막을 분명히 알게 된 셈입니다. 문제는 이 일이 다만 앗수르 황실만의 문제가 아니라 모든 나라들의 신앙적 정통성을 뒤집어놓고 있다는 데 있는 것입니다. 그러므로 우리는 이제 온 천하의 타락을 중지시키고 저들을 바른길로 돌아오게 함으로써 또 한번 무서운 심판을 당하지 않도록 조치하지 않을 수 없다고 생각합니다. 그러기 위해서는 우선 앗수르 황실의 정통성을 바로잡는 일이 중요하다고 생각되는데 여러분의 생각은 어떠십니까?"

네브로데의 제안은 돌아선 채로 창 밖을 내다보고 있는 하노스의 귀에도 들려오고 있었다. 물론 하노스도 모든 나라들이 타락하게 된 원인은 바로 가나안의 음모로부터 시작된 앗수르 황실의 정변(政變) 때문이었음을 알고 있었다. 그리고 그 속임수를 바로잡아야 한다는 것도 알고 있었다. 그러기 위해서는 우선 가짜의 장자권으로 천하를 다스려온 하난 대제, 아니 니므롯의 정체를 밝히고 그를 처단해야 하는 것이었다. 물론 니므롯과 그의 처 세미라미스는 모든 백성의 원수인 동시에 하노스 자신의 개인적인 원수이기도 하였다. 니므롯은 하노스의 부친 하난 대제의 장자권을 속임수로 찬탈한 자요, 세미라미스는 하노스의 모친 아릿다를 독살한 여자였다.

그러나 한편으로 그들은 지금까지 15년간이나 하노스를 길러온 아버지와 어머니였던 것이다. 비록 니므롯이 천하를 속인 사기꾼이라 하더라도 하노스에게는 때때로 좋은 아버지일 때도 있었다. 그는 늘 하노스를 씩씩한 아이로 길러주려 애썼고 때로는 다정한 보호자이기도 했다. 하노스는 지금도 그와 함께 목욕하던 어린 시절을 기억하고 있었다. 그는 자주 뜨거워서 탕 속에 못들어가는 하노스에게 남자는 참을성이 있어야 한다면서 직접 하노스를 자기 품에 끌어안고 뜨거운 물 속으로 들어가기도 하였던 것이다. 그는 또 직접 하노스의 온 몸을 씻어 주었으며 이따금씩 사랑스럽다는 듯 그 수염으로 덮인 얼굴을 갖다대며 입을 맞추는 바람에 하노스가 간지러워서 얼굴을 돌리곤 했던 것이다.

세미라미스의 경우도 마찬가지였다. 그녀는 비록 아릿다 황후를 독살할 정도로 악독한 여자이기는 했으나, 그리고 가끔 하노스를 아들 이상의 이성적 감정으로 대하기도 했지만 하노스에게 있어서는 때로 그녀가 좋은 어머니였음도 부인할 수 없는 사실이었다. 그녀는 언제나 하노스를 품에 안고 싶어했고 그녀의 품은 그런대로 하노스에게 있어서 넉넉하고 아늑한 마음의 고향일 수 있었던 것이다. 적어도 지금까지 그녀에게 있어서 하노스는 남편 니므롯보다도 더 소중한 존재였다. 니므롯이 그 바람끼 때문에 늘 밖으로 나돌고 있을 때에도 하노스만이 그녀의 위안이었고 그것이 세미라미스의 핏속에 흐르고 있는 음란한 정욕을 상당히 제어해 온 것도 사실이었다.

그런데 지금 이 방안에 모여 있는 사람들은 앗수르 황실의 거짓을 바로잡을 것을 주장하고 있었다. 그것은 곧 니므롯과 그의 아내 세미라미스의 처단을 의미하는 것이었다.

조금전까지 사람들을 웃기려고 익살스러운 표정을 짓고 있던 애꾸눈의 앗산도 얼굴빛을 바꾸며 입을 열었다.

"나도 네브로데 형제의 말에 동감입니다. 이미 샤론 마을에는 많은 동지들이 이때를 위하여 준비하며 기다려왔지 않습니까?"

그는 15년 전의 그 참혹한 전쟁과 비참한 선친의 최후를 상기하고 있는 듯 외눈을 번쩍거리고 있었다.

"어제 저녁 나는 협력의 가능성을 알아보기 위하여 룻 가문의 루두스 왕을 만났습니다만 그는 이미 권세의 안일에 젖어서 체제 유지에만 신경을 쓰고 있었습니다. 그러나 나는 그와 대화하면서 룻 땅에는 아직도 네브로데의 행방을 찾고 있는 많은 반대세력들이 있다는 것을 알아냈습니다. 만일 우리가 앗수르 황실을 바로잡기 위하여 봉기한다면 많은 룻의 백성들이 동조할 가능성도 있습니다."

"그것은 아람에서도 마찬가지입니다."

얼굴이 빨개져서 곤경에 빠져 있던 에바가 언제 그랬느냐는 듯 여장부의 기질을 되찾으며 나섰다.

"아시다시피 아람도 우스 왕이 출가한 틈을 타서 그 아우들인 훌과 게델과 마스가 나라를 다스리고 있습니다. 지금이라도 우스의 명분을 내세우면 그들 3형제와 백성들은 우리와 협력할 수 있을 것입니다.

"에바님"

사람들 사이를 뚫고 한 노인의 목소리가 들려왔다. 엘람의 장로 시브온이었다.

"에바님, 그러나 어떻게 우스의 명분을 내세울 수 있겠습니까?"

에바는 잠시 고개를 숙이고 생각하다가 시브온 장로를 바라보았다.

"저는… 바로 실종된 우스 왕의 손녀입니다. 우스 왕께서 실종되고 저의 부친마저 의문의 죽음을 당했을 때 제 언니 에다와 저는 왕궁 밖으로 내버려졌습니다만 아르박샷 왕실의 게세대님을 만나 이렇게 지금까지 살아남을 수 있었던 것입니다."

에바의 말을 들으며 아르박샷의 메루가 왕비는 감회로 인하여 눈시울을 적시고 있었다. 게세대는 그녀가 친동생처럼 보살피던 시동생이었고 그리고 보면 아람 왕실과 아르박샷 왕실은 남다른 인연이 있었던 모양이었다. 메루가는 어떻게 해서든지 저 우스 왕의 손녀인 에바를 자기 며느리로 삼아야 되겠다고 마음을 먹은 것이었다.

에바의 대답을 들은 시브온 장로도 에바가 비로소 자기의 신분을 밝히자 기쁜 얼굴로 말했다.

"에바님의 총기가 남다르다고 늘 여겨왔는데 바로 아람 왕실의 후예이셨군요. 우리 엘람 왕실도… 샤론 마을이 궐기하면 대응할 세력들을 상당히 보유하고 있습니다. 아시다시피 엘람은 앗수르에 장자권을 내어 준 후 수사 왕이 나라를 다스리고 있었는데 그의 누이 수시아나가 오라비를 살해하고 불법으로 정권을 탈취했던 것입니다. 그러나 우리는 천신만고 끝에 왕실의 혈육인 수알 아기의 생명을 구하는 데 성공했습니다. 이제 엘람 왕실의 수알님을 내세워 우리가 봉기한다면 많은 엘람의 세력들이 우리를 따를 것입니다."

그때 사람들의 뒤쪽에서 조용히 듣고만 있던 키 큰 사내가 한걸음 앞으로 나섰다. 그는 하얀 얼굴의 고센이었다.

"그렇습니다. 우리에게는 많은 지원 세력이 있습니다. 어제 저녁부터 저는 야벳 집안의 몇몇 대표들과 접촉을 가졌습니다."

이미 사완과 가미엘 남매들은 어제 저녁 그가 암약하고 있는 사실을 목격했기 때문에 놀라지 않았으나 다른 사람들은 눈을 크게 뜨고 있었다.

"어젯밤 저는 야벳 집안의 대표들을 만나 그들의 의사를 타진해 두었습니다. 아시다시피 지금 야벳 집안에서는 셈 집안도 함 집안도 모두가 믿을 수 없는 적으로 간주하여 야벳 집안이 대동단결을 촉구하는 움직임이 일어나고 있습니다. 그들이 자기들끼리의 세력을 형성하기 전에 우리 편으로 끌어들여야 하는 것입니다."

줄곧 에바의 아름다운 모습에 눈을 주고 있던 메루가가 고개를 돌리며 고센을 바라보았다.

"저도 야벳 집안에 속하는 마대 가문 출신입니다만… 마대도 그들과 휩쓸릴 것으로 생각하시나요?"

"물론 마대 가문은 예로부터 셈 집안과 공존하려는 입장을 취하고 있지요. 그러나 마대도 여호와 신을 버리고 자기들의 신을 만들어내면서 많이 달라졌습니다. 아직 메루가 왕비님을 추종하는 세력도 무시할 수는 없습니다만 마대 가문 전체가 야벳의 단결에 호응하게 되면 전과 같은 셈 집안과의 우호 관계는 기대하기 어려울 것입니다. 그래서 마대의 위협을 느낀 엘람의 수시아나 여왕이 아르박삿과의 협력을 위해서 가이난 왕에게 접근하고 있었던 것이지요."

방안의 모든 사람들은 조용한 성품의 고센이 그토록 사태를 정확하게 파악하고 있는 것에 대해서 놀라움을 감추지 못하고 있었다. 그러나 고센은 사람들의 반응에 아랑곳하지 않고 자기 이야기를 계속해 가는 것이었다.

"어젯밤 저는 마대의 군대장관 델리도 만났습니다. 저는 이미 야벳의 많은 가문들이 앗수르의 통치에 반발하고 있는 것을 알았기 때문에 문제가 가나안 쪽에 있는 것을 밝히고 장자권을 바로잡는 데 협력해 줄 것을 요청했습니다. 델리 장군은 마대 왕 베다가 매우 신임하고 있는 심복인데다가 또 마대 왕실에는 메루가 왕비님의 영향력이 강하게 작용하고 있기 때문에 마대 쪽은 우리의 편이 될 수 있을 것으로 생각됩니다. 저는 또 메섹 왕 메긴과 두발 왕 디산도 만나서 가나안 세력과 부딪치게 될 때 협력하자는 약속을 얻어냈습니다. 그러나 고멜 가문의 아스그나스 왕과 그의 아우 리밧은 어젯밤 가나안의 시돈 왕과 만나고 있었기 때문에 그들의 막내인 도갈마를 만났지요. 마침 도갈마는 그의 형들이 시돈 왕과 만나는 것을 못마땅하게 여기고 있었기 때문에 접근하기가 쉬웠습니다. 도갈마 역시 야벳뿐만이 아니라 모든 가문들이 단결해서 현재의 통치체제를 전복시켜야 한다는 의견을 가지고 있었습니다. 그도 역시 고멜 안에서 상당한 자기 세력을 가지고 있기 때문에 우리에게는 큰 도움이 될 것입니다."

하룻밤 사이에 그토록 많은 활약을 했다는 고센의 보고를 듣고 모든 사람들은 혀를 둘렀다. 우사 마달도 그가 범상한 인물이 아닌 것을 깨닫고 혼잣말처럼 중얼거렸다.

"이제는 정말 젊은이들의 시대가 된 것 같군… 세상이 너무 복잡하게 돌아가니 우리 같은 늙은이들은 이제 아무런 쓸모가 없어져 버렸어."

사람들이 오직 한 신만 섬기고 있을 때에는 세상이 그렇게 복잡하지 않았을 것이었다. 그러나 나라마다 자기들의 신을 가지고 있으니까 신들이 서로 반목하고 서로 불신하고 때로는 작당하여 음모를 꾸미기도 하는 것이었다. 잠자코 있던 집주인 사완이 끼어들었다.

"어젯밤에는 여러가지 일들이 막후에서 벌어졌습니다만… 한가지 이상한 것은 아릿다 황후, 즉 정확하게 이야기하면 니므롯의 아내 세미라미스가 가나안 왕 시돈을 찾아갔었다는 사실입니다. 세미라미스는 한밤중에 무슨 용무가 있어서 시돈의 거처를 찾아갔었을까요?"

사완은 사람들 중에서 마대 소녀 나메라를 찾아내고 그녀를 바라보았다. 지난 밤에 아릿다 황후를 수행한 황실의 시녀가 바로 나메라였던 것이다. 나메라가 약간 쑥스러운 듯이 말했다.

"아릿다 황후, 즉 세미라미스는 이미 전부터 가나안 사람들과 접촉을 가지고 있었습니다. 그녀는 바로 하노스님께서 바벨을 방문하셨을 때에도 역시 밤중에 몰래 기스 공주를 만난 일이 있었지요. 그러나 저는 그들의 회합에 따라 들어가지 못했기 때문에 그들이 무슨 이야기를 나누었는지는 알지 못합니다."

"저는 대략 그 내용을 짐작하고 있었습니다."

그렇게 말하고 나선 사람은 역시 키 큰 사내 고센이었다. 그는 하얀 얼굴 때문에 더 검어보이는 눈동자를 번쩍거리며 말을 이었다.

"이미 아르박삿의 가이난 왕께서 밝히신 바와 같이 시돈과 기스는 니므롯과 세미라미스를 가짜 하난 대제와 가짜 아릿다 황후로 분장시켜 앗수르에 허수아비 정권을 만들고 그것을 통하여 전세계를 통치해 왔습니다. 그런데… 아무리 가짜라고 하지만 니므롯은 젊어서부터 사냥꾼으로 이름을 날렸던 인걸입니다. 그는 비록 가짜이기는 하지만 15년 동안이나 황제로서 천하를 다스리다보니 관록이 붙어서 실제로 훌륭한 통치자의 틀이 잡히기 시작했던 것입니다. 어느 정도냐 하면 가나안의 시돈 왕이 경계를 해야 할 정도로 능력이 커진 것이지요. 게다가 그는 만국회의를 열어 모든 왕들 앞에서 지도력을 과시하는가 하면 미스라임 가문과 사돈을 맺으려 공작하고 있었습니다."

고센은 다시 사람들을 한번 둘러보고 나서 목소리를 약간 낮추었다.

"아시다시피 가나안은 메소포타미아와 미스라임 사이에 위치하고 있습니다. 앗수르와 미스라임이 친해지게 되면 그 사이에 낀 가나안은 운신이 불편하게 되는 것입니다. 즉 니므롯이 미스라임과 사돈을 맺으려는 것은 얼핏 보면 함 집안과의 우호를 위한 것으로 보이나 사실은 그것이 가나안에 대한 도전 행위였던 것입니다. 그래서… 아마도 기스가 세미라미스를 만나고 다시 시돈이 그녀를 불러냈다면… 그것은 틀림없이 니므롯을 처치하라는 지령을 내리기 위해서였을 것입니다."

고센의 너무나 무서운 추리에 사람들은 몸을 떨고 있었다. 바로 15년 전에 시돈 왕의 명령을 받고 하난을 유혹하려다 실패했던 세미라미스, 아릿다 황후를 독살했던 세미라미스. 이제 시돈 왕과 기스는 다시 그녀에게 그녀의 남편 니므롯을 처치하라고 지시했을 것이라는 것이 고센의 논리였던 것이다. 그러나 사실 고센이 그러한 추측을 서슴없이 말해 버린 것은 하노스를 자극하기 위해서였음을 아무도 모르고 있었다. 고센은 잔인하고 지독한 수법으로 천하를 장악하려는 가나안에 대한 적개심을 일으켜 번민하고 있는 하노스를 분노하게 만들려는 것이었다. 아무리 자기의 친부모를 해친 원수들이라 할지라도 니므롯과 세미라미스에 대한 하노스의 미움에는 혼란이 있었으나 가나안에 대한 그의 혐오는 그 방향이 뚜렷했던 것이다.

하노스의 고뇌가 가나안에 대한 증오로 바뀌어지고 있는 기미를 알아차린 고센이 다시 화제를 바꾸어 나가기 시작했다.

"이제 세상은… 더 이상 놔둘 수 없을 정도로 잘못되어 가고 있습니다. 우리는 아직도 저들의 위장된 세력에 복종하기 싫어하는 자들을 규합하여 세상을 바로잡아야 할 것입니다."

"저희들의 생각도 그렇습니다."

신중한 말투로 나선 사람은 구스 가문의 장자 스바였다.

"저희들 다섯 형제는 사냥꾼 니므롯의 속임수로 함 집안의 장자권을 탈취당하였지만 그 모든 사실을 폭로하고 흩어진 구스 백성들을 규합하면 무너진 가문을 다시 일으켜 세울 수 있을 것입니다. 함 집안의 장자인 구스 가문이 부활하면 가나안이나 미스라임을 상당히 견제할 수 있을 것입니다."

그들의 말을 듣고 있던 아르박삿의 셀라도 퉁소를 도로 품에 넣으며 말했다.

"지금 여기 모인 우리는 비록 적은 숫자이지만 모든 집안의 세력들을 끌어낼 수 있는 가능성을 가지고 있습니다. 저희 아르박삿 가문도…"

그는 잠시 자기의 모친 메루가를 바라보다가 말을 이었다.

"잠시 전 가나안과 앗수르에 얽힌 비밀들을 이야기할 때의 제 부친을 보니 지난날의 행각들을 어느 정도 후회하고 있는 것 같았습니다. 저희 아르박삿 사람들은 제 부친인 가이난 왕 말고는 모두 아직도 여호와 신을 섬기는 사람들입니다. 제가 나서서 부친을 설득한다면 아르박삿 가문은 완전히 여러분의 편이 될 수 있을 것입니다."

아르박삿의 왕비 메루가도 당연하다는 듯 고개를 끄떡이며 아들의 모습을 대견한 듯 바라보고 있었다. 이윽고 앗산이 그 외눈을 껌뻑이면서 입을 열었다.

"지금까지… 우리는 우리와 함께 할 수 있는 거의 모든 세력들을 점검해 본 셈입니다. 이제 남아 있는 문제는 정작 장자의 가문인 앗수르 백성들의 향배입니다. 앗수르 백성들이 내부에서부터 뒤집혀져야 우리가 가나안을 징계할 명분을 얻을 수 있는 것이지요."

"그렇습니다…"

그들은 다시 앗산의 말에 동조한 사람을 바라보았다. 엘람의 장로 야한이었다.

"… 우리가 니므롯의 허위를 폭로하는 것만으로는 당황한 앗수르 백성들의 마음을 한곳으로 모으기가 어려울 것입니다. 우리에게는 앗수르 백성들의 힘을 한군데 모을 수 있는 구심점이 필요합니다."

이제 그들의 의논은 점점 그 핵심을 향하여 들어가고 있었다. 고센은 다시 사람들을 둘러보며 분위기를 살피다가 생각에 잠겨 있는 좌중의 어른 마달에게로 시선을 돌렸다. 마달은 비록 자기가 신정원의 일개 책임자였을 뿐이라는 겸양으로 자신을 낮추고 있었으나 그는 여호와의 제사를 관장하던 신정원의 세 분 책임자 중 한사람이었을 뿐만 아니라 그 나이로도 얼마든지 좌장의 입장이 되어 있었던 것이다. 백발의 마달 노인은 고개를 끄떡이며 고센의 질문에 대답했다.

"말씀하신 대로입니다. 단지 니므롯의 허위만을 폭로하게 되면 백성들은 당황하여 우왕좌왕하게 되겠지요. 그들에게 새로운 구심점을 내세워주어야 하는 것은 당연한 일입니다. 그 새로운 구심점이란… 결국 가짜들의 껍질을 벗겨내고 진정한 장자권자가 누구인지를 알려야 하는데 이미 우리에게는 하난 대제가 없습니다. 그렇다면 이제 우리는 하난 대제의 장자권을 이어받을 계승자가 누구인가를 찾아내면 되는 것입니다."

마달 노인의 말을 들으면서 다시 사람들은 창 밖을 내다보고 있는 하노스의 뒷모습에 눈을 주는 것이었다. 다시 고센이 마달의 결론을 재촉했다.

"그렇습니다, 마달님. 말씀을 계속해 주십시오."

"우리는 조금전에 아르박삿 가문의 가이난 왕으로부터 하난 대제의 유일한 혈육이 하노스님이라는 것을 확인했습니다. 이제 우리들이 의논하고 있던 모든 문제는 하노스님에게로 그 방향이 집중되고 있습니다. 하노스님이야말로 앗수르의 새로운 구심점이 되어야 하는 것입니다."

이제 드디어 마달 노인의 말은 하노스로 하여금 창 밖을 내다보고 있는 그 시선을 거두고 사람들을 향해서 돌아설 것을 강력하게 요구하고 있는 것이었다. 그의 뒷모습을 바라보고 있는 모든 사람들은 지금 견디기 어려운 압력으로 하노스의 결단을 촉구하고 있었다. 그들은 소리를 높여 하노스에게 일어나라고 명령하고 있는 것이었다.

사람들의 터질 듯한 시선에 못이겨서 하노스는 돌아섰다. 그러나 아직도 그는 고개를 숙인 채였다. 그런 하노스의 모습이 너무나 애처로워서 그를 모친의 태로부터 받아낸 아나는 눈시울이 붉어지고 있었다. 하노스는 그렇게 고개를 숙인 채로 입을 열기 시작하였다.

"개인적인 번민 때문에 불 일듯 하시는 여러분의 마음을 답답하게 해드려서 송구스럽기 짝이 없습니다. 솔직히 말씀드려서 오늘 이 자리에 서 있는 것 자체가 저에게는 너무나 벅찬 부담입니다."

이런 하노스의 침착한 태도로 인해서 끓어오르던 사람들의 열망은 차츰 가라앉기 시작하고 있었다. 그들은 다만 하노스가 무슨 말을 하든지 인정할 수 있는 준비가 되어 있었던 것이다.

그러나 하노스는 더 이상 사람들에게 나약한 모습을 보여주지 않겠다는 듯 고개를 들었다. 그의 얼굴에는 이미 극도로 혼란되었던 마음을 정리한 듯 생기가 돌고 있었다.

"…그러나 저의 개인적인 번민 같은 것을 이 자리에서 이야기할 필요는 없을 것 같습니다. 그런 것을 논외로 하고서 저는 여러분께서 말씀하신 일들에 관하여 몇 가지 저의 의견을 말씀드리고 싶습니다."

사람들은 우선 하노스가 말을 하기 시작했다는 것만으로도 다행스럽게 생각하고 있었다. 앗산을 비롯한 몇몇 사람은 그제서야 사완의 아내 아란이 가져다놓은 찻잔을 입으로 가져가는 것이었다. 차는 이미 식어 있었지만 오히려 그것이 그들의 타는 목을 축이기에는 더 적당했다.

"여러분께서는… 지금 앗수르의 장자권을 바로잡는 데 대한 말씀을 하고 계신데 그렇게 되면 여러분은 앗수르의 정규군과 불가피하게 대결해야 할 것입니다. 앗수르의 정규군은 악갓의 멸망 이후 상당히 약화되었다 하더라도 오늘 입장식에서 보신 바와 같이 시날의 전차대와 에렉의 창병대, 그리고 갈레의 기마군단은 아직도 무서운 기동력과 전투력을 보유하고 있습니다. 그리고… 앗수르 황실의 문제에 손을 댄다는 것은 곧 그 배후에 있는 가나안의 세력에 도전하는 일이 됩니다. 그렇게 되면 여러분께서는 가나안의 정규군과도 일전을 각오해야 되겠지요. 아시다시피 가나안의 마리아누 전차대는 그 위력이 공포의 살인군단으로 알려져 있고 특히 천하 제일의 역사라는 시돈의 아우 헷은 강호의 고수들만으로 구성된 1만 명의 창병대를 이끌고 있는 것입니다.”

하노스가 거기까지 이야기했을 때 엘람의 장로 아한이 고개를 끄떡이며 입을 열었다.

“하노스님의 판단은 매우 정확하신 것입니다. 그러나 우리가 지금까지 의논했던 것처럼 모든 나라에는 우리들의 편이 되어 줄 수 있는 동조 세력이 충분히 있으리라고 판단되기 때문에…”

하노스는 잠시 아한 장로의 발언에 고개를 숙여 경의를 표시하고 나서 말을 이었다.

“그렇습니다. 아직도 많은 사람들이 지금의 통치체제에 불만을 품고 있으며 그것은 우리에게 아주 유리하게 작용할 것입니다. 그러나… 우리가 기대하고 있는 그 세력은 한번도 행동을 같이 해본 적이 없는 무질서한 집단일 것입니다. 그러나 우리의 상대는 천하 최강을 자랑하며 일사불란한 훈련을 거듭해 온 정규군인 것입니다. 더구나… 우리가 가나안의 정규군과 전면전을 벌이게 되면 같은 함 집안의 미스라임과 붓이 어느 쪽으로 선회하느냐는 것도 중요한 관건인데… 현재의 상황으로 보아서는 아무래도 가나안 편에 설 것이라고 가정해 두는 것이 타당할 것입니다. 게다가…”

하노스는 또 한가지의 문제를 제기하려고 하는 것 같았다. 방안의 어른들은 어린 하노스가 어른들이 미처 생각치 못했던 문제들을 지적하는 데 놀라움을 나타내고 있었다.

“…게다가 설사 우리 쪽의 인원을 단시일 내에 훈련시키려 한다 해도 훈련을 시킬 만한 규범이 없습니다.”

“규범…?”

악갓의 수비대장이었던 앗산이 그렇게 반문하자 하노스는 고개를 끄떡였다.

“그렇습니다. 급조된 병력으로 잘 훈련된 군대와 대결하려면 힘을 효과적으로 활용하는 병법(兵法)이 필요하고 적은 병력으로 많은 병력과 대치하려면 모양으로 적을 제압하는 진법(陣法)이 필요한 것입니다. 그 런데 아시다시피 앗수르의 병법과 진법은 앗수르의 군사(軍師)이셨던 악갓님에게서 나온 것이고 앗수르의 군관들은 어느 정도 그것에 숙달되어 있을 터이나 우리에게는 전해 오는 것이 없습니다. 앗산 장군께서는 어떻게 생각하십니까?"

앗산은 다소 당황한 표정으로 하노스를 바라보고 있었다. 지금 하노스가 자기를 여느 때처럼 아저씨라 부르지 않고 장군이라 부른 것은 군인으로서의 책임 있는 답변을 요구하고 있다는 의미였던 것이다.

"사실 수비대장이었던 나로서도… 어느 정도의 표준 진법은 기억하고 있으나 그 외의 변화는 모두 지휘부의 명령에 따랐기 때문에 정식으로 병법과 진법을 공부하지는 못했습니다."

"장군께서 기억하고 계시는 정도는 어느 정도이신가요? 앗수르의 정규군을 제압할 수 있을 정도…?"

앗산은 자신 없다는 듯 고개를 젓고 있었다.

"나 정도의 지식은 앗수르의 군관들도 다 지니고 있을 것입니다."

금방이라도 총궐기하자고 주장하던 사람들의 얼굴에 점점 낭패한 기색이 떠돌기 시작하고 있었다. 앗수르의 병법과 진법을 제압하려면 그것은 군사(軍師) 악갓이 아니면 안되는 것이었다. 그러나 이미 악갓은 죽었고 그의 비법을 전수받은 사람은 없었다. 악갓은 그 비법을 룻 땅의 도인으로부터 전수받았다고 하는데 그와 함께 무예를 지도받았던 치우 도원수도 이미 이 세상 사람이 아니었던 것이다. 그러나 하노스의 말은 아직도 계속되고 있었다.

"…여러분, 아무리 우리에게 동조하는 세력이 많다고 하더라도 앗수르와 가나안, 그리고 미스라임과 붓을 합친 병력보다 강하게 되기는 어려울 것입니다. 그렇다고 볼 때… 우리에게 필요한 것은 속전속결입니다. 처음부터 선수를 잡아 짧은 시일 내에 상황을 끝내버리지 않으면 우리는 실패할 것입니다. 속전속결… 그것을 위해서는 무엇보다도 필요한 것이 병법과 진법입니다."

아무도 하노스의 말에 이의를 제기하지 못하고 있었다. 하노스는 사람들의 표정이 너무 어두워져 있는 것을 보고 미안했는지 얼굴을 부드럽게 펴며 말했다.

"제가 너무 어려운 말씀만 드려서 죄송합니다. 그러나 우리에게 아무런 희망이 없다는 말씀은 결코 아닙니다. 우리에겐 다만 약간의 시간이 필요할 뿐입니다."

"시간이…?"

"그렇습니다. 우선 무엇보다도 필요한 것은… 아무리 우리에게 동조세력이 많다 하더라도 상황을 주도해 나갈 수 있는 중추세력이 필요합니다. 즉 샤론 마을의 여러분처럼 오랫동안 함께 생활하며 함께 생각하고 함께 훈련받은 정예 집단이 필요한 것입니다. 그런데 수백 명 정도의 지금 샤론 마을 인원으로는 전세를 주도할 정도의 힘이 되지 못합니다. 적어도 샤론의 정예 부대가 5천 명은 되어야 할 것입니다."

"5천 명…"

사람들은 입 속으로 하노스가 말한 숫자를 되뇌어보고 있었다. 과연 5천 명이라면 불가능한 숫자는 아니었다. 다만 그 정도의 사람들을 정선하여 입주시키고 훈련시키려면 상당한 시간이 필요한 것뿐이었다.

"그 다음에 우리에게 필요한 것은 정규군을 제압할 수 있는 조직입니다. 우리에게 동조하는 모든 세력들은 상대방처럼 늘 모여서 함께 행동하지 못하기 때문에 더욱 강력한 조직이 필요한 것입니다. 일단 유사시에는 일시에 함께 호응할 수 있는 일사불란한 조직이 있어야 되는 것입니다."

하노스의 말에는 틀리는 것이 없었다. 그리고 모든 동조 세력들을 규합하여 지하조직을 만드는 것도 불가능한 것은 아니었다. 다만 시간이 필요할 뿐이었던 것이다.

"그 다음에는 병법과 진법인데… 이것 역시 없으면 만드는 수밖에 없습니다. 우리 가운데는 군대의 지휘관이셨던 앗산 장군도 계시고 여러 현명한 어른들이 계십니다. 우리가 모두 함께 의논하면 악갓 군사의 병법에 못지않은 것을 만들어낼 수 있고 그의 진법을 능가할 만한 진법을 짜낼 수도 있을 것입니다. 다만 시간이 걸릴 뿐이지요."

"거기에 대해서는…"

입을 연 것은 룻 사람 네브로데였다.

 "제게도 한가지 의견이 있습니다. 여러분께서 병법과 진법을 연구하시는 한편으로 실전된 비법을 찾아볼 수도 있을 것입니다. 룻 땅에서 지금까지 전해 내려오는 무예계의 전설적 인물은 라멕이란 분인데… 아마도 악갓 군사와 치우 도원수도 그분의 제자였을 것입니다. 그런데 항간에는 악갓님의 사형제(師兄弟)가 세 명이었다는 풍설이 있습니다. 우리는 그 나머지 한 사람이 어디 있는지 수소문해 볼 수도 있을 것이며 그를 찾지 못한다 하더라도 룻 땅 어딘가에는 라멕에게서 비법을 전수받은 사람이 남아 있을지도 모르는 것입니다."
 하노스는 고개를 끄떡였다.
 "그렇군요. 여호와 신께서 우리를 도우시면 능히 잃어버린 비법을 찾을 수 있을지도 모릅니다. 그래서 말씀인데… 아직도 우리에게는 가장 중요한 한가지 문제가 남아 있습니다."
 하노스의 그 말에 사람들은 또 무슨 말이 나오려는가 하고 눈을 크게 떴다. 그들이 미처 생각하지 못하고 있던 많은 문제들을 하노스가 자꾸 꺼내놓고 있었기 때문에 겁이 났던 것이다.
 "여러분, 우리에게 지금 가장 중요한 것은 여호와 신에 대한 신앙입니다. 이 신앙의 문제가 확고하게 되어 있지 않으면 10년 전쟁이 끝나고도 다시 형제들이 흩어졌듯이 나라들의 분쟁은 그치지 않고 계속될 것입니다. 여러분께서는 우리를 동조할 수 있는 모든 사람들이 여호와 신앙을 아직 지니고 있는 사람들이거나 또는 여호와 신앙으로 용이하게 돌아올 수 있는 사람들이라고 말씀하시겠지만 제 생각으로는 그것으로 부족합니다."
 신이란 믿고 섬기기만 하면 되는 줄 알았는데 그것 가지고 안된다는 하노스의 말에 사람들은 모두 의아하게 생각하며 그를 바라보는 것이었다.
 "신앙이란… 자기가 섬기는 상대방이 누구인 줄을 알아야 하는 것입니다. 상대가 누구인 줄도 모르고 그냥 따라가면 그것이 비록 여호와 신이든 니눈타 신이든 마찬가지가 되는 것이지요. 다시 말하면… 우리에게는 지금 홍수 때의 이야기만 남아 있을 뿐, 그 이전의 여호와 신이 없습니다. 우리는 여호와 신을 그 이름으로만 알고 있는 것입니다."

사람들의 얼굴은 다시 어두워지기 시작하고 있었다. 하노스의 설명으로 모든 문제들이 조금씩 풀리는 것 같다가 다시 절벽 아래로 떨어져 내리는 것 같은 표정들을 하고 있었다.

"그러나 이것도 역시 우리들은 해내야 합니다. 제가 메루가 왕비님께 들은 바로는… 왕비께서 수멜 황태자의 초청으로 엘람 황실을 방문했을 때 홍수 이전의 이야기들을 쐐기 모양의 문자로 새겨 놓은 점토판들이 있었다는 것이었습니다. 그것들은 엘람 신정원의 풍부에서 구워낸 것이 었다고 하는데 아마도 수멜이 여호와 신을 버리고 다른 신을 만들면서 그것들을 없애버렸을 것입니다. 그러나 혹시 그 내용들이 앗수르 신정 원의 풍부나 운부에는 일부가 기억되고 있을지도 모르는데…"

신정원의 우부를 담당하고 있던 우사 마달이 고개를 끄떡였다.

"그렇습니다. 아마도 풍백 루악님이나 운사 아난님은 혹시 그들 중의 일부를 기억하고 계셨을지도 모릅니다."

"어쨌든 우리는 여호와 신이 누구인지를 알기 위해서 잃어버린 모든 것들을 전력을 다해 찾아야 할 것입니다. 그리고 또 하나는… 여호와 신의 신탁(神託)이 없다는 문제입니다."

"신탁…?"

"그렇습니다. 여호와 신이 정말 살아 있다면 그의 신탁이 있어야 합 니다. 그런데 오늘날 겨우 여호와 신앙이 명맥을 유지하고 있는 아르박 삿 가문에서도 기도는 있을지언정 신탁은 끊어졌습니다. 즉 우리는 지 금 신에게 호소하고 있는지는 몰라도 대화하지는 못하고 있는 것입니 다."

그것은 참으로 당연한 말이었다. 여호와 신이 누구인지도 모르고, 그 의 음성도 한번 들어보지 못하고 그들은 그냥 여호와 신을 믿는다고 여 겨왔던 것이다. 그런 힘 없는 신앙으로 다시 천하를 바로잡아 보았자 그들은 다시 뿔뿔이 흩어지게 될 것이 뻔한 것이었다. 하노스는 다시 말을 이었다.

"이제 저는… 다시 저의 개인적인 문제로 되돌아가서 여러분께 부탁 을 드리겠습니다. 말씀 안드려도 아시겠지만 이제 니므롯과 세미라미스 로 밝혀진 하난 대제와 아릿다 황후는 저를 길러준 부모인 동시에 저의 원수가 되었습니다. 이런 상황에 부딪쳐서 어떤 결단을 해야 하는가는 너무도 어려운 일이고 또 여러분들도 이해해 주시리라 믿습니다. 그래서 저는… 여러분들의 지명을 받아들이는 일 같은 것을 별도로 하더라도… 여호와 신을 숙명적으로 찾아나서야 하는 처지에 놓이게 된 것입니다. 그래서 오늘 저는 여러분께 한가지 부탁을 드리려고 합니다. 여러분… 저와 그리고 여러분의 성공을 위해서 3년의 여유를 갖자는 것입니다. 여러분의 의욕 같아서는 온 천하의 왕들이 한자리에 모인 이 좋은 기회에 단번에 앗수르 황실을 뒤집어 엎고 새 하늘과 새 땅을 열고 싶으시겠지요. 그러나 제가 설명드린 것처럼 우리에게는 중추세력의 형성이 필요하고, 훈련이 필요하고, 강력한 조직의 준비가 필요하고, 병법과 진법이 필요하고 그리고… 전차와 무기 등 장비도 필요합니다. 아마도 이 모든 것들을 준비하는 데에도 적어도 3년은 필요할 것입니다. 우리 모두 3년의 여유를 갖는 것이 어떻겠습니까?"

아무도 감히 하노스의 제안에 이의를 제기하지 못하고 있었다. 사실 하노스의 말대로 그들은 당장이라도 뛰어나가 앗수르 황실을 뒤엎어서 새 질서를 세우고 싶었다. 그러나 어른들의 그러한 서두름은 오히려 어린 소년의 사려에도 미치지 못하는 것이었음을 깨닫게 되었던 것이다.

하노스는 한참동안 말을 멈추고 사람들의 반응을 기다리고 있다가 다시 천천히 입을 열었다.

"여러분… 그 3년의 세월 동안에 저는 반드시 여호와 신을 만나겠습니다. 만일 만나지 못하면… 저의 인생은 아무런 의미도 없는 껍질로 남을 수밖에 없기 때문입니다. 3년 후에 여러분께 대한 저의 대답이 어떤 쪽일는지는 저도 모릅니다. 그러나… 장자권의 후계자가 누가 되느냐 하는 것은 문제가 아닙니다. 수멜이 여호와 신을 반역하였을 때 엘람의 장로님들께서는 기꺼이 장자권을 앗수르 가문으로 옮겨주셨습니다. 장자권은 신앙을 따라 옮겨갈 수 있는 것입니다. 제가 아니면 그것은 또 아르박삿으로 넘어갈 수 있고 아르박삿 가문에는 셀라 형님도 계시고 또 에벨도 있습니다. 물론 제가 그 일이 어려워서 도피하려는 것은 아닙니다. 그러나 장자권보다도 더 중요한 것은 여호와의 뜻이며… 여러분의 뜻이라고 생각합니다."

불길한 소식

　강호의 모든 무사들이 모여 그 기량을 다툴 무술대회가 열리는 날 아침, 모든 왕들은 앗수르 황궁의 석조전에 있는 연회장에서 조찬회(朝餐會)를 갖고 있었다. 왕들은 모두 지난 밤 늦게까지 대연회에 참석하여 술을 마셨기 때문에 푸석해진 얼굴들을 손바닥으로 쓰다듬으며 오늘 있을 무술대회에 관한 이야기들을 화제로 떠올리고 있었다.

　"아무래도 오늘 대회에서 우승할 만한 사람은…"

　먼저 입을 연 것은 아람 왕 홀이었다. 그는 미스라임의 루딤 왕을 바라보며 말했다.

　"…역시 미스라임의 메네스 왕자가 가장 유력할 것 같군요."

　루딤 왕은 홀의 말을 듣고 기분이 좋았으나 내색을 하지 않으며 대답했다.

　"아마도 아람 왕께서는 미스라임의 실력을 떠보시려고 넘겨짚으시는 것 같군요. 제가 듣기로는 홀 왕의 조카이신 야긴이 소문난 검객이라고 하던데…"

　"과찬의 말씀이십니다. 검객이라고 하면 아람의 검객 백 명이 있어도 룻의 한 명을 당하지 못하는 걸요."

　홀 왕이 다시 룻의 무예에 대해서 이야기하자 왕들은 룻 왕 루두스에게로 시선을 모았다. 커다란 체구의 루두스 왕은 주방 쪽에서 스며들어 오고 있는 요리 냄새에만 신경을 쓰고 있다가 갑자기 자기에게로 시선이 집중되자 어색한 듯이 헛기침을 했다.

 "천만의 말씀이십니다. 본래 룻의 무예란 맨손으로 대련하는 호신술(護身術) 정도인데 어디 요즘과 같은 중무장(重武裝)의 시대에 맥을 추겠습니까? 더구나 예로부터 내려오던 고수들의 전승이 이미 실전된 지 오래이고…"

 "그래도 룻 땅에는 전설적인 라멕의 무예가 전해 내려오고 있다고 들었습니다만…"

 많은 강호의 협객들이 아직도 라멕의 명성을 기억하고 있었다. 사람들 사이에 알려진 바로는 앗수르의 간성이었던 악갓과 치우가 모두 라멕의 제자들이었다고 하는 것이었다. 그리고 그들 두 사람이 모두 이 땅에서 사라진 지금 그것을 아쉬워하는 사람들의 입에서 나온 소문인지는 몰라도 라멕의 제자 중 한 사람이 아직도 남아 있다는 이야기가 강호에 파다하게 나돌고 있었다. 지금 룻의 무예에 대해서 질문하고 있는 왕들도 은근히 그런 소문들을 확인하고 싶어하는 마음이 있었던 것이다. 그러나 루두스 왕은 여전히 주방 쪽에서 스며들어오는 음식 냄새에만 신경을 쓰며 엉뚱한 대답을 하고 있었다.

 "…룻 땅에 전해 내려오고 있는 무예들이 더러 있기는 있습니다만 그저 아이들이 몸의 건강이나 위해서 수련하고 있는 정도이니 그게 어디 내세울 만한 것이 되겠습니까? 오히려 제가 알기로는 마대 땅에 무서운 새 문파들이 나타나고 있다더군요."

 야벳 집안 중에서 유일하게 동쪽 끝으로 퍼져나간 마대 가문은 북쪽으로 사라져버린 마곡 가문과 마찬가지로 늘 호기심의 대상이 되고 있었다. 특히 마대 가문이 투쟁의 신 인드라를 내세우면서부터 나타나기 시작했다는 새로운 문파의 무예들은 강호의 화제가 되고 있었던 것이다. 그 중의 하나가 불의 신 아그니의 계시를 받았다는 화염검파(火焰劍派)였다. 그들은 평소에 무예를 수련할 때 불을 먹는 수련을 한다고 소문 나 있었다. 그들의 무기인 화염검은 불처럼 뜨거운 열기를 머금어 사람을 상하게 할 뿐 아니라 그들은 입에서까지 불길을 내어 뿜는다는 것이었다. 또 하나 마대 땅에서 번지고 있다는 무예의 종파는 몽환검파(夢幻劍派)였다. 이들은 교접의 신 야크샤와 야크시의 가르침을 따라 수련한다는 문파인데 계속해서 남녀의 교접을 행하면서 무예를 수련한 다는 괴기한 소문이 돌고 있었다. 그런 소문이 나고 있는 근거는 그들의 무예가 인간의 본능(本能)에 기초하고 있다는 사실이었다. 연구하고 다듬어진 기술보다는 본능에서 나오는 위력이 더 빠르고 강하다는 그들의 이론이 실제로 몽환검법의 구사를 목격한 사람들에 의해서 소문 나고 있었다. 그들은 자기를 향해서 날아오는 화살까지도 본능의 몽환검으로 쳐서 떨어뜨린다는 것이었다.

그러나 마대 왕 베다 역시 무표정하게 그 콧수염만 어루만지며 말했다.

"루두스 전하께서는 하찮은 마대 땅의 무예를 너무 과대하게 평가해 주시는군요. 말씀하신 그런 문파들이 있기는 있습니다만 그게 이름만 그럴 듯하게 화염검이니 몽환검이니 요란했지 그저 아이들의 장난 같은 것에 불과한 것입니다. 오히려 정통적인 무술로는 일백보 밖에서도 상대방의 숨통을 창으로 꿰뚫는 붓 가문의 투창술이나 천수검(千手劍)으로 알려진 야완의 단검무예가 정평 있는 것 아닙니까?"

베다 왕의 말도 자기네의 전력을 감추기 위하여 매우 겸손한 편이기는 했으나 붓의 창술과 야완의 단검무예가 강호에 유명한 것은 사실이었다. 특히 야완의 천수검법은 용맹하고 대담한 야벳의 용사들이 아니면 생각하기도 어려운 기법이었다. 본래 야완 사람들은 바다에서 생활하기 때문에 창이나 장검보다는 단검을 필요로 했다. 단검은 그 무기가 짧아서 길고 큰 무기를 쓰는 상대와 대결할 때 쉽사리 상대에 접근하기 어려운 결점이 있기는 했으나 무기가 짧고 가벼워서 민첩하게 움직일 수 있는 장점이 있었다. 그러므로 일단 긴 무기를 쓰는 상대라도 담대하게 접근하기만 하면 수없이 노출된 상대방의 급소를 마음대로 공략할 수가 있었던 것이다. 그러므로 바싹 다가서는 야완의 무사들에게 걸려들기만 하면 그의 몸뚱이에는 순식간에 수십 군데의 칼자국이 나게 마련이었다. 그래서 야완의 무서운 단검무예에는 천수검이란 이름이 붙었던 것이다. 베다는 다시 야완의 엘리사 왕을 바라보았다.

"야완의 무사들은 물 속에서 수련을 한다지요?"

그러나 엘리사는 무슨 생각을 하고 있는지 베다 왕의 질문에 대답하지 않고 있었다. 엘리사의 아우 달시스가 대신 입을 열었다.

"저희 같은 놈들이야… 바다에서 고기나 잡아먹고 사는 놈들이니까 늘 물 속에서 사는 수밖에 없지요."

엘리사와 달라서 달시스는 좀 참을성이 부족한 편이었다. 그의 말투에는 뱃사람답게 솔직한 기분이 그대로 담겨져 있었던 것이다. 그러나 어쨌든 야완의 무사들이 물 속에서 검법을 수련한다는 것은 사실인 모양이었다. 물 속에서 검을 휘두르던 무사들이 물 밖에 나와서 그 실력을 발휘하면 어느 정도의 위력이 될 것인가는 짐작을 하고도 남을 만한 일이었던 것이다. 더구나 야완에서는 공력이 강한 사람일수록 더 깊은 곳으로 들어가서 수련한다는 소문도 떠돌고 있었다. 호흡의 조정능력은 무사의 필수요건이었다.

달시스의 퉁명스러운 대답으로 분위기가 좀 어색해지려 하자 처음에 입을 열었던 아람 왕 훌이 다시 화제를 이었다.

"그러나 아직도 우리는 또 하나의 특이한 무예에 대해서 들을 기회가 없었는데…"

그는 좌중을 둘러보다가 붉은색의 메일을 걸친 채 눈을 반쯤 감고 있는 바벨 왕 니므롯을 발견하고 그에게 물었다.

"니므롯 전하… 오늘의 무술대회에서 바벨의 유명한 백수권법(百獸拳法)을 볼 수 있겠지요?"

바벨의 백수권법 역시 강호의 고전적인 무예로 사람들의 관심을 끌어모으고 있었다. 백수권법은 맹수의 사냥으로 유명해진 니므롯이 짐승 연구의 권위자답게 짐승들의 싸우는 모습에서 착안하여 만들어 낸 무적의 무예였던 것이다. 다른 왕들도 지금까지 가장 중요한 화제를 놔두고 다른 말들만 지껄였다는 듯이 일제히 니므롯을 바라보는 것이었다.

니므롯은 갑자기 왕들의 주목을 받게 되자 난처하다는 듯이 하난 대제의 얼굴을 바라보고 있었다. 하난 대제가 웃으면서 말했다.

"내가 오늘 아침에 여러분을 보니까 서로가 자기 발톱은 감추고 상대방의 입을 벌려 그 이빨을 조사하려는 분들 같군요."

하난 대제가 그렇게 말하자 모든 왕들은 그 의표가 찔린 듯 눈만 껌뻑거리고 있었다. 그러자 지금까지 여자의 몸이기 때문에 잠자코 있던 수시아나 여왕이 미소를 띠며 입을 열었다.

"그러나… 여러분께서는 아직도 그 복면의 무사에 대해서 이야기하지 않으시는군요. 물론 저는 모든 가문의 무예들이 이름 높다는 것을 알고 있습니다. 그러나 그 복면의 선수도 오늘의 유력한 우승후보가 아닌가 생각되는데요."

그러자 룻의 루두스 왕도 그녀의 의견에 동조하고 나섰다.

"그렇습니다. 어제의 사냥대회에서 그 자가 실전된 이에의 단궁을 구사하는 것으로 보아… 악갓에 전해 내려오던 라멕의 전설적인 무예를 전수받았는지도 모릅니다."

모든 왕들이 전날 있었던 사냥대회를 떠올리며 긴장한 표정이 되고 있을 때 하난 대제가 좌중을 둘러보며 말했다.

"그런데… 가이난 왕이 어쩐 일이지?"

그제서야 왕들은 가이난 왕이 자리에 없는 것을 깨닫고 서로의 얼굴을 바라보고 있었다. 하난 대제는 연회실 밖을 향하여 조금 큰소리로 사람을 불렀다.

"밖에 누구 내관 없느냐?"

그러자 문 쪽에서는 환관장(宦官長)이 들어서고 있었다. 하난 대제는 내관을 불렀는데 환관장이 직접 나타나는 것을 보고 의아하게 생각하며 물었다.

"아르박샷 가문의 가이난 왕께서는 어디 계시느냐?"

환관장은 대제의 질문에 즉각 대답하지 않고 잠시 멈칫거리더니 허리를 굽히며 말했다.

"폐하, 문 밖에 시위대장이 들어와서 폐하를 뵙기 원하고 있습니다."

"시위대장이 … ?"

대제는 잠시 미간을 모으며 무언가를 생각하다가 다시 말했다

"들어와서 말하라고 해."

"알겠습니다."

환관장이 허리를 굽히며 물러나가자 조금후에 군복차림의 시위대장이 들어섰다. 그는 대제에게 군례를 올린 다음 말했다.

"폐하, 한가지 보고드릴 일이 있어서 밖에 대기하고 있었습니다."

"무슨 일인가?"

"저 …"

그는 좌중의 왕들을 재빨리 한번 훑어보고 나서 다시 대제를 바라보았다.

"… 아르박삿의 가이난 전하께서 조금전 전하의 사관에서 시체로 발견되었습니다."

"……?"

하난 대제는 놀라는 표정을 지었고 모든 왕들은 일제히 서로 수군거리기 시작했다. 이내 침착해진 대제가 다시 시위대장을 향하여 물었다.

"사인(死因)은 무엇이라고 하던가?"

"감시청의 조사 결과로는 독(毒)을 마신 것 같다고 합니다. 이미 지난 밤에 절명하신 것으로 판명되었습니다."

하난 대제는 옆자리에 앉아 있는 수시아나 여왕을 바라보았다.

"어제 저녁에 가이난 왕은… 여왕 전하와 함께 출발하시지 않았습니까?"

"맞았어요. 저의 숙소와 가이난 전하의 숙소가 같은 방향이기 때문에 함께 마차를 탔지요. 어젯밤, 가이난 전하께서는 매우 피곤한 표정이었습니다. 저는 제 사관 앞에서 마차를 내렸고… 전하께서는 그대로 그분의 사관을 향해서 가셨지요."

하난 대제의 표정이 심각해지고 있었다. 대제가 회심의 구상으로 만들어낸 만국평화회의라는 큰 행사가 시작된 어제부터 앗수르 황궁에는 자꾸만 이상한 일들이 벌어지고 있었다. 그를 찾아왔던 세 사람의 괴노인들, 아릿다 황후를 찾아왔었다는 의문의 노파, 시녀 나메라의 실종, 마곡의 저주, 복면의 무사… 그리고 가이난 왕의 변사.

그 가이난은 하난 대제와 아릿다 황후의 비밀을 알고 있는 유일한 증인이었다. 그가 이 세상에서 사라진다는 것은 꼭 하난 대제에게 불리한 것만은 아니었으나 그 시점이 기이하게도 어제부터 일어나고 있는 야릇한 사건들과 맞추어지고 있기 때문에 그것이 자꾸만 마음에 걸리는 것이었다.

"가이난 왕은 어떻게 죽었다고 하던가?"

"네…?"

시위대장은 하난 대제의 질문이 무슨 뜻인지 몰라서 멈칫거리고 있었다.

"자살인가, 아니면 타살인가?"

"본래 독극물에 의한 사망은 특히 그 점을 가려내기가 어렵습니다만 지금 감시청에서 면밀하게 조사를 진행하고 있습니다."

"음…"

그때였다. 갑자기 문 쪽에서 커다란 음성이 들려왔다.

"그것은 자살이었습니다."

"……?"

하난 대제를 비롯하여 모든 왕들, 그리고 시위대장까지도 깜짝 놀라서 문 쪽을 바라보았다. 거기엔 아르박삿 왕자의 정장을 한 젊은이가 서 있었다. 하난 대제가 입을 열어서 묻기도 전에 그는 뚜벅뚜벅 걸어들어와서 대제에게 허리를 굽혀보이며 말했다.

"여러 왕들께서 계시는 중에 이렇게 뛰어들어왔음을 용서하여 주시기 바랍니다. 저는 아르박삿 왕 가이난의 아들인 셀라입니다."

"셀라…"

"오랫동안 폐하께 문안 드리지 못한 것을 헤량하시기 바랍니다. 부왕께서 오랫동안 왕궁을 비우셨기 때문에 밖으로 나다니기가 어려웠습니다."

셀라가 그렇게 인사드릴 만도 한 것이 하난 대제는 촌수대로 하면 셀라에게 당숙(堂叔)인 동시에 고모부가 되기 때문이었다.

"셀라… 내가 너를 본 지가 너무도 오래 되어서 언제 너를 보았는지도 기억이 나지 않는구나. 셀라, 너는 나를 기억하고 있느냐?"

그렇게 물어 보는 대제의 얼굴에 복잡한 표정이 스쳐가는 것을 놓치지 않고 간파한 셀라는 고개를 저으며 말했다.

"저는 어려서부터 아르박삿의 산중에서만 지냈기 때문에 바깥구경을 별로 못했습니다. 따라서 폐하를 뵈올 기회가 없었지요."

대제는 그제서야 조금 마음이 놓이는 듯 입을 열었다.

"너는 지금… 가이난 왕의 사인(死因)이 자살이라고 말했는데…?"

"그렇습니다. 저는 어젯밤 부왕의 사관에서 그분이 돌아오시기까지 기다리고 있었습니다. 그런데… 매우 피곤하신 모습으로 돌아오신 부왕께서는 뭔가 상당히 고민하고 계신 듯한 모습이었습니다."

셀라의 증언은 수시아나 여왕의 증언과 일치하고 있었다. 가이난의 고민이 무엇이었을까에 대하여 하난 대제는 생각해 보고 있었다. 어제 아침 입장식이 끝나고 난 뒤의 어전회의에서만 해도 가이난 왕은 하난 대제가 제안한 평화의 탑 건설에 적극 찬성하면서 천하 백성들에게는 공동의 목표가 있어야 그 마음이 하나가 된다고 발언했을 정도로 의욕에 차 있는 것 같았다. 그런데 그것이 하루가 지나가기도 전에 바뀌어져서 피곤하고 우울한 채 숙소로 돌아갔다는 것이었다.

(가이난 왕은 어디서부터 심경의 변화가 생겼던 것일까…?)

그렇게 생각하다가 하난 대제는 문득 자기가 가이난에게 이상한 사람들이 자기와 황후 아릿다를 방문했었다고 이야기했던 것이 생각났다. 그리고 15년 전 그 사건의 보안이 더욱 필요하게 되었다고 은밀히 말해 두었던 것이다. 결과가 확실하였는지는 불문하고 하난 대제와 가이난 사이에는 본래의 하난 대제와 아릿다 황후의 얼굴을 알고 있는 사람을 모두 투옥하거나 처치해 버린 것으로 되어 있었다. 그렇게 가정하고 보면 결국 이 앗수르 황실의 비밀이 누설되었을 때 그 책임은 저절로 가이난에게 돌아가게 되어 있는 것이었다.

"그러나… 셀라, 선친께서 피곤한 모습으로 돌아오셨다는 것이 그가 자살했다는 충분한 근거가 될 수 있다고 생각하나?"

"그것뿐만이 아닙니다. 부왕께서는 자신이 살아온 인생에 대해서 매우 후회하고 계시는 것 같았고… 이 세상에 더 이상 살고 싶은 의욕이 없으시다는 의미의 말씀을 많이 하셨습니다."

"만일 그런 느낌이 들 정도로 이상한 언동을 보였다면… 셀라, 너는 어째서 선친이 자살하시지 못하도록 감시하지 못했느냐?"

"부왕이 그런 태도를 보이신 것은 그때가 처음이었기 때문에 저는 단지 어리둥절하였을 뿐 설마 자살을 하시리라고는 생각하지 못했습니다. 막상 일을 당하고 나니까 제가 부왕을 좀더 보살펴드리지 못했던 것이 후회가 됩니다."

"그래서 너는… 그 사실을 내게 알리기 위해서 여기 왔단 말이냐?"
"그리고 또 두 가지 볼 일이 더 있어서였습니다."
"두 가지 볼 일…?"
"그렇습니다. 그 한 가지는 부왕의 장례 절차를 어떻게 하면 좋을지에 대하여 폐하의 의견을 여쭙는 일이고 또 한 가지는 이번의 만국회의에 아르박삿 가문은 오늘부터 참석하지 못하게 되는데 그래도 괜찮은 것인지 아니면 저라도 부왕 대신 참석해야 하는 것인지를 여쭙고 싶었던 것입니다."
"……"

하난 대제는 셀라의 질문에 선뜻 대답을 못하면서 생각에 잠기는 것 같았다. 그러나 셀라는 하난 대제가 생각에 잠기는 척 하면서 가나안 왕 시돈의 표정을 살피고 있는 것을 놓치지 않고 보았다. 셀라가 부왕 대신 만국회의에 참석해야 하느냐는 질문은 바로 장자권자인 하난 대제가 셀라를 아르박삿 왕의 계승자로 인정해 주느냐 하는 것에 대한 질문이었다. 형식상 모든 가문은 왕위의 계승에 대해서 장자권자인 하난 대제의 승인을 얻어야 하기 때문이었다. 그것을 셀라는 열국의 왕들이 모두 참석한 자리에서 공개적으로 질문했고 하난 대제는 거기 대해서 답변하지 않을 수가 없었다. 그리고 대제는 셀라의 왕위계승을 거절할 만한 아무런 이유도 없었다. 이미 가이난 왕은 모든 왕들 앞에서 아르박삿 가문은 왕자가 하나뿐이므로 내부적 권력 분쟁 같은 것은 있을 수가 없다고 분명히 밝혔던 것이다. 하난 대제는 어쩔 수 없다는 듯 우선 문 쪽에다 대고 환관장을 불렀다. 환관장이 다시 들어와 대령하자 그는 지시했다.

"만국회의에 참석중 서거(逝去)하신 아르박삿 왕 가이난 전하의 장례식을 내일 아침 만신전 앞 광장에서 거행한다. 앗수르 황제를 비롯하여 만국회의에 참석하신 모든 왕들과 대표단, 그리고 모든 앗수르 관료들과 백성들은 오늘부터 굵은 베옷을 입을 터이니 환관장은 차질이 없도록 속히 준비하라."
"명심하여 거행하겠습니다."
"그리고…"

하난 대제는 다시 셀라를 향하여 말했다.

"셀라, 너는 돌아가신 선친을 대신해서 만국회의에 참석하라. 네가 선친의 왕위를 계승하는 행사는 아르박삿 가문의 형편에 따라 왕실의 규범대로 거행하라."

"대단히 고맙습니다, 폐하. 부왕께서도 열국의 왕들께서 함께 장례식에 참여해 주신 것을 음부(陰府)에서 감읍하실 것입니다."

"자…"

하난 대제는 애써 표정을 밝게 가지려는 듯 미소하며 왕들에게 말했다.

"자… 이제는 가이난 왕 때문에 식사를 기다려야 할 이유가 없어졌습니다. 셀라, 너도 들어온 김에 아침을 들고 가거라."

"아닙니다. 저는 이제 상주이니 오늘은 사관의 빈소를 지키겠습니다. 내일부터 회의에 참석하겠사오니 용서하여 주시기 바랍니다."

"음… 알겠다. 선친의 모든 장례절차에 소홀함이 없도록 유념하기 바란다."

"명심하겠습니다. 안녕히 계십시오, 폐하."

셀라는 하난 대제에게 허리를 굽혀 인사하면서 황금색의 봉황이 수놓인 메일을 걸치고 있는 그 모습을 다시 한번 유심히 살폈다. 그리고 돌아서서 나오면서 대제가 계속해서 신경을 쓰던 가나안의 시돈 왕도 힐끗 바라보는 것을 잊지 않고 있었다. 셀라의 느낌으로 그들이 가이난의 죽음 때문에 다소 당황하는 기색은 엿보였으나 아르박삿의 왕위 계승이라든가 아르박삿의 향배에 대해서 그다지 중요하게 생각하지 않는 것 같았다. 그들이 보기에 역시 아르박삿은 산골에 은거하는 촌스러운 가문에 지나지 않는 것이었고 아직도 흘러간 여호와 신을 섬기고 있을 정도로 고루하고 주변머리 없는 백성들로 알고 있었던 것이다.

게다가 그들이 관찰한 가이난의 아들 셀라도 그리 똑똑해 보이지는 않는 사람이었다. 셀라는 모든 왕들이 듣는 데에서 부왕이 비워놓고 다니던 왕궁을 지키느라고 세상구경을 제대로 하지 못했노라는 말을 했던 것이다. 더구나 그들이 보기에 셀라는 만국회의보다도 빈소에서 선친의 시체를 지키는 것이 더 중요하다고 생각할 정도로 고지식한 사람이었다.

그러나 셀라에게 있어서 하난 대제를 비롯한 모든 왕들에게 그런 인상을 주었다는 것은 우선 성공적인 셈이었다. 그는 본래 왕위의 계승 같은 것에 대하여 관심이 없는 사람이었다. 그러나 그는 이번 만국회의를 전후하여 많은 사람들을 만나면서 자기 위치에 대한 인식에 점점 변화를 갖게 되었던 것이다. 천하의 모든 나라들은 자기들이 만든 신을 섬기면서 돌이킬 수 없는 분열의 길을 가고 있었으며 어느 곳에서도 방주(方舟)에 함께 동승했던 세 형제의 우애를 회복할 수 있는 가능성은 보이지 않고 있었다. 이제 모든 나라들은 다 타락하여 홍수 이전의 상태로 되돌아가고 있는 중이었고 오직 샤론 마을의 수백 명 식구들만이 여호와 신의 명예를 회복해 보겠다는 유일한 세력으로 남아 있었다. 세상의 모든 나라들을 상대로 싸우려는 샤론 마을 사람들의 그 투지는 가상하다고 하겠으나 그 힘은 사실 가냘프기 짝이 없는 것이었다.

그런 상황속에서 셀라는 점점 자기가 속하고 있는 아르박삿 왕국이 비록 미약하고 허술하기는 하나 세상 세력에 대항하려는 사람들 가운데서 그 위치가 점점 중요해 가고 있는 것을 느끼고 있었던 것이다.

아르박삿 가문의 사람들은 비록 다른 신을 섬기는 나라들처럼 열광적이지는 못하다 하더라도 아직 여호와 신을 섬기고 있었고 미약하기는 하나 하나의 왕국을 이룬 조직체계를 가지고 있었다. 결국 세상의 기존 세력들과 싸워나가는 데 있어서 샤론 마을 사람들이 중추적 역할을 감당한다고 하면 아르박삿 왕국은 그들의 배후세력이 되어 주어야 하는 것이었다.

셀라가 그 부친 가이난의 죽음을 계기로 갑자기 서둘러서 왕위 계승의 문제를 매듭지으려 한 것도 바로 그런 이유 때문이었다. 이제부터는 그가 관심을 가지고 있지 않았던 왕권을 쥐고 그것을 이용해야 하는 입장이 되었던 것이다. 그리고 그는 또한 하난 대제가 주관하고 있는 만국회의에 정식으로 진출해야만 했다. 그는 열국의 왕들과 안면을 익히고 그들의 실정과 의도를 파악해 두어야 앞으로 포섭할 수 있는 대상과 적대해야 하는 대상을 구별해 가며 외교전략과 힘의 안배를 구상할 수 있겠기 때문이었다.

왕들의 조찬회장에서 물러나온 셀라는 대기하고 있던 아르박삿의 경호대장 이갈을 불러 지시했다.

"부왕의 장례식은 하난 폐하의 배려에 따라 내일 아침 만신전 앞뜰에서 열국의 왕들이 참석한 가운데 거행하게 되었다. 지금 이 시간 이후부터 장례식은 공식행사에 들어가는 것이니까 너는 경호원들과 함께 사관에 돌아가 부왕의 빈소를 설치하라. 니느웨에는 천하의 모든 나라에서 대표단이 와 있으므로 아르박삿 왕국의 위엄이 손상되지 않도록 각별히 유의해야 한다."

"알겠습니다"

경호대장은 부동자세를 취하며 말했다. 이미 하난 대제가 가이난 왕의 장례식을 앗수르 황실에서 주관하고 열국의 왕들이 모두 참석하도록 조처했다면 셀라를 왕위계승자로 인정한 것이 틀림없기 때문이었다.

"그리고"

"넷"

"모든 경호원들은 군복 위에다 굵은 베옷을 덧입도록 하라."

"알겠습니다"

경호대장 이갈은 다른 경호원들과 마찬가지로 가이난 왕의 개방정책을 추종하고 있던 인물이었다. 그는 갑작스러운 가이난 왕의 서거와 함께 지금까지 불안한 마음을 떨쳐버리지 못하고 있었다. 그들이 알기에 셀라 왕자는 부왕 가이난과 사이가 가깝지 않았고 그는 가이난과 달리 아르박삿의 전통적인 관습에 젖은 보수적 인물로 알고 있었던 것이다. 그런데 오늘 보니 부왕의 서거에도 불구하고 셀라가 취한 조치들은 매우 신속했으며 그는 하난 대제가 장례식을 주관하도록 명령하게 함으로써 가이난 못지않게 대제의 신임을 받아낸 것 같았다. 그래서 경호대장 이갈은 어느새 그의 새 주인에게 승복하고 있었던 것이다.

"어서 돌아가 빈소의 설치를 시작하라."

"전하께서는 어떻게 하시겠습니까?"

이갈은 이미 셀라에게 전하의 호칭을 쓰고 있었다.

"난 몇 가지 조치를 더한 다음 곧 빈소로 갈 것이다."

"왕궁에 대한 연락은 어떻게 하시겠습니까?"

"이미 사람을 보냈다. 군대장관 미가에게 전권을 위임하고 왕궁과 모든 국정을 장악하도록 했으니 염려할 것 없다."

그는 하루하의 아들 후넨을 아르박삿 왕궁으로 보냈던 것이다. 그들 부자와 셀라는 이미 오래전부터 친분이 두터웠고 더구나 후넨은 셀라와 함께 자주 아르박삿 왕궁을 방문하여 그곳의 모든 요직들과 안면이 있었다.

"메루가 왕비님께서는 장례식에 참석하십니까?"

"참석 못하실 것이다. 어차피 장례식이 만국회의 주관으로 진행되면 왕들과 남자들 위주의 장례식이 되겠지."

"세마 신관을 부르셨습니까?"

"이미 장례식이 하난 대제에 의하여 집전될 것이니 세마는 오더라도 할 수 있는 역할이 없을 것이다. 이곳의 절차를 모두 끝내고 우리가 환궁한 후에 별도로 아르박삿 의식의 장례예배를 드리는 수밖에 없다."

경호대장 이갈은 셀라가 장례절차에 대해서도 상당히 개방적이고 솔직한 것에 매우 안심하고 있는 눈치였다. 그는 질문을 다 끝낸 다음 셀라에게 군례를 올리며

"전하, 그러면 사관에 가서 빈소를 설치하도록 하겠습니다."

"소홀함이 없도록 하라."

"넷"

만신전과 니눈타 신전의 사이에 있는 광장에는 벌써부터 많은 사람들이 모여들고 있었다. 이제 조금 있으면 그 광장에서 천하 제일의 무사를 선발하는 무술대회가 열리기 때문이었다. 셀라는 경호대장을 보내놓고 나서 광장을 내려다보며 천천히 걷기 시작했다.

(샤론 마을 사람들은 바로 이 광장에서 가짜 하난 대제, 니므롯을 습격하려고 계획했었지…)

그것은 무모하기는 했지만 참으로 멋진 계획이었다. 모든 백성들이 보고 있는 앞에서 샤론의 용사들이 함성을 지르고 궐기하면 그들에게 동조할 백성들도 상당히 있을 것이었다. 그들은 곧장 모든 왕들이 좌정하고 있는 본부석으로 뛰어올라가 모든 왕들을 단칼에 제압하고 여호와 신앙의 회복을 선포하려는 계획을 세웠던 것이다. 비록 그 계획은 사려

깊은 소년 하노스에 의해 만류되기는 했으나 샤론 사람들의 불타는 소
망을 담았던 계획이었다.

걷고 있는 셀라에게 그림자처럼 접근한 사람이 있었다. 셀라는 고개
를 돌려 그 사람을 보았다.

"일은 잘되셨습니까, 셀라 왕자님."

"아…"

그는 바로 키 큰 사내 고센이었다. 그의 얼굴은 아침 햇살을 받아서
더 희게 보이고 있었다.

"장례식은 내일 아침 이 자리에서 하난 대제의 주관으로 거행될 것입
니다."

"잘 되었군요. 장례식이 끝나고 나면 왕자님께서는 선왕 대신 만국회
의에 참석하시게 되겠지요?"

"그래야 할 것 같습니다."

"결국… 왕자님께서는 선왕의 후계자로 공식 인정을 받으신 셈이로군
요."

"……"

"아주 잘된 일입니다. 이로써 샤론 마을 사람들에게는 커다란 배후가
생긴 셈입니다. 왕자님의 책임이 더 무거워지셨습니다."

"아르박샷이 하나의 가문이기는 하나 그 힘이 미약해서 걱정입니다."

"염려마십시오. 아직 우리에게는 3년이란 준비기간이 남아 있습니다.
더구나 우리에게는 말로만 듣던 훌륭한 어른들이 모여들고 있지 않습니
까? 앞으로 3년이 우리에게는 전쟁보다도 더 어려운 기간이 될 것 같습
니다."

"하노스는… 지금 어디 있습니까?"

"조금전에 그가 묵는 곳으로 되어 있는 은성(銀星)이란 주점으로 돌
아갔다가 자기를 기다리고 있던 경호원들과 함께 환궁했습니다."

"오늘 무술대회에는 출전한다고 했습니까?"

"아무런 말도 하지 않았습니다. 그리고 아무도 그에게 물어보지 않았
지요."

"어린 나이에 너무나 벅찬 시련을 만난 것 같습니다. 어제 나는 내

아버지를 잃었습니다만… 하노스는 자기를 낳아준 아버지와 길러준 아버지를 한꺼번에 잃어버린 셈이지요."

"3년의 말미를 달라고 말할 때엔 상당히 마음의 평온을 찾은 듯했습니다만… 왕자님께서는 어떻게 보십니까? 3년 후에 그가 하난 대제에게 도전하는 자리에 설 수 있을 것 같습니까?"

"어차피 우리가 정하는 일은 아니니까 지금부터 추측하거나 기대할 일도 아닌 것 같습니다. 우리는 다만 자기에게 주어진 일에 충실할 수밖에 없겠지요. 그런데… 오늘의 무술대회에서는 예상대로 메네스 왕자가 우승을 할 것 같습니까?"

"모두가 만만치 않은 상대들이어서 그것도 예측하기가 어렵군요. 예로부터 치우 도원수의 조련을 받은 앗수르의 군사들도 막강하지만 무예의 본고장인 룻도 무시할 수 없는 상대이고…"

"아람 왕 홀의 조카인 야긴도 출전한다지요?"

"그렇습니다. 야긴도 강호에서는 알아주는 검객이지요. 또… 바벨의 백수권법도 니므롯이 창안했다는 절기(絶技)이고…"

"야완의 천수검도 무섭다고 하더군요."

"그런데 왕자님께서는 혹시… 마대 가문의 화염검과 몽환검에 대해서 들어보셨습니까?"

"아시다시피 저의 어머님께서는 마대 출신이기 때문에 그런 말들을 들어 본 적이 있지요. 그러나 어머님께서는 그것들은 정도(正道)가 아닌 사술(邪術)이라고 하시며 저에게 절대로 그런 것들을 배워서는 안된다고 경고하시곤 했습니다."

"옳으신 가르치심입니다. 그러나 이제 세상은 정도가 숨어들고 사술이 판치는 세상이 되었으니 한심스러운 일이지요. 사실… 하노스가 무술대회에 출전한다고 해도 그런 사술들이 난무하는 틈바구니에서 배겨나기 어려울지도 모릅니다."

셀라와 고센이 거기까지 이야기했을 때 갑자기 신전탑의 꼭대기 쪽에서 나팔소리가 울려퍼지고 있었다.

"무술대회가 시작되는 모양입니다."

어느새 광장 양쪽의 계단은 백성들로 가득하여 발 들여놓을 틈도 없었고 오직 앗수르 황실과 고관들, 그리고 열국의 왕들이 좌정할 본부석만이 빈 자리를 남겨놓고 있었다.

또 한 차례의 나팔이 울리자 백성들의 시선은 일제히 석조전 쪽으로 쏠렸다. 하난 대제를 비롯한 열국의 왕들이 그쪽으로부터 나올 것이기 때문이었다. 그러나 잠시 후 사람들은 갑자기 웅성거리기 시작하고 있었다.

"아니 저건…?"

"모든 왕들이 베옷을 입었군."

"무슨 일이 일어난 것일까?"

석조전 쪽에서 걸어나오고 있는 각국의 왕들과 대표들은 굵은 베옷에 역시 베로 만든 관(冠)을 썼고 허리에는 짚으로 꼬아서 만든 띠를 두르고 있었다.

"누가 죽었는가 … ?"

왕들이 입고 있는 그 복식은 바로 장례를 치르는 상주(喪主)들이 입는 것이었다. 그런데 지금 만국평화회의에 참석한 모든 왕들이 그 상복(喪服)을 입었으니 백성들이 동요하지 않을 수가 없었던 것이다. 그들 중의 많은 사람들은 바로 어제의 입장식 때 벌어졌던 괴이한 사건을 떠올리고 있었다. 그들은 통나무 관을 수레에 싣고 나타났던 그 늙은이를 생각해 내고 있었던 것이다.

사람들은 아직도 마곡의 저주를 퍼붓던 그 늙은이의 목소리를 기억하고 있었다. 그리고 기다란 손톱을 검은 옷자락 밖으로 늘어뜨리고 있던 그 음산한 모습의 우상도 아직 그들의 뇌리에 남아 있었다. 사람들은 그 늙은이가 외치던 기분 나쁜 저주의 주문을 되뇌어 보는 것이었다.

'…반역자 들이여! 마곡의 저주가 하늘 아래 모든 나라에 임할 것이다! 명심하라, 죽음의 신이 그대들을 창에 꿰어서 깊은 바다에 던질 것이니라!'

그 늙은이가 마곡의 저주를 퍼부은 지 꼭 하루만에 모든 나라의 왕들이 상복을 입고 등장하였으니 백성들이 술렁거리지 않을 수가 없는 것이었다.

"무슨 일이지?"

"무슨 일이야?"

실로 모든 나라의 왕들이 한꺼번에 상복을 입는 사건은 전무후무한 일이었던 것이다. 불길한 구름이 이 신들의 광장에 무겁게 내려앉고 있었다. 두렵고 답답한 어두움이 백성들의 마음을 떨리게 하고 있었다.

이윽고 하난 대제를 비롯한 모든 왕들은 본부석에 도착하여 자리를 메웠다. 삽시간에 본부석은 베옷의 빛깔로 가득히 채워졌던 것이다. 왕들보다 한 계단 뒤쪽에 자리잡은 하난 대제가 자리에서 일어나며 한손을 치켜들었다. 백성들을 향하여 할 말이 있다는 표시였던 것이다. 술렁거리던 백성들이 일시에 조용해졌다. 백성들이 입을 다물자 쥐죽은 듯이 조용해진 광장에 하난 대제의 음성이 울려퍼졌다.

"모든 나라에서 오신 대표단 여러분과 앗수르의 백성들에게 나는 오늘 한 가지 슬픈 소식을 전하게 된 것을 유감으로 생각하는 바입니다."

잠잠해졌던 백성들이 또 웅성거리기 시작했다. 하난 대제는 다시 오른손을 들어 백성들에게 조용할 것을 명했다.

"우리 모두의 소망이 걸려 있는 만국평화회의에 참석하신 셈 집안 아르박삿 가문의 가이난 왕께서 갑작스러운 사고로 어젯밤 운명하셨습니다. 만국회의에서는 가이난 왕의 장례식을 모든 나라가 합동으로 거행할 것을 결정하였으며… 나는 모든 앗수르 백성들이 이 슬픔에 참여해줄 것을 기대하여 3일간을 국상(國喪)의 기간으로 선포하는 바입니다."

하난 대제의 발표를 듣고 백성들 중의 어떤 사람들은 그들이 예상했던 엄청난 사건이 아니어서 가슴을 쓸어내리기도 했으나 아직도 많은 사람들이 마곡의 저주와 관련하여 불길한 예감을 떨쳐버리지 못하고 있었다. 왜 아르박삿 왕이 하필이면 만국회의 기간중에 죽었느냐는 것이 그들을 불안하게 만들고 있었던 것이다.

하난 대제의 말은 계속되고 있었다.

"그러나 가이난 왕을 잃은 슬픔에도 불구하고 온 천하 백성들이 갈망하는 평화와 번영의 꿈은 결코 멈추지 않을 것입니다. 만국회의는 예정대로 진행될 것이며… 오늘의 무술대회도 예정대로 열리게 됩니다. 각국에서 출전하는 선수들은 그대들이 대표하는 가문의 명예를 위하여 최선을 다해 주시기 바랍니다."

우렁찬 하난 대제의 목소리를 듣고 백성들은 불길한 꿈에서 깨어나 차츰 안정을 되찾아가고 있었다. 하난 대제는 발표를 끝낸 다음 다시 큰소리로 외쳤다.

"모든 백성들의 신이신 니눈타여, 당신의 백성들을 굽어 살피시라! 만신전에 모이신 모든 신들이여, 당신들의 영광을 위하여 인류에게 번영과 평화를 내리라! 우리의 위대한 신 니눈타 만세! 모든 신들 만세! 앗수르 제국과 모든 나라들 만세!"

과연 하난 대제는 백성들의 마음을 조종하는 훌륭한 선동력을 가지고 있었다. 백성들은 불길한 구름을 씻은 듯이 걷어내고 큰소리로 그 만세를 따라서 합창하고 있었다.

"위대한 영도자 하난 대제 만세!"

그들은 이제 다시 광장에서 열리게 되는 무술대회에 대한 호기심으로 빠져들어가고 있었다. 그들은 이미 저 마곡의 저주를 퍼붓던 꼬부라진 늙은이 같은 것은 잊어버리고 있었던 것이다.

흐느끼는 칼빛

광장 안에는 네 개의 높은 기둥이 섰고 경기장에는 무사들이 입장하기 시작했다. 경기를 효과적으로 관리하기 위해 선수들을 네 군데로 나누어서 시합하게 하고 그 네 군데의 경기장에서 선발된 네 명의 승자가 최종의 결승전을 하도록 되어 있었다. 선수들은 어느 곳이든 임의의 기둥 아래 집합하도록 되어 있었으나 서로 강한 상대를 피하여 유리한 쪽을 선택하기 위해 눈치를 살피고 있었기 때문에 그들이 네 기둥을 중심으로 나뉘어서 정렬하는 데는 상당한 시간이 걸리고 있었다. 특히 이날 대회의 강력한 우승후보로 알려져 있는 메네스 왕자가 동쪽 기둥 아래서 있었기 때문에 그쪽으로 가려는 선수들이 많지 않아서 경기를 관리하는 앗수르 시위대가 강제로 선수들을 배분해야 하는 일이 벌어지고 있었다.

"그런데⋯ 하노스 형님은 오늘 출전하시는 건가?"

앗산과 함께 사람들 틈에 끼어 앉아서 광장의 선수들을 내려다보던 에벨 소년이 낮은 목소리로 중얼거렸다. 곁에 앉아 있던 드단이 고개를 갸웃거리며 말했다.

"일이 그 지경에 이르렀는데 무술대회에 출전할 기분이 나겠어?"

두 소년이 지껄이는 말을 들으면서 앗산의 외눈에 눈물이 고이고 있었다. 드단도 그 외조부마저 잃고 외톨이가 된 신세였으며 에벨 역시 나서부터 어미의 품을 모르고 자라 온 고아였다. 그러나 그들은 자신들의 신세 같은 것은 생각도 않으면서 오히려 하노스의 아픔에 마음을 쓰고 있었던 것이다. 세상에 모두 어린아이들과 같은 사람들만 산다면 아무런 분쟁도 슬픔도 고통도 없을 것 같은 생각이 들어 앗산은 아이들 앞에서 자기가 어른된 것을 부끄럽게 여기고 있었다.

(어째서 사람들은… 살아가면서 조금도 발전하지 못하고 갈수록 악해지기만 하는 것일까?)

그것은 앗산에게 있어서도 큰 의문이 아닐 수 없었다. 여호와 신이 선한 신이고 사람이 여호와 신에 의하여 만들어졌다면 그 사람 역시 선한 존재가 되어야 마땅한 것인데도 사람들은 살아갈수록, 나이가 들어갈수록 더욱 악해지기만 하는 것이었다.

(아아, 세상에는 여호와 신 말고도 다른 신들이 정말 존재하는 것일까. 도대체 누가 인간을 악하게 만들고 있는 것일까…?)

신전탑의 꼭대기에서 또 한번 나팔소리가 울려퍼졌다. 백성들이 조용해지자 무술대회를 관장하는 심판관인 듯한 사람이 대회의 규칙을 설명하기 시작했다.

"이제 각국에서 출전한 선수들은 동, 서, 남, 북의 네 기둥을 중심으로 나뉘어져 서 있습니다. 이미 예고한 바와 같이 네 개의 선수단에서 선발된 네 명의 선수가 우승의 명예를 걸고 경기하게 될 것입니다. 각 선수단에서 경기를 진행할 때에는 인명의 살상을 최소한으로 줄이기 위하여 32명이 남을 때까지 맨손의 권법으로 대련할 것이며 8명이 남을 때까지는 막대기를 사용하는 봉술(棒術)로 겨루게 됩니다. 그 이후는 어떠한 무기이든 선수들이 임의로 선택하여 사용할 수 있습니다."

그때였다. 갑자기 백성들 가운데서 웅성거리는 소리가 들리기 시작하더니 모두들 일제히 석조전 쪽의 계단 위를 바라보는 것이었다.

"나타났다!"

"복면의 무사다!"

"마곡의 저주를 퍼붓기 위해 나타난 사람이다!"

에벨 소년도 석조전 쪽 계단 위에 늠름한 모습으로 서 있는 복면의 무사를 바라보며 앗산의 허벅다리를 쿡쿡 찌르고 있었다. 드단 소년도 긴장한 표정으로 두손을 마주잡았다.

　복면의 사내는 천천히 계단을 내려오더니 드디어 광장 안으로 들어섰다. 그는 잠시 그 자리에 서서 좌우를 둘러보다가 곧장 동쪽의 기둥을 향하여 걸어가고 있었다. 그는 바로 첫 경기에서 메네스 왕자와 겨루기로 마음 먹은 것 같았다. 그러나 그가 동쪽 기둥을 향하여 다가갔을 때 경기를 관리하는 시위대원 하나가 그의 앞을 가로막았다. 그는 복면의 무사를 바라보며 손을 들어 서쪽의 기둥을 가리키는 것이었다.

　그는 알겠다는 듯이 고개를 끄떡이고는 발길을 돌려 서쪽의 기둥을 향하여 걸어갔다. 광장에 모여선 수백 명의 선수들이 주시하고 있는 가운데 그는 천천히 걷고 있었다. 경기의 규칙을 설명하는 심판관의 목소리가 계속해서 들려왔다.

　"본 대회는 앗수르의 황제 폐하와 모든 나라의 통치자들이 모여 있는 자리에서 거행되는 것인 만큼 선수들은 정정 당당한 경기를 하는 것에 각별히 유념해 주시기 바랍니다. 모든 나라의 모든 문파를 대표해서 나오신 여러분께서는 상대방이 막아낼 수 없는 살수(殺手)를 쓰거나 암수(暗手), 사술(邪術) 등의 사용을 자제해 주시기 바랍니다. 각 선수단은 두 명이 서로 대련할 수 있도록 정렬하고 준비가 완료된 선수단의 심판관은 붉은 기를 들어주시기 바랍니다. 다음 번 나팔소리와 함께 경기가 시작됩니다."

　광장의 모든 선수들은 시위대원들의 지시를 따라 일제히 움직이기 시작했고 이내 대오를 벌려 선 선수들은 두 명씩 서로 마주보고 있었다.

　다시 한번 신전탑 쪽에서 나팔소리가 울리자 본부석에 걸려 있던 황금색의 봉황기가 고개를 숙였고 이내 광장의 무사들은 경기를 시작했다. 어느새 무사들은 날카로운 기합소리를 뿜으며 상대방을 공격하고 있었던 것이다. 삽시간에 광장은 천하의 무사들이 펼쳐보이는 그 비전(秘傳)의 절기(絶技)들로 일대 장관을 이루고 있는 것이었다.

　심판관의 배려와는 달리 선수들이 맨손의 대련을 펼치고 있는데도 벌써부터 부상자들이 속출하고 있었다. 시위대의 관리요원들이 수없이 부상자들을 밖으로 들어날랐고 그 중에는 이미 절명하여 고개가 꺾여진 선수들도 적지 않게 보이는 것이었다. 공격하는 무사들의 잔혹한 기예가 펼쳐질 때마다 여자들은 비명을 질렀고 남자들은 박수를 쳤다.

비록 루딤의 메네스 왕자가 강력한 우승후보자라 하더라도 많은 사람들은 복면의 무사 쪽에 더 시선을 집중시키고 있었다. 그리고 굵은 베의 상복을 걸친 채 본부석에 앉아 있는 하난 대제도 그런 사람들 중의 하나였다.

그는 복면의 무사가 구사하고 있는 품세의 하나하나를 자세히 뜯어보면서 그의 무예가 어느 문파에서 유래한 것인가를 가려내려고 시도해보았으나 그의 권법이 어느 갈래에서 나온 것인지 아직도 전혀 파악하지 못하고 있었다.

그는 잠시 주위를 둘러보다가 멀지 않은 곳에 서 있던 환관장 사독을 불렀다. 환관장 사독이 허리를 굽히며 다가서자 그는 낮은 목소리로 말했다.

"시위대장 압돈을 불러주게."

"알겠습니다"

이미 광장 안에서 겨루고 있는 무사들의 수는 상당히 줄어 있었다. 선수들에게 있어 경기를 빨리 끝내는 것은 매우 중요한 일이었다. 결판을 일찍 낼수록 다음 시합까지 충분한 휴식을 취할 수 있기 때문이었다. 그러나 그 복면의 기사는 아직도 승부를 서두르지 않고 있었다. 그는 상대방을 이리 치고 저리 끌면서 마치 맹수가 그 먹이를 잡아놓고 즐기듯 몰아붙이고 있는 것이었다.

"부르셨습니까, 폐하."

시위대장 압돈이었다.

"여기 좀 앉아라."

그는 비어 있는 자기 오른쪽의 자리를 가리켰다. 왼쪽에는 황후 아릿다가 앉아 있었던 것이다. 시위대장은 황송한 듯 잠시 멈칫거렸으나 황제의 명령이기 때문에 엉거주춤 의자에 궁둥이를 걸쳤다.

"너도… 저 복면한 선수의 무예를 보고 있었느냐?"

"네, 관심을 가지고 지켜보았습니다."

"어느 문파의 무예인 것 같은가?"

"그것이… 도무지 종잡을 수가 없습니다. 이런 것 같은가 하면 또 저런 것 같기도 하고…"

"지금 그가 구사하고 있는 것은 어느 문파의 것이냐?"

"정통적인 악갓의 무예입니다."

"악갓 … ?"

압돈은 잠시 황제의 눈치를 살피고 있었다. 앗수르에서 악갓의 일을 입에 담는 것은 금기로 되어 있기 때문이었다.

"말하라. 백성에게 내리는 명령이란 그것을 내린 사람에게는 해당되지 않는 법이다."

"아시다시피 앗수르에서 시위대와 감시청, 그리고 모든 대대에 가르치고 있는 무예는 악갓의 도원수였던 치우에게서 나온 것이었습니다. 치우의 무예는 지금 앗수르와 바벨에서 보편적으로 알려진 것입니다."

"그러면… 저 선수는 앗수르 사람이란 말인가?"

"폐하… 자세히 보십시오, 지금 저 선수의 보법이 바뀌었습니다. 공격의 자세가 달라지고 있습니다."

"그렇군"

복면한 선수는 마치 춤을 추듯 그 동작을 경쾌하게 바꾸어가고 있었다. 그의 두손과 발은 느려지는가 하면 다시 빨라지고 뒤로 도는가 하면 어느새 앞으로 나가며 마치 새가 새장의 안과 밖을 넘나드는 듯, 고양이가 낮의 양지와 밤의 그늘 속을 왕래하는 듯 변화가 일어나기 시작하고 있었다.

"저건 … "

"그렇습니다, 미스라임의 생사무권(生死舞拳)입니다. 지금 저 춤추듯 하는 그의 신법과 메네스 왕자의 품세를 비교해 보십시오. 저건 아주 정확한 미스라임의 정통무예입니다."

"홈 … "

미스라임은 부활의 신 오시리스의 나라였다. 아우에게 살해당하여 그 시체가 온 세상에 흩어졌던 오시리스는 아내 이시스에 의하여 다시 한 개의 시체로 봉합되고 부활하였던 것이다. 그렇기 때문에 미스라임의 무예는 빛과 어둠 사이를 넘나들었다. 그것은 바로 죽음과 삶 사이를 왕래하는 오시리스 신의 운명과 같은 것이었다. 오시리스의 시체처럼 무사들의 죽음은 사방에 있었고 그것들은 다시 엄청난 생명력으로 집합하여 상대방을 둘러싸는 것이었다.

"그렇다면… 저 사람은 미스라임의 무사인지도 모르겠군."

"그렇습니다."

"만약 그렇다면… 메네스 왕자는 어째서 저런 고수(高手)를 복면으로 출전시킨 것일까…?"

"우승의 기회를 잡는 데 유리해지기 때문이겠지요."

"유리…?"

"그렇습니다. 저토록 강한 고수가 무사들의 일부를 제압해 준다면 메네스 왕자의 우승 가능성은 더욱 높아지겠지요. 저 복면의 무사가 만일 미스라임의 선수라면 메네스 왕자와 대결하게 될 때 결국 승리를 양보하게 될 테니까 말씀입니다."

"…그렇겠군."

시위대장 압돈은 자기의 추측에 스스로 감탄했는지 한 가지 증거를 더 첨가하였다.

"그러고 보면… 어제의 사냥대회에서도 저 복면의 선수는 메네스 왕자를 위기에서 구해 내지 않았습니까?"

사자와 싸우고 있던 메네스 왕자의 등뒤로부터 또 한 마리의 사자가 달려들고 있던 그 위험한 순간에 그 복면의 선수는 단창을 날려 그 사자의 목구멍을 꿰뚫었던 것이었다.

"……"

"생사무권의 위력을 보십시오. 메네스 왕자는 이미 시합을 끝내가고 있습니다."

시위대장 압돈의 말대로 메네스 왕자는 마구 춤추듯 하면서 상대를 몰아붙이고 있었다. 물러가는 듯 하다가는 튀어나오고 가라앉는 것 같다가는 다시 솟아오르는 메네스 왕자의 현란한 공격에 이미 상대는 정신을 차리지 못하고 있었다.

하난 대제와 시위대장이 잠시 눈을 크게 뜨는 동안 이미 메네스 왕자의 상대는 땅바닥에 나뒹굴었고 그를 끌어내기 위해서 시위대원 두 명이 경기장 안으로 뛰어들어가는 것이 보였다. 메네스 왕자가 시합을 끝내고 경기장 밖으로 물러나고 있을 때 시위대장 압돈은 또 입을 열었다.

"폐하, 보십시오. 복면의 선수도 시합을 끝냈습니다."

과연 복면의 무사와 상대하고 있던 선수는 다리를 절뚝거리며 물러서는 중이었고 심판관이 그들 사이에 뛰어들며 시합을 중지시키고 있는 것이었다. 그 복면의 무사가 미스라임 사람일 것 같다는 시위대장의 생각에 하난 대제도 동의하고 있었다. 메네스 왕자라면 능히 그런 술수를 쓸 수 있는 인물이었고 미스라임의 무사가 악갓으로부터 앗수르에 전해 내려오는 치우의 무예를 배우려고 마음 먹으면 그것은 어려운 일이 아니기 때문이었다. 치우의 무예는 이미 앗수르의 군대에서 너무나 보편화되어 누구라도 그것을 배울 수 있었던 것이다.

"이제 그만 물러가겠습니다."

황제 옆에 앉아 있는 것이 몹시 불편했는지 시위대장 압돈은 메네스 왕자와 복면의 선수의 시합이 끝난 것을 기회로 자리에서 일어섰다.

"알았다, 필요하면 다시 부르겠다."

시위대장이 일어서자 대제는 주의를 둘러보며 아릿다 황후에게 물었다.

"오늘도… 하노스가 안보이는구려."

"골아떨어져 있을 것입니다."

"……?"

"밤새도록 쏘다니다가 오늘 새벽에야 돌아왔거든요."

"밤새도록…? 아니 밤새도록 뭘하고 다녔다는 말이오?"

"폐하의 정보원은 뭐라고 보고하던가요?"

"보고들을 시간이 없었소. 당신이 알고 있다시피 난 요즘 만국회의 때문에 몹시 바쁘지 않소?"

"하노스에게… 여자가 생긴 모양이더군요."

"또 그… 은성(銀星)이란 주점의 2층 이야기요?"

"그렇습니다."

"그렇다면… 그 아가씨가 누구인지 알아보았소?"

"아직 정확한 신분을 알아내지는 못했으나… 주점 주인의 말로는 매우 고귀한 신분의 처녀인 것 같다고 하더군요. 하노스가 그 아가씨에게 쩔쩔매더라고…"

"아니 이 세상에 앗수르 황실보다도 더 고귀한 신분이 있단 말씀이오?"

"…경호원들의 보고로는… 그 아가씨가 가나안 지방에서 나오는 붉은색의 옷감으로 얼굴을 가리고 있었다는데…"

"가나안 지방의…?"

물론 그것은 아리사의 아버지 사완의 위장이었다. 아리사를 가나안에서 온 여자처럼 행세하게 함으로써 경호원들의 판단에 혼란을 만들어주기 위한 계책이었던 것이다. 그러나 그 가나안식 옷차림의 위장은 하난 대제와 아릿다 황후에게서 상당한 효과를 거두고 있었다. 저 광야의 뱀이라고 불리우는 가나안 왕조야말로 허수아비 통치자인 하난 대제에게도, 그리고 아릿다 황후에게도 강력한 상전이기 때문이었다.

하난 대제는 미간을 모으며 앞줄에 앉아 있는 가나안 왕 시돈의 뒤통수를 바라보았다. 언제나 가나안이 하는 일은 깊고 무서운 계략속에서 행해지고 있었다. 두뇌가 명석했던 야심가이며 장자가문 엘람의 황태자였던 수멜을 유혹한 기스 공주의 경우가 그랬고, 니므롯을 내세우면서 세미라미스를 그와 결혼하게 했던 것도 마찬가지였고 하난을 유혹하기 위하여 다시 세미라미스를 내세웠다가 그것이 실패하자 그의 아내인 아릿다까지 동원했던 것도 역시 같은 수법이었다.

그런데 지금… 경호원의 보고가 사실이라면 가나안은 다시 또 한 명의 젊은 여인을 파견하여 하노스와 깊은 관계를 맺게 하고 있었던 것이다.

(가나안 왕조는 하노스를 어떻게 보고 있는가? 가나안의 시돈 왕은 어째서 하노스에게 손을 뻗치고 있는가? 혹시… 혹시 시돈 왕은 하노스를 하난, 즉 이 니므롯의 후계자로 만들려는 것은 아닐까? 그들은 혹시 나를 제거하고 대신 나이어린 하노스를 허수아비 장자권자로 세우려는 것은 아닐까…?)

실제로 하난 대제는 시돈 왕의 배후 간섭을 받으면서도 그동안 은근히 자기의 힘을 길러온 것이었다. 아무리 그 배후세력이 가나안이었다 하더라도 천하를 다스린다는 일은 힘만 가지고 되는 것이 아니었다. 그런 의미에서 하난, 즉 니므롯이 천하의 통치능력과 관리체제에 자신을 갖게 되면서 가나안으로부터의 이탈과 자립을 꿈꾸게 된 것도 무리는 아니었던 것이다.

그러나 하난 대제의 능력이 커져갈수록 가나안의 검은 구름은 앗수르를 향하여 뻗어오고 있었다. 그는 다시 광장 쪽으로 눈을 주며 가나안에서 출전한 선수들이 어떻게 싸우고 있는가를 눈여겨보기 시작했다. 가나안의 선수들은 모두가 허리에 황금색의 띠를 두르고 있었기 때문에 쉽게 식별할 수가 있었던 것이다. 이미 많은 수의 가나안 선수들이 상대를 제압하고 장외로 나가서 다음 시합을 준비하고 있었다. 손가락을 빳빳하게 펴면서 뱀처럼 찔러 들어가는 가나안 선수들의 공격법은 그 기세가 매우 날카롭고 악독한 것이었다. 가나안 선수들의 공격을 받은 무사들은 하나같이 입과 코에서 피를 쏟거나 사지가 부러지는 등 치명적인 상처를 입고 있었다.

첫번째 경기가 거의 끝나가고 있었다. 가나안 선수의 일격을 받은 고멜의 한 선수가 허리를 움켜쥐며 쓰러지자 신전탑 쪽에서는 나팔소리가 울렸고 장내를 정리하는 사람들이 부지런히 뛰어다니더니 장외에서 대기하고 있던 1차전의 승자들이 다시 안으로 들어서고 있었다. 하난 대제는 또 곁에 앉아 있는 아릿다 황후를 돌아보았다.

"그… 나메라라고 하는 마대 계집애는 아직도 찾지 못했소?"

"…못 찾았습니다."

"이상하군… 하늘 위로 날아 올라갔는가, 아니면 땅 속으로 꺼져버렸는가?"

"그 아이는 아직도 어리던데… 폐하께서는 점점 취미가 다양해지시는 것 같군요."

"당신이야말로… 그런 어린아이에게까지 이상한 생각을 하다니 당신답지 않은 일이오. 나는 다만… 궁중의 시녀가 실종되었는데도 찾아내지 못한다는 것은… 앗수르 제국의 관리체제에 구멍이 나고 있다는 증거이기 때문에 그것을 염려하고 있는 것이오."

"폐하, 그 치안 문제는 폐하의 관할 하에 있지 않습니까?"

"물론이오. 그러나 나메라는 당신의 시녀였고 당신에게 속해 있었기 때문에 당신에게 묻고 있는 거요.”

“폐하께서는 저를 심문하고 계시는 건가요?”

아릿다 황후는 노골적으로 언짢은 표정을 나타내고 있었다. 그러나 대제는 심문하고 있는 것이냐는 황후의 질문에 답변하지 않으면서 계속해서 물었다.

“특히 당신은… 최근에 나메라를 자주 데리고 다니지 않았소?”

그는 바로 황후의 급소를 찔러 들어가고 있었다. 그는 이미 자기의 정보망을 통하여 아릿다가 변복을 하고 잠행(潛行)하는 것을 알고 있었으며 그때마다 시녀 나메라를 동행한다는 것도 알고 있었던 것이다. 더구나 그녀가 몰래 만나고 있는 것이 바로 가나안의 핵심 인물들이었기 때문에 하난 대제는 자기에게 다가오고 있는 검은 손길을 느끼고 있었다. 그는 지금까지 아릿다의 그러한 움직임을 모르는 체하고 있었는데 나메라의 문제로 인하여 그녀가 공세를 취하자 자신도 모르게 역습을 가하게 된 것이었다. 그러나 아릿다도 만만치 않았다.

“데리고 다니는 시녀라 해서 저와 특별한 관계가 있는 것이 아님을 폐하께서도 잘 알고 계시지 않습니까?”

어느 누구도 심복으로 두지 않는 것이 아릿다의 특징이었다. 그녀는 필요에 따라서 사람을 쓰고 필요가 없어지면 그대로 없애버리는 냉혹한 면을 지니고 있었다. 그러므로 그녀가 한동안 나메라를 데리고 다녔다 해서 나메라의 신변에 대하여 특별한 배려를 한다든가 하는 일은 있을 수 없었던 것이다.

어쨌든 이로써 아릿다는 자신이 가나안의 상전들과 만나고 있었다는 사실을 부인하지 않은 셈이었다. 그녀는 나직한 목소리로 대제에게만 들리도록 말했다.

“…아릿다는 폐하에게 위험한 여자이기도 하지만 또한 폐하를 보호하는 데에도 필요한 여자라는 것을 명심해 두시기 바랍니다.”

그제서야 하난 대제는 그녀에게서 듣고 싶은 말을 들었다는 듯 그녀의 손을 잡으며 말했다.

“그렇기 때문에 나는 당신을 훌륭하게 생각하는 거요. 당신은 나를 사막의 햇볕으로부터 가려주는 수달의 장막과 같은 여인이오.”

그들 부부는 처음부터 긴장과 경계의 관계로 얽혀지기 시작한 사이였다. 그렇기 때문에 그들은 더욱 떨어져서 살 수 없었고 서로가 서로를 이용하며 살아야 했던 것이다. 그리고 그런 서글픈 관계가 그들 사이에서의 유일한 공통점이었고 연민이기도 하였다. 하난 대제는 더 이상 아릿다 황후의 성미를 건드리지 않기로 작정하고 다시 2차전에 들어가고 있는 광장의 선수들을 내려다보기 시작했다.

이미 선수들의 수가 1차전보다 반으로 줄었기 때문에 그는 선수들의 기량과 솜씨를 좀더 면밀하게 관찰할 수 있었다. 사실 하난 대제가 만국회의 기간 중에 무술대회를 열기로 계획했던 또 하나의 이유는 바로 각국의 비전 절기들을 캐내려는 데 있었던 것이다.

"……?"

다시 복면의 선수에게로 시선을 옮겼던 하난 대제는 가나안의 무사와 대련하고 있는 그의 동작을 바라보다가 깜짝 놀랐다. 독사처럼 감겨들어오는 가나안 선수의 공격을 받아내고 있는 그의 기법은 바로 하난 대제, 즉 니므롯 자신이 짐승들의 동작을 연구하여 창안해 내었던 그 백수권법이었던 것이다.

"아니 … ?"

그의 백수권법은 앗수르 안에서도 전수받은 자가 없고 바벨에 있는 그의 심복들 몇 명만이 비밀리에 그것도 그 중의 극히 일부분만을 전해 받았을 뿐이었다. 그런데 지금 그 복면의 선수는 백수권법 중에서도 그 핵심에 속하는 절기를 펼치고 있었던 것이다.

그는 마치 한 마리의 표범이 포효하듯 두손을 갈퀴처럼 휘두르며 허리를 틀고 있었다. 그의 동작은 사납기가 그지 없었다. 가나안의 선수가 어느 쪽으로 감겨오든 그는 상대방의 목덜미를 향하여 몸을 뒤틀고 있었다. 그의 몸뚱이는 마치 절벽에서 구르는 돌덩어리처럼 이리저리 튀면서 가나안 선수를 난타하는 것이었다. 하난 대제는 마치 그 복면의 선수가 자기 자신인 것처럼 느껴질 정도로 그의 호흡에 끌려 들어가고 있었다.

(도대체 어찌된 셈인가… 저것은 백수권법 중에서도 나만이 구사할 수 있는 격사권(擊蛇拳)의 기술이다!)

계속해서 몰리고 있는 가나안 선수의 공격은 더욱 악독하여 가고 있었다. 그의 얼굴빛은 독이 올라서 검게 변하였고 그의 두손은 뱀의 혀처럼 갈라지며 양쪽 겨드랑이의 급소를 찔러가고 있었다. 그는 날카로운 휘파람 소리를 내며 몸을 꿈틀거리더니 다시 복면한 선수의 목덜미를 향하여 덮쳐드는 것이었다.

(저런…)

그것은 가나안 선수에게 있어서는 무리한 수였다. 상대가 약할 때에는 무서운 치명적 공격이 될 수 있으나 상대는 이미 백수권법의 절기를 구사하고 있는 자였다. 순식간에 가나안 선수의 몸뚱이는 갈쿠리처럼 엄습하는 복면무사의 두 손아귀에 엇갈려 잡혔다. 곧이어 가나안 선수의 찢어지는 듯한 비명이 울렸고 그의 몸뚱이는 땅바닥 위에 털썩 떨어지고 말았던 것이다. 그는 바로 백수권법에서 표범이 뱀의 허리를 꺾는 수에 걸리고 말았던 것이다.

복면의 선수에 대한 호기심으로 그의 시합만을 눈여겨보고 있던 백성들은 일시에 숨을 죽이고 있었다. 그가 땅바닥에 나뒹구는 가나안 선수를 향해서 다가가고 있기 때문이었다. 사람들은 그 복면의 선수가 쓰러진 가나안 선수의 숨통을 끊어 놓으려는 줄 알고 있었다. 그러나 가나안 선수에게 다가간 그는 상대의 몸뚱이를 엎어놓더니 두손으로 여기저기를 두드리는 것이었다. 가나안 선수가 다시 얼굴을 찡그리며 비명을 질렀다. 복면의 선수가 다시 그의 몇 군데 급소를 때리자 아예 그 자리에서 뻗어버릴 줄 알았던 가나안 선수가 두손으로 땅을 짚으며 일어나더니 절룩거리며 장외로 걸어나가는 것이었다. 치명적인 부상을 당한 가나안 선수를 복면의 무사가 응급조치를 가하여 고쳐놓은 것이 분명했다. 백성들 가운데서 우뢰와 같은 갈채가 터져나오고 있었다.

"대단한 선수로군!"

"저 사람은 마곡의 선수가 아닌 모양이다!"

"마곡의 저주를 가지고 온 사람이 적을 치료해 줄 리가 없지 않은가?"

"그렇다면 그는 누구인가?"

"그가 누구이든 훌륭한 인물임에는 틀림없어."

"메네스 왕자에게 강력한 경쟁자가 나타났군."

백성들이 제각기 자기들의 추측을 섞어서 떠드는 소리를 들으며 누구보다도 기쁜 것은 에벨과 드단 두 소년이었다. 그들의 형이나 마찬가지인 하노스가 백성들 가운데서 영웅이 되어가는 것을 바라보며 기분이 좋아서 마구 함성을 지르고 있었다. 그들은 어째서 하노스 형님이 빨리 복면을 벗어버리지 않는가 조바심을 하는 것이었다.

소년들 곁에 앉아서 하노스의 모습을 바라보고 있는 외눈의 앗산도 감격과 경이에 휩싸여 있었다. 앗산의 감격은 하노스에게서 다시 한번 발견하고 확인할 수 있었던 그 장자적 성품에 대한 것이었고 그의 놀라움은 자신도 미처 기대하지 못했던 하노스의 무예 때문이었다.

사실 백수권법은 앗산도 아직 접해 본 적이 없는 니므롯의 비기(秘技)였다. 아마도 니므롯은 아릿다 황후에 대한 추억 때문에 아끼며 길러온 하노스에게 그 비법 중의 몇 수를 가르쳐 주었을 것이었다. 그리고 아마도 하노스는 어려서부터 니므롯의 권법수련을 지켜볼 수 있었기 때문에 백수권법의 진수들을 빠짐없이 익힐 수가 있었을 것이다.

사실 하난 대제, 즉 니므롯이 하노스가 성품이 약하여 무예에 적합치 않다고 판단했던 것은 잘못이었다. 물론 무예에서 거세고 강경한 성품이나 힘이 필요한 것도 사실이지만 부드럽게 순복하고 너그럽게 포용하는 성격이 오히려 그것을 더 크게 성취하는 데 필요했던 것이다. 그러나 아직도 하난 대제는 그 이치를 깨닫지 못한 상태였고 하노스 자신도 자기의 연약한 성품이 무예에 적합치 않다고 생각하고 있었다.

무사들의 현란한 기술과 치열한 싸움 끝에 2차전도 거의 끝나가고 있었다. 이제 동서남북의 기둥을 중심으로 각 선수단에 남아 있는 선수들은 30여 명에 불과했다.

앗수르의 시위대원들이 장외에서 휴식하고 있는 승자들에게 기다란 막대기 하나씩을 나누어주고 있었다. 이제부터 두 번의 시합이 막대기로 대련하는 봉술(棒術)로 벌어지게 되는 것이었다.

광장을 바라보며 에벨 소년이 앗산에게 물었다.

"사부님, 정말 하노스 형님이 우승할 수 있을까요?"

"…한번도 지지 않으면 우승하겠지."

앗산은 그렇게 우스꽝스러운 대답을 하고는 계속해서 광장만을 내려다보고 있었다. 그러나 사실 에벨에게는 한가지 은근한 걱정거리가 있었다. 오늘 대회의 우승자는 하난 대제의 외동딸인 레센 공주와 결혼하게 되어 있다는 것이 바로 에벨 소년의 걱정거리였던 것이다. 본래 레센은 하노스의 누이였으므로 하노스가 우승을 하더라도 그렇게 될 염려는 없었다. 그러나 이제 하난 대제와 아릿다 황후가 가짜임이 드러났고 하노스는 레센 공주와 아무런 핏줄의 연결이 없다는 것이 명백해졌으니 경우에 따라서는 두 사람이 결혼하게 되는 불상사도 일어나지 말란 법은 없는 것이었다. 그것이 에벨을 근심하게 만들고 있었다. 에벨은 은근히 하노스가 자기 누이 가미엘과 결혼했으면 좋겠다는 생각을 하고 있었던 것이다.

드단이 장내를 손가락질하며 가느다란 소리로 외쳤다.

"저것 봐, 이번 상대는 붓의 선수야."

과연 다시 장내로 들어서서 복면의 하노스와 마주선 무사는 가슴과 팔뚝에 문신(紋身)을 새겨넣은 붓의 선수였다. 드단이 하노스의 새로운 상대를 알아보고 놀란 것은 붓이 바로 창술(槍術)의 본바닥이기 때문이었다. 본래 붓의 용사들은 수십 규빗 밖에서도 창을 던져 사자의 목덜미를 꿰뚫는 철완(鐵腕)의 고수들이었다. 그런데 창술의 기본은 바로 봉술이었고 따라서 붓의 선수들은 봉술에서도 뛰어날 것이 분명했던 것이다.

동쪽 기둥의 메네스 왕자는 경장(輕裝)의 룻 선수와 마주서 있었고 아람 왕 훌의 조카 야긴은 디라스의 선수와 겨루게 되어 있었다.

다시 신전탑 위에서 나팔소리가 울려나왔고 광장 안은 막대기를 휘두르는 바람소리 때문에 마치 태풍이 몰아치고 있는 것 같았다. 붓의 무사는 과연 창의 나라에서 온 무사답게 찌르기의 명수였다. 그의 막대기 끝은 하노스의 머리 위에서 찔러 들어오다가는 어느새 겨드랑이로, 다리 쪽으로 들어오다가는 다시 등뒤에서 엄습했고 혹은 왼쪽, 혹은 오른쪽에서 수십 개의 막대기가 동시에 쳐들어오는 것 같은 위력으로 쏟아지는 것이었다.

"사부님, 붓 사람들의 창술은 정말 대단하군요. 마치 수십 명이 한꺼번에 달려드는 것 같아요."

그것은 마치 막대기로 그물을 치는 것과 같았다. 어지간한 사람이면 빠져나갈 틈도 없이 찔러 들어오는 것이었다. 다리를 피하면 목덜미가 찔리게 되어 있었고 머리를 피하면 허리가 찔리게 되어 있었다. 그러나 하노스는 기묘하게도 그 쏟아지는 빗줄기와 같은 그 막대기의 그물 속에 서 있었다. 그것은 바로 움직이는 표적을 정지시키는 궁술의 비법에서 하노스가 터득한 것이었다. 상대방이 바쁘게 움직이면 움직일수록 그를 정지시켜버리는 비법으로 하노스는 그 쏟아지는 막대기의 홍수 속에서도 고요할 수 있었던 것이다. 그는 상대방의 막대기 사이에서 느릿느릿 움직이며 소요(逍遙)하고 있었다. 마침내 연속적으로 짓쳐들어가던 공격이 하나도 실효를 거두지 못해서 초조해진 붓의 무사는 막대기의 그늘 속에서 몸을 빼내고 있었다. 그때였다. 어디를 가느냐는 듯 하노스의 기다란 기합소리가 들리더니 마치 마차의 바퀴가 구르듯 하노스의 몸뚱이가 막대기와 함께 회전하며 상대방을 쫓아가는 것이었다. 붓의 선수는 순식간에 어깨와 허리를 난타당하며 마치 물고기가 튀듯 그 자리에서 펄떡거리는 것이었다.

"사부님, 저건 사부님께서 가르쳐주신 세바퀴 공격법이에요!"

"아니다, 저건 세 바퀴가 아니라 한 바퀴다."

앗산은 무엇보다도 그 하노스의 확대보법을 다시 한번 볼 수 있었기 때문에 더욱 감동에 젖어 있었다. 앗산은 이미 저 샤론 마을에서 자신과 가미엘 남매가 세바퀴 공격법으로 그를 공격했을 때 그 막대기의 숲 속에서 마치 소요하듯 거닐던 하노스의 모습을 보고 놀랐었는데 그 기이한 보법을 오늘 다시 보게 되었던 것이다. 하노스의 마음이 지금까지도 결코 평온하지 않을 것을 앗산은 잘 알고 있었다. 그러나 조금전 붓의 선수와 마주섰던 그의 태도는 마치 잔잔한 호수가에서 노를 젓고 있는 사람처럼 한가로운 것이었다.

장내에 남은 선수들의 수가 줄어들수록 백성들은 그 홍분의 도를 더해 가고 있었다. 야긴은 디라스의 선수를 마구 두들겨서 눕혔고 메네스 왕자는 룻의 선수와 열전 끝에 앞가슴의 허점을 정통으로 찔러서 승리를 거두고 있었다.

봉술시합에서 사상자는 더 많이 나왔기 때문에 시위대원들이 바쁘게 오가며 장내를 정리하고 있었다.

"폐하… 폐하께서는 메네스 왕자의 우승을 기대하고 계십니까?"

아릿다 황후의 질문을 받고 하난 대제는 그녀에게 표정을 노출시키기 싫어서 그대로 광장 쪽에 시선을 둔 채 입만 열었다.

"당신의 생각은 어떻소?"

"제가 보기에는… 또 한 사람의 후보자가 있군요."

"……?"

"경기장을 휩쓸고 있는 것은 가나안의 에살이 아닙니까?"

"에살…"

아릿다 황후의 말은 과연 빈말이 아니었다. 난폭한 독수로 상대방을 몰아치는 에살은 바로 가나안 왕 시돈의 아우인 헷의 아들이었던 것이다. 갑자기 백성들의 비명이 터졌다. 그는 자기의 막대기에 몰려서 몸을 빼내지 못하고 있는 엘람의 선수를 곧장 머리 위로부터 막대기로 내리치고 있었다. 엘람 선수의 머리는 박살이 났고 골수가 사방으로 튀었다.

"어떠세요? 저만하면 오늘의 대회를 휩쓸 것 같지 않습니까?"

"에살은 그 이름의 의미처럼 피에 굶주린 야수같군."

"무술대회의 우승자로 사위를 삼으시겠다고 선언하신 것은 폐하이시니까요."

하난 대제는 흘끗 레센을 돌아보았다. 레센의 안색이 헬쑥해지고 있었다. 그녀는 다만 이 자리에서 도망치고 싶은 생각으로 꽉 차 있을 뿐이었다. 이제 광장의 네 기둥 아래마다에는 16명씩의 선수들이 남았고 그 수도 점점 줄어들고 있었다. 얼마 안 있으면 레센의 일생을 내맡겨야 하는 그녀의 신랑감이 결정되는 판이었다. 그녀는 절망하고 있었다. 음흉한 메네스도 난폭한 에살도 그녀는 싫었다. 그녀는 죽고만 싶은 심정이 되어 있었다.

(아아… 나를 이 지경에서 구해 낼 사람은 아무도 없는가? 도대체 하노스는 어디 갔을까?)

실제로 레센에게 있어서 아는 남자라고는 동생 하노스뿐이었다. 그런데 그 하노스는 누이의 이런 곤경을 아는지 모르는지 나타나지도 않고 있는 것이었다. 레센은 석달 전 어느 날 밤 누이보다 더 좋은 여자를 만나지 못했다고 고백하던 그 하노스를 기억하고 있었다.

(하노스는 지금… 누이를 잃어버린다는 생각에 마음이 아파서 괴로워하고 있는 것이 아닐까?)

레센은 하노스가 무예에라도 능했으면 이럴 때 누이를 구해 줄 수 있었지 않았을까 하는 생각도 하고 있었다. 그러나 레센이 생각하기에도 하노스는 착한 마음씨뿐이었지 여자를 보호할 만한 능력은 부족한 것 같았다.

(가엾은 하노스…)

레센이 그런 생각을 하고 있는 사이에도 경기장의 시합은 계속되고 있었다. 네 개의 기둥 아래 각각 8명씩이 남게 되자 심판관은 잠시 휴식할 것을 선언했다. 그러자 광장에는 여러가지의 무기를 실은 수레들이 굴러 들어오고 있었다. 이제부터는 무기의 제한 없이 시합이 진행되는 것이었다. 수레들이 선수들의 앞을 지날 때 선수들은 자기 마음에 드는 무기들을 골라잡고 있었다. 메네스 왕자와 복면의 선수는 검을 골라잡았고 훌의 조카 야긴은 두 개의 단창을, 그리고 야완의 선수는 두 개의 단검을 골라잡고 있었다.

이제 레센의 희망은 오직 그 복면의 선수에게 걸려 있었다. 그녀는 마치 복면의 선수가 자기를 구해 내려고 나타난 협객이라도 되는 것처럼 그에게 가냘픈 기대를 걸고 있었던 것이다.

"가나안의 에살은 황금의 도끼를 골라잡았군요. 저건 아마… 가나안에서 가지고 온 모양이지요?"

아릿다 황후는 또 가나안의 에살을 들먹거리고 있었다. 그 말투에 이미 은근한 압력이 담겨져 있는 것을 하난 대제도 잘 알고 있었다. 미스라임과 가까워지려는 하난 대제의 시도는 위험한 생각이라는 것을 그녀가 경고하고 있었던 것이다.

물론 하난 대제도 그것을 모르는 바가 아니었다. 그래서 미스라임과의 통혼을 아무도 비난하지 못하도록 무술대회를 통해서 레센의 신랑감을 선발한다는 명분을 내세웠던 것이다.

"저것 보세요, 에살은 벌써 이기고 있어요."

다시 백성들 가운데서 비명이 터졌다. 에살의 상대가 되었던 미스라임 가문 르하빔 왕국의 선수가 에살의 황금 도끼에 찍혀서 박살이 나고 있었던 것이다. 시합이 거듭되어 가면서 하난 대제가 메네스 왕자에게 걸었던 우승의 기대는 점점 흐려지는 것 같았다. 그리고 이미 난폭자 에살은 경기장을 주름잡아가고 있었던 것이다.

선수들이 무기를 자유로 쓸 수 있게 되면서부터 사상자는 더욱 늘어났고 대회의 열기도 더해 가고 있었다. 무사들의 칼이 번뜩일 때마다 튀는 피에 취하여 열광하던 사람들 중에서도 이제는 눈살을 찌푸리며 그 야만스러운 대회를 비난하는 사람들이 나타나기 시작하는 것이었다.

"이건… 너무 난장판이로군."

"신성한 앗수르 제국이 피에 굶주린 미치광이들의 놀이터가 되어 버렸어."

"만국평화회의를 한다면서 저것이 평화의 축제란 말인가?"

"저건… 황제와 왕들의 음모에 불과한 거야. 폭력의 현장을 백성들에게 구경시켜서 백성들을 폭력의 공포로 다스리겠다는 발상이라구."

애꾸눈 앗산은 백성들 사이에서 일고 있는 그런 불만들을 들으면서 이미 그들의 마음이 그들을 다스리고 있는 세력으로부터 이탈하고 있는 것을 느낄 수 있었다.

(이럴 때… 우리에게 힘만 있었다면 하노스를 앞세워 잘못되어가는 세상을 바로잡을 수 있었을 텐데…)

무사 출신인 앗산은 아직도 그 몸에서 뜨거운 피가 끓고 있음을 그냥 삭이기 어려웠다. 그는 어금니를 악물고 무사들의 시합을 내려다보며 나라들의 실력을 점검해 보는 수밖에 없었던 것이다.

시합이 거듭해 가면서 두 사람의 소년이 장내에서 돋보이기 시작하고 있었다. 그 하나는 엘람에서 출전한 소년 수가였고 또 하나는 바벨의 선수 구엔이었다. 그들의 무예는 다른 선수들에 비해 미약해 보였으나 그 나이답지 않게 정직한 정통무예를 구사하면서 탈락하지 않고 꾸준하게 이겨 올라오고 있는 점이 매우 특이했던 것이다. 수가는 엘람 가문의 고전적인 무예를 구사하고 있었다. 본래 엘람은 그 장자권이 앗수르

로 넘어오기 전에 천하를 다스리며 여호와 신에 대한 제사를·주관하던
장자의 가문이었기 때문에 그 무예도 온화하고 장중한 것이 특징이었
다. 그렇기 때문에 비록 그 무예에 날카로운 살기는 번뜩거리지 않는다
하더라도 강호에서 날뛰는 경박한 무술 따위는 감히 맞설 수 없는 권위
를 가지고 있었던 것이다.

바벨의 구엔은 니므롯이 창안한 백수권법을 기반으로 하고 있기는 했
으나 상당한 연구와 수련이 가미된 변화무쌍한 절기를 펼치고 있었다.
그의 무술이 비록 짐승들의 동작에서 원용됐다 하더라도 자연 속에 내
재한 순수성으로 오히려 사악한 인간의 내면을 꾸짖어가는 진지함이 엿
보이고 있었다. 앗산은 자신이 무인 출신이었기 때문에 다른 사람들이
눈치채지 못하는 사이에 그들에게 주목하였고 그들을 탐내고 있었던 것
이다.

홀의 조카 야긴이 몽환검의 야크테에게 휘말려 탈락되고 마침내 동서
남북의 네 기둥 아래 각각 두 명씩의 선수만 남게 되었을 때 무술대회
의 판도는 분명히 드러나기 시작하고 있었다. 마지막으로 남은 여덟 명
의 선수, 그 8강(强) 가운데서 천하 제일의 무사가 뽑히게 되는 것이었
다.

동쪽 기둥 아래에는 미스라임의 메네스 왕자와 엘람 소년 수가 남
아 있었고 서쪽 기둥에는 복면의 무사와 화염검의 대가인 악타가 남아
있었다. 그리고 남쪽 기둥 아래에는 야완 가문 달시스의 아들인 베닉스
와 바벨의 구엔 소년이, 북쪽 기둥에는 가나안 헷의 아들인 난폭자 에
살과 몽환검의 야크테가 서로 마주보며 서 있었다.

장내를 내려다보고 있던 앗산은 에벨을 돌아보며 물었다.

"에벨, 에바 이모님은 지금 어디 계시냐?"

"입구 쪽에 계실 텐데요?"

"에벨, 너 심부름 한가지 할 수 있겠느냐?"

"심부름요…?"

에벨은 지금 한창 구경이 재미나게 되어가는 판인데 심부름이 무슨
말씀이냐는 듯 앗산을 바라보는 것이었다. 앗산은 그 투박한 손으로 에
벨의 귀를 잡아당겼다. 앗산의 철사 같은 수염이 마구 볼을 찔렀기 때

문에 에벨이 얼굴을 찡그리는데 앗산은 그의 귀에다 대고 소곤거리기 시작했다.

그러는 사이에도 장내에서는 여덟 선수의 불꽃 튀기는 접전이 벌어지고 있었다. 빛과 그림자 사이를 넘나드는 메네스 왕자의 생사무검이 엘람 소년 수가의 순진한 품세를 농락하는 중이었고 짐승의 동작을 구사하는 바벨의 구엔은 수천 개의 이빨처럼 날아들어오는 베닉스의 단검 때문에 쩔쩔매고 있었다. 난폭자 에살이 야크테의 몽환검에 걸려 당황하고 있는가 하면 하노스와 악타는 아직도 서로를 노려보며 움직일 줄을 모르고 있었다.

에벨은 아직도 광장의 시합에 미련이 남아 있는 듯 자꾸만 그쪽을 바라보며 자리를 떴다.

(하노스 형님이 우승을 하면 큰일이다. 하노스 형님이 레센 공주에게 장가들면 나는 매부감을 잃어버린다…)

광장 쪽에서 또 사람들의 함성 소리가 들려오고 있었다. 그러나 에벨 소년에게는 소리만 들려왔을 뿐 이미 계단 뒤쪽으로 내려섰기 때문에 아무것도 볼 수가 없었다.

(어떻게 되었는가? 누가 누구를 찔렀는가…?)

에벨 소년은 에바 이모가 있음직한 곳을 향하여 냅다 달렸다. 구경도 필요했고 누가 누구를 이겼는가도 궁금했지만 앗산 사부가 이모에게 전하라고 한 그 말도 중요했던 것이다.

"폐하… 메네스 왕자는 대진 운이 좋군요."

"……?"

"엘람의 선수는 메네스 왕자에게 적수가 안되는 것 같습니다."

그것은 사실이었다. 이미 엘람 소년 수가는 내공의 부족으로 숨을 헐떡거리고 있었던 것이다.

"…저 선수는 힘의 안배에 노련하지 못한 것 같소."

갑자기 어둠 속으로부터 나타난 메네스 왕자의 검이 강경한 힘으로 수가를 기습하자 그는 마침내 손에서 검을 떨어뜨리며 비틀거리고 있었다. 그의 옷자락은 가슴께어서 비스듬히 베어졌고 그 사이로 피가 배어나오고 있었다. 메네스의 검이 다시 그의 목을 향하고 날아갔다. 그러나 그의 검은 수가의 목을 꿰뚫기 전에 멈추었다. 메네스 역시 강자로서의 여유를 보이려는 듯 검을 내렸고 보고 있던 백성들은 갈채를 보내고 있었다. 바벨의 구엔 소년 역시 야완의 베닉스에게 쩔쩔매고 있었다. 물 속에서 수련한다는 야완의 천수검은 그야말로 번개처럼 빠른 것이었다. 구엔 소년은 어쩔 줄을 모르고 이리저리 피하다가 몸의 이곳저곳이 어육처럼 베어져서 더 이상 버티기가 어려웠다. 어린 소년의 모습이 보기에 딱했는지 심판관은 시합을 중지시켰고 구엔은 시위대원들의 부축을 받으며 밖으로 끌려나갔다.

야크테의 몽환검은 핏발 선 에샬의 황금 도끼 앞에서 맥을 못추리고 있었다. 자세를 흐트러뜨리며 속임수를 쓰려고 하던 야크테는 태산처럼 밀려들어오는 에샬의 도끼에 눌려서 몸을 빼내기에 급급하고 있었다. 그러나 무엇보다도 백성들의 관심은 복면의 무사와 악타의 대결에 쏠리고 있었다. 악타의 긴 기합소리가 터져나올 때 그를 지켜보고 있던 백성들은 깜짝 놀라면서 소리를 질렀다. 악타의 얼굴은 마치 화톳불처럼 이글거렸고 그의 입에서는 기다란 불길이 터져나왔던 것이다. 사람들은 말로만 듣던 화염검의 실상을 보며 자신들이 꿈을 꾸고 있는 것이 아닌가 의심하고 있었다. 악타가 입에서 불을 뿜기 시작하자 그가 들고 있는 검 역시 대장간에서 달구어진 것처럼 붉게 달아오르고 있었다.

그 달구어진 검이 마구 하노스를 향하여 짓쳐들어가는 것이었다. 때로는 빙빙 돌며 때로는 곧장 찔러 들어가는 악타의 화염검에 복면의 무사는 한손을 들어 그 열기를 막으며 괴로운 듯 비틀거리고 있었다.

"이얏…!"

갑자기 사자가 울부짖는 것 같은 기합소리가 들리더니 어느새 야크테의 머리는 두 조각이 나 있었고 에샬은 피묻은 도끼를 빗겨든 채 껄껄 웃고 있었다.

"쥐새끼 같은 놈, 아이들 장난 같은 수작으로 이 에샬을 농락하려 들다니!"

그는 턱을 치켜들며 거만한 모습으로 장외를 향해 걸어나가는 것이었다. 결국 야크테의 본능이 에샬의 살기를 당하지 못한 셈이었다.

악타의 화염검에 밀리고 있던 복면의 무사는 갑자기 그 자리에 멈춰

섰다. 짓쳐들어가던 악타가 잠시 멈칫하는 사이에 복면의 무사는 갑자기 두팔을 치켜들며 짐승의 울음소리와 같은 처절한 소리를 지르고 있었다. 마치 천년을 맺힌 한이 그 한마디 울부짖는 소리에 실려 있는 것 같았다. 그를 바라보고 있던 모든 백성들이 몸에 오싹하는 한기를 느끼면서 가슴이 아파오는 것을 자각하고 있었다.

그러는 동안에 어느덧 복면 선수의 검은 다시 악타를 향하고 있었다.

"……?"

이상한 일이었다. 벌겋게 달아오르던 악타의 화염검이 식어가고 있는 것이었다. 그뿐만이 아니었다. 화로처럼 붉어졌던 악타의 얼굴도 그 빛을 잃고 창백해지더니 마침내 그 입술까지 파랗게 질리고 있었던 것이다. 악타는 자기의 불길을 다시 일으켜 보려고 안간힘을 쓰고 있었으나 소용없었다. 그는 왼손으로 자기의 가슴을 쥐어뜯으며 얼굴을 찡그리고 있었다.

본부석에 앉아 있던 상복 차림의 왕들 몇 명이 우루루 자리에서 일어나고 있었다. 그들 중의 누군가가 신음소리처럼 부르짖었다.

"…상한검 (傷寒劍) 이다!"

왕들은 모두 안색이 헬쑥해지며 그 자리에 굳어져 있었다. 전설처럼 말로만 듣던 상한검의 신기 (神技) 가 그들의 눈앞에 실제로 펼쳐지고 있었던 것이다.

악타는 있는 힘을 다해서 쳐들어오고 있는 상한검을 맞받았다. 그러나 미처 세 수를 받아내지 못하고 그는 땅바닥에 쓰러져버렸던 것이다. 복면의 무사 자신도 자신의 공격에 놀란 듯 쓰러진 악타를 멍하니 내려다보고 있었다. 한참이 지나서야 악타는 비틀거리며 일어났다. 비틀거리며 퇴장하고 있는 악타는 그 온 몸을 사시나무 떨듯 떨고 있었다.

그렇게 해서 결국 네 개의 기둥 아래에는 한 사람씩의 선수만이 남게 되었고 그 네 선수가 정상을 향한 결전을 벌이게 된 셈이었다. 루딤의 메네스 왕자는 천수검의 베닉스와 대결하게 되었고 복면의 선수는 가나안의 난폭자 에살과 맞붙게 되었다. 루딤의 메네스 왕자는 이번 승부의 중요성을 인식했음인지 무기를 바꾸고 있었다. 자기 나라에서 가져온 듯한 그 새로운 무기는 긴 막대의 양끝에 칼날이 달린 것이었다.

베닉스의 천수검이 번쩍거리며 메네스 왕자를 향해 날아들어가자 메네스 왕자는 양쪽에 칼날이 달린 그 무기를 빙글빙글 돌리기 시작했다. 한쪽 날이 치켜지면 다른 한쪽 날은 바닥을 긁었고 다른 한쪽 날이 찔러 들어가면 또 한쪽 날은 후려쳐 들어가고 있었다.

"사부님… 저 선수의 품세는 마치 강바닥의 악어가 꿈틀거리는 것 같군요."

어느 틈엔가 심부름을 끝내고 돌아와 앉은 에벨 소년이 광장을 내려다보며 그렇게 말했다.

"에벨… 네가 아주 정확히 보았다. 저것은 미스라임의 등악대도(騰鰐大刀)라는 무기란다. 천수검은 야완 가문의 무기가 물 속에서 수련한 무예이기 때문에 메네스 왕자는 강바닥의 무법자인 악어의 품세를 쓰고 있는 것이다.

그런데 에벨… 에바 이모님을 만나뵈었느냐?"

"네, 말씀하신대로 잘 전했습니다."

"잘했다"

가나안의 에살은 흰 이빨을 드러내며 복면의 무사를 향해 황금 도끼를 휘두르고 있었다. 세차게 바람을 가르는 도끼 소리가 구경하는 사람들에게까지 들려오고 있었다.

마지막으로 남은 고수들이어서 그런지 쉽사리 승부가 나지 않고 있었다. 그만큼 네 명의 선수는 몹시 신중했고 그들의 몸은 흠씬 땀에 젖어 있었다. 네 사람 가운데서도 제일 고전하고 있는 것이 천수검의 베닉스였다. 단검을 쓰는 야완 무예의 장기는 민첩한 동작으로 상대방을 과감하게 파고드는 것이었는데 메네스의 등악대도만은 그런 식으로 접근하기 어려운 모양이었다. 그의 머리를 향해서 달려들면 어느새 그 꼬리가 엄청난 위력으로 후려쳐오기 때문이었다.

갑자기 사람들이 술렁거리기 시작했다. 드디어 못 참겠다는 듯 가나안의 에살이 사나운 기세로 도끼를 휘두르기 시작했기 때문이었다. 그러나 어쩐 일인지 복면의 무사는 꼼짝하지 않고 그 자리에 서 있었다. 그의 모습은 너무나 고요해서 마치 얼음과 같이 차가운 냉기가 그 주위에 감돌고 있었다. 그러나 에살은 그것이 공격의 기회라고 판단했던 모양이었다. 마침내 그는 커다란 기합소리와 함께 도끼를 들어 복면의 선수를 향해 내리쳤던 것이다. 모든 사람들은 이제 복면의 선수가 드디어 두 쪽이 나는구나 싶어서 비명을 지르고 있었다. 그러나 그들의 비명소리는 갑자기 얼어붙어 버렸다. 에살의 도끼가 미처 상대방의 몸에 닿기도 전에 허공에서 날카로운 금속성이 울리더니 그는 도끼를 떨어뜨린 채 자기 왼손으로 오른편 팔을 움켜잡고 있었다.

"으… 으으…"

에살은 마치 짐승처럼 울부짖으며 그 자리에 무릎을 꺾는 것이었다. 그의 입술은 창백해졌고 그의 얼굴마저 검은색으로 변하고 있었다. 다시 상한검(傷寒劍)의 위력이 나타났던 것이다. 상한검이 뿜어내고 있는 무서운 한기(寒氣)가 본부석까지 밀려올라오는 것 같아서 하난 대제를 비롯한 모든 왕들의 팔에는 소름이 돋고 있었다.

"무서운 일이로군…"

모두들 그 위력에 놀라고 있는데 누구보다도 치를 떠는 것은 가나안의 헷이었다.

"저것은 무예가 아니다! 저건 마술이야!"

그러나 팔짱을 낀 채로 묵묵히 광장을 내려다보고 있던 시돈 왕은 아우 헷을 돌아보며 미간을 찡그렸다. 경솔하게 굴지 말고 조용히 하라는 뜻이었다. 그러나 당장 자기 아들 에살이 심한 부상을 입었는데 헷이 흥분하지 않을 수가 없었던 것이다.

"도대체 어떤 놈이 저 복면한 선수의 출전을 허가했어? 신분을 밝히지 않고 출전하는 것은 속임수야!"

그것은 결국 무술대회를 주관하고 있는 하난 대제에 대한 노골적인 불평이었다. 그러나 하난 대제는 환관장을 불러서 헷이 들으라는 듯 조금 큰소리로 지시를 내리고 있었다.

"빨리 사람을 보내서 에살을 치료하도록 하라. 상한검에 부상했으니 빨리 오른팔을 절단하지 않으면 곧 죽게 된다."

그러자 헷은 더 펄쩍 뛰며 뒤를 돌아보는 것이었다.

"아니, 뭐라구? 내 아들의 팔을 자른다구?"

그러자 하난 대제는 정중한 태도로 그에게 말했다.

"왕제 전하께서도 어서 아드님에게 내려가 보시지요. 빨리 조치하지 않으시면 위험합니다."

헷은 울컥 화가 치밀어 올랐으나 우선 아들의 문제가 급해서 더 이상 시비를 걸지 못하고 있었다. 그는 발을 쾅쾅 구르며 자리에서 떠나는 것이었다.

광장에는 다시 비명소리가 길게 울렸다. 메네스 왕자에게 밀리고 있던 베닉스가 악어의 꼬리에 허리를 강타당하고 두 동강이 나버린 것이었다.

마침내 광장에는 단 두 사람의 선수만 남았다. 천하 제일을 자랑하는 수백 명의 무사들 가운데서 살아남은 두 사람이었던 것이다. 메네스 왕자는 잠시 생각을 가다듬는 것 같더니 등악대도를 집어던지고 다시 검을 집어들었다. 천하 제일 검의 자웅을 결판내는 일전이 시작된 것이었다. 두 사람의 시합 역시 상당한 시간이 지나도록 승부가 나지 않고 있었다.

"도대체… 저 선수는 누구인가? 메네스 왕자와 저렇게 오래도록 겨룰 수 있는 사람이 있었다니…"

미스라임의 르하빔 왕이 자기 나라 선수가 탈락한 것은 관심도 없는지 탄식처럼 그렇게 말하고 있었다.

"저 선수는 정말로 마곡 땅에서 왔는지도 모르겠군. 상한검은 북쪽의 추운 지방에서만 수련할 수 있다고 하는데…"

아람 왕 홀이 그렇게 아는 체를 하자 무예의 본고장이라는 룻의 루두스 왕이 홀을 바라보며 말했다.

"상한검은 수련만 가지고는 성취할 수가 없습니다. 본인 자신이 무서운 슬픔을 겪고 그것이 서릿발 같은 한(恨)으로 맺혀져야 저런 위력이 나올 수 있는 것이지요."

"그렇다면… 저 복면의 선수는 무슨 엄청난 한을 품고 있는 것일까? 그것이 바로 마곡 가문의 한인지도 모르지 않는가…?"

그러나 왕들은 다시 광장의 대결을 내려다보며 어리둥절하기 시작했다. 메네스 왕자가 이상한 행동을 하기 시작했던 것이다. 메네스 왕자는 복면의 선수가 서 있는 곳과는 엉뚱한 방향을 향해서 검을 휘두르고 있었다. 복면의 선수는 메네스 왕자의 동작을 따라서 이리저리 몸을 움직이고 있었으나 메네스 왕자는 마치 눈이 먼 사람처럼 마구 허공을 향해서 검을 휘두르고 있었던 것이다.

“아니…”

메네스의 부친 루딤도 어쩔 줄을 모르며 자리에서 일어섰고 다른 왕들도 당황하여 광장을 내려다보고 있었다.

“뭔가 이상한데…?”

이제 메네스 왕자는 완전히 넋이 나간 사람 같았다. 당황하고 있는 것은 본부석의 왕들뿐이 아니라 메네스 왕자 자신도 마찬가지였다. 그는 이리저리 칼을 휘두르며 어쩔 줄을 모르고 있었던 것이다. 이제 승부는 완전히 복면의 무사에게 있는 것이나 다름없었다. 갑자기 복면 속에서 우렁찬 목소리가 터져나왔다.

“항복하시오!”

그러나 메네스 왕자는 항복할 수가 없었다. 수백 명의 무사를 물리치고 그는 이제 막 우승의 문턱에 서 있는 것이었다. 그런데 이상하게도 상대방은 그 목소리만 들릴 뿐 모습이 보이지를 않고 있었다. 그는 마음속으로 부르짖고 있었다.

(아아, 오시리스 신이여! 내 시력을 회복시켜 주소서!)

그러나 그의 눈앞에는 상대방이 보이지 않고 있었다. 마당도 보이고 백성들도 보이고 상복을 입은 왕들도 보이는데 오직 상대방의 선수만 보이지를 않는 것이었다.

메네스 왕자는 드디어 헐떡거리기 시작하고 있었다. 그의 몸에서는 땀이 비오듯 흘러내렸다. 검으로 허공을 치는 것이 상대방의 검을 치는 것보다 얼마나 더 힘든 것이며 얼마나 기력을 소모하는 것인 줄을 메네스 자신도 잘 알고 있었다. 그러나 상대방이 보이지 않는다고 가만히 있을 수는 없는 노릇이었다. 그는 언제 어디서 상대방의 검이 자기를 찔러올지 모르는 공포감에 휩싸이고 있었다. 그에게는 참으로 지겨운 시간들이 흘러가고 있었다. 미스라임을 다스리는 루딤의 왕자 메네스, 모든 나라의 백성들이 그 이름만 들어도 전율하는 무예계 제일의 무사 메네스가 지금 모든 나라의 왕들과 백성들이 보는 앞에서 부끄럽게도 그의 검으로 허공을 치고 있는 것이었다.

다시 한번 상대방의 목소리가 들려왔다.

"항복하시오!"

그러나 죽어도 항복할 수는 없었다. 레센 공주의 아름다운 모습이 그의 눈앞에 어른거리고 있었다. 그는 몸을 한 바퀴 돌리면서 그의 검으로 공중에다 원을 그었다.

(네가 어디 가겠느냐? 목소리가 있으면 몸뚱이도 있을 것이다!)

그러나 그의 검은 허공에다 칼무리만 남기고 있었다. 검의 위력이 너무 강했기 때문에 그는 자기 검과 함께 그 자리에서 팽이처럼 몇 바퀴를 돌아야 했다. 그때였다. 뭔가 바위 같은 것이 자기의 검을 내려치는 듯한 충격을 느끼며 그는 땅바닥에 고꾸라졌다. 그가 정신을 차렸을 때는 쏟아지는 햇볕을 등에 받으며 복면의 검사가 그를 내려다보고 있었다. 그리고 그의 검 끝은 이미 메네스의 목줄기에 닿아 있었다. 백성들의 함성이 들려왔다.

(…끝났군… 다 끝났어…)

메네스는 오히려 후련한 기분이었다. 그 지겨운 혼자만의 싸움이 겨우 끝났던 것이다.

심판관은 본부석 쪽을 올려다보았고 마침내 하난 대제는 일어서면서 큰소리로 외쳤다.

"시합을 중지시켜라. 우승자는 결정되었다. 심판관은 시상을 준비하라!"

하난 대제의 선언이 있고서야 복면의 선수는 검을 거두었다. 다시 심판관의 지시가 들려왔다.

"복면의 선수는 들으라! 하난 대제께서 네게 월계관을 하사하신다. 너는 복면을 벗고 신분을 밝혀라!"

복면의 선수는 검을 든 채로 본부석을 향하여 걸음을 옮겨놓고 있었다. 하난 대제가 자리에서 일어나 아릿다 황후, 그리고 레센 공주와 함께 본부석 앞에 마련되어 있는 시상대로 걸어 내려왔다. 다시 심판관의 목소리가 울렸다.

"복면의 선수는 복면을 벗고 신분을 밝혀라!"

우승자는 뚜벅뚜벅 시상대를 향하여 걸어가고 있었다. 백성들의 환호가 절정에 이르렀다. 그는 시상대의 계단을 올라가기 시작했다. 다급해진 심판관이 또 외쳤다.

"우승자는 무기를 버려라!"

이제 그와 하난 대제의 사이는 겨우 한 길 남짓이 남아 있을 뿐이었다. 잠시 그 자리에 서 있던 복면의 무사는 자기의 검을 들어서 그것을 바라보았다. 미처 하난 대제의 시위대가 손을 쓸 틈도 없이 그는 검을 든 채로 하난 대제와 아릿다 황후 앞에 서게 된 것이다. 순간, 시상대 위에는 싸늘한 살기가 감돌았다. 그제서야 사태를 눈치 챈 모든 왕들과 백성들이 숨을 죽이고 시상대를 바라보고 있었다. 갑자기 선수의 손끝이 움직였다. 쨍그랑 소리를 내며 무사의 검은 시상대 바닥에 떨어졌다.

겨우 한숨 돌린 심판관은 나머지 지시를 반복했다.

"우승자는 복면을 벗어라."

복면의 무사는 천천히 손을 들어 얼굴을 가리고 있던 복면을 벗겨내렸다.

"아니?"

하난 대제와 아릿다 황후는 동시에 부르짖었고 레센 공주의 눈이 커다래지면서

"하노스!"

하고 외쳤다. 이내 장내에는 감동의 물결이 일었고 시상식을 담당한 시위대원이 준비되어 있던 월계관을 황급히 하난 대제의 손에 건네주었다. 하노스의 머리에 월계관을 얹어주는 대제의 손이 부들부들 떨리고 있었다.

"하노스… 내 아들아!"

일어서는 사람들

온 천하 모든 나라들로부터 모여든 사람들이 반역의 벽돌을 쌓고 있었다. 세 집안 열다섯 가문에서 파견된 인부들은 벽돌을 짊어지고 하늘을 향하여 걸음을 옮겨놓는 것이었다. 사방에서 고함소리가 터졌고 감독관들의 채찍 소리가 들리는 곳에서는 비명소리도 함께 울렸다. 모든 가문의 인부들은 다 자기들의 맡은 부분이 있었고 나라들의 공사 진도는 서로 경쟁하도록 발표되고 있었다.

"힘을 내라, 모든 나라의 형제들이여. 가문의 명예를 위하여 있는 힘을 다하라!"

감독관들은 인부들을 채찍질할 때마다 그렇게 훌륭한 구호를 덧붙이는 것이었다.

"인간의 무한한 능력을 자랑하라, 신들도 그대들의 위력 앞에 고개 숙이리라!"

"그대들이 쌓아놓은 평화의 탑은 인류의 승리이며 자손들에게 물려주는 자랑스러운 유산이 될 것이다!"

벽돌을 구워내는 일은 주로 흙의 기술에 능한 셈 집안의 인부들이 맡고 있었고, 높은 곳에서의 동작이 빠른 야벳 집안 사람들이 벽돌 운반을 담당하고 있었다. 벽돌쌓기는 대형 건축에 경험이 많은 바벨 사람들과 함 집안 사람들이 주로 맡았는데 유독 셈 집안의 아르박삿 가문이 벽돌쌓기 부문에 참여하고 있었다. 아르박삿 가문은 산꼭대기에서의 축성기술로 인정을 받았기 때문이었다.

탑의 설계는 앗수르 신정원의 우부(雨府)가 주축이 되었으나 바벨의 점성가들이 대거 탑의 설계에 참가하고 있었다. 왜냐하면 평화의 탑은 천문학적 용도에도 사용될 수 있도록 하는 것이 당초부터의 방침이기 때문이었다. 뿐만 아니라 미스라임 왕들의 무덤을 설계하였다는 그 땅의 설계사들도 상당수가 바벨 땅에 주재하면서 탑의 설계를 지도하고 있었다.

하난 대제는 공사장을 한눈에 바라볼 수 있는 말둑 신전의 탑 위에 니므롯과 함께 앉아서 설계도를 들여다보고 있었다.

"부르셨습니까, 폐하."

검은 옷을 입은 바벨의 박사장(博士長) 미다가 허리를 굽히고 있었다.

"내가 말한 대로 이 평화의 탑에서는 황도의 12궁 별자리가 모두 관측될 수 있으렸다?"

"그러하옵니다. 보시다시피 이 탑은 정방형으로 되어 있어서 땅 위의 네 면은 동서남북을 나타내고 각 층의 네 창은 4계절을 내다보며 천정의 열두 개 그림은 태양이 열두 성좌를 지나가는 달을 표시하고 있습니다. 폐하께서는 이 탑 위에서 별들의 오묘한 움직임을 관측하고 나라들의 운명과 영웅들의 운명을 내다보실 수 있습니다."

"결국 우리는… 이 탑에서 모든 신들의 계획과 모의를 감시할 수 있단 말이지?"

"그렇습니다. 이 탑은 폐하의 것이며 폐하는 모든 만물의 주인이십니다."

"만물의 주인…"

"그렇습니다. 온 천하에서 폐하에게 복종하지 않는 것은 아무것도 없습니다."

하난 대제는 싸늘하게 웃고 있었다. 아마도 박사장 미다는 가나안 왕실과 하난, 즉 니므롯과의 관계를 모르고 있을 것이다. 그러나 요즈음 하난은 가나안에 대해서도 좀더 당당하려는 생각을 갖기 시작하고 있었다. 결국 가나안의 힘이란 그들의 무력이었고 다른 나라들을 자기네 왕실에 복종시키는 조직력이었다. 그런 것이라면 이제 하난 자신도 뒤지지 않을 만큼 성장해 있었다. 앗수르 제국의 군대는 가나안 못지않게 강대하였고 앗수르 신정원의 우부도 이제는 가나안 못지않은 장비들을 만들어내고 있었다.

광야의 뱀이라고 하는 가나안의 무예만 해도 그랬다. 천하 제일의 강자로 알려진 헷의 아들 에살이 하노스의 상한검에 부상하여 그 오른팔을 절단하지 않았던가.

하난 대제는 생각이 거기까지 미치자 다시 하노스를 생각하며 수심에 잠기고 있었다. 루두스 왕의 말과 같이 상한검은 본인 자신이 무서운 슬픔을 겪고 그것이 서리발 같은 한으로 맺혀져야 위력을 발휘할 수 있는 것이었다. 그런데 하노스는 도대체 어디서 상한검을 배웠으며 그가 겪은 무서운 슬픔은 또 무엇이란 말인가.

무술대회에서 우승의 월계관을 받은 그날, 하노스는 하난 대제를 만나러 왔었다. 그는 아버지 앞을 떠나겠다고 말했었다. 하난 대제는 아무것도 그에게 묻지 못했고, 그를 보내는 수밖에 없었다. 이미 그는 가나안 왕 시돈으로부터 하노스를 체포하여 가나안으로 압송하라는 명령을 받고 있었던 것이다. 그러나 하난 대제는 자기 손으로 하노스를 체포할 마음이 없었다.

그는 하노스에게 아무것도 묻지 않았으나 이미 하노스가 자기 친부모에 관한 모든 것을 알아버린 것으로 추측하고 있었다. 그것은 말할 것도 없이 하난 자신에게 불리한 일이 생길 것을 예고하고 있는 것이었다. 그러나 어쩐지 하난은 하노스가 자기와 같은 입장이 되어 있다는 생각이 들었던 것이다. 하노스가 자기 부모를 잃은 것은 비록 니므롯과 세미라미스라는 하수인이 중간에 끼어 있기는 했어도 그 배후에 도사리고 있는 가나안의 음모 때문이었다. 그러므로 하노스 역시 가나안의 피해자였고 그가 사실을 모두 알게 되면 역시 가나안을 대적하게 될 것이었다. 그리고 만일 하노스가 가나안을 대적하게 된다면 그것은 바로 하난과 같은 입장이 될 수도 있는 것이었다. 하난은 하노스를 가나안 공격의 기수로 삼고 싶었던 것이다.

그가 보기에 하노스는 무서운 아이였다. 그 어머니 아릿다를 닮아서 부드럽고 연약한 줄만 알았는데 그는 어느새 강호의 모든 무예들을 빠짐없이 습득하고 있었을 뿐만 아니라 그 분노를 쉽사리 얼굴에 나타내지 않는 신중함까지도 겸비하고 있었던 것이다.

요즘 들어 하난은 이상하게도 하노스의 꿈을 꾸고 있었다. 그는 가나안을 향하여 짓쳐들어가는 하노스의 모습을 꿈꾸고 있었던 것이다. 번쩍이는 갑옷을 입고 긴 칼을 들어 천군만마를 지휘하며 가나안의 마리아누 전차대를 전멸시키는 하노스의 장쾌한 모습을 그는 밤마다 꿈꾸고 있었다. 어느새 하노스는 그의 일부분이 되어 있었고 그는 자꾸만 하노스가 자기의 진짜 아들인 것처럼 느끼고 있는 것이었다. 하노스에게는 그만큼 무엇인가 사람을 사로잡는 힘이 있었다. 그래서 하난은 또 이따금씩 그런 환상에서 깨어날 때마다 자기 자신을 향하여 칼을 겨누는 하노스의 모습을 발견하고 소름이 끼치는 것이었다.

"미다…"

"예, 폐하. 말씀하십시오."

"내 아들 하노스의 장래는 하늘에서 어떻게 나타나고 있는가?"

"하노스님은 백양궁의 지배를 받고 있습니다. 지금 태양은 황도의 황소 자리를 지나 백양궁에 진입하고 있으니 앞으로 하노스님의 시대가 크게 열릴 것입니다."

"미다… 하노스와 나의 관계가 별자리에서는 어떻게 나타나고 있는가?"

"하노스님의 별자리가 봄이라면 폐하의 별자리는 태양이 천평궁을 지나는 가을입니다. 하노스님은 폐하와 다른 길을 걷게 되어 있습니다."

"…다른 길이라?"

"그렇습니다."

"알았다."

"바벨 왕께서는 탑의 건설이 설계와 어긋나지 않도록 세심하게 감독해 주시오."

"명심하겠습니다."

가짜 니므롯이 진짜 니므롯에게 허리를 굽혔다. 하난 대제는 다시 시위대장 압돈을 불렀다.

"압돈, 내가 지명한 자들에 대한 검거는 어떻게 진행되고 있지?"

“이미 그들 중의 대부분을 체포하여 수감하였습니다.”

“아직도 잡아들이지 못한 사람들은?”

“폐하께서 말씀하신 이들 중에 가장 어려운 것은 15년 전 모든 셈 집안의 장로들을 찾아내는 일입니다. 우선 각 가문의 장로들은 수시로 그 구성인원이 바뀌는 데다가 폐하의 명령대로 모든 역사를 다 없애버렸기 때문에 그 명단부터 파악하기가 어려운 것입니다.”

“엘람의 장로들은 어찌 되었느냐?”

“엘람의 장로들은 이미 수시아나 여왕이 그 오라비 수사를 몰아낼 때 대부분 살해되었습니다.”

“그리고…?”

“아시다시피 앗수르의 장로들과 신정원 책임자들은 이미 15년 전에 모두 체포되었습니다.”

“아르박삿의 장로들은?”

“아르박삿은 이미 가이난 왕 때부터 장로제도가 폐지되어 있었습니다. 문제는 룻과 아람 쪽입니다.”

“어째서지?”

“아시다시피 룻은 무예의 나라이어서 장로들의 대부분은 출가 수련을 하고 있습니다. 더구나 15년 전의 장로들은 지금 어디에서 무엇을 하고 있는지 짐작도 하기 어려울 지경이지요. 그리고 아람은…”

“아람의 장로들도 사라졌다는 말인가?”

“그렇습니다. 아람의 장로들은 아람 왕 우스가 사라진 이후로 모두가 다 사라졌습니다.”

“음… 그렇다면 아람의 왕실은 무언가 이상한 일을 꾸미고 있음에 틀림없는 것 같군.”

“그렇습니다, 폐하.”

“감시청의 정보원들을 아람 땅에 대기 잠입시키도록 하라.”

“알겠습니다, 폐하.”

하난 대제는 이마에 주름을 접으며 생각에 잠기고 있었다. 사실 마음을 놓을 수 없는 상대는 아람뿐이 아니었던 것이다. 무엇보다도 하난 대제에게 있어서 골칫거리는 야벳 집안이었다. 그들은 이미 지난번 만국회의 기간 중에도 야벳의 단결을 외치며 가나안 군대와 패싸움을 벌인 적이 있었다. 게다가 만국회의의 입장식에서는 괴이한 늙은이를 들여보내서 마곡의 저주를 퍼붓기도 했던 것이다.

그 야벳 집안의 모든 가문들도 평화의 탑 건설 공사에 인부들을 파견하기는 했으나 계속해서 경계를 해야 될 정도로 안심할 수 없는 무리들이었다. 그들의 성격은 난폭하여 걸핏하면 다른 가문의 인부들과 싸움을 벌였고, 술집에서는 여자를 독점하여 시비를 일으키는 것이었다. 심지어 인부들 간에서 평화의 탑이 완공되면 야벳 집안이 모두 들고 일어나서 바벨 성과 평화의 탑을 빼앗아버릴 것이라는 소문도 돌고 있을 정도였다. 그만큼 야벳 집안 사람들은 믿지 못할 무리들이었던 것이다.

"······?"

공사장에서는 또 인부들 간의 싸움이 벌어지고 있었다. 벽돌을 쌓고 있던 아르박삿 인부들과 운반을 담당한 야완의 인부들 사이에 벌어진 싸움이었다.

"야, 이놈들아! 도대체 너희 놈들은 뭔데 가만히 앉아서 벽돌을 기다리고 있는 거야? 운반해 온 벽돌을 좀 받아서 내려주면 어디가 덧난다더냐?"

"우리가 어디 가만히 있었소? 보시다시피 벽돌 쌓는 일을 하고 있지 않소?"

"야, 이놈 봐라. 또박또박 말대꾸하는 것을 보니 아직 세상 물정을 모르는 모양이로군."

"여보시오, 거 같이 고생하는 사람들끼리 말끝마다 이놈저놈 하지 마십시다. 듣기에 거북하구려."

"뭐라구? 이놈들이 곧 죽어도 여호와 신을 모신다고 장자 행세를 하려 드는구나! 이놈들아, 시대가 어떤 시대인데 장가두 못간 홀아비 신을 떠받들고 있어?"

야벳 집안 사람들은 아르박삿 가문의 인부들을 약올리는 방법을 알고 있었다. 그들은 여호와 신을 들먹거려 놀리기만 하면 영낙없이 화가 나서 덤벼들기 때문이었다. 이번에도 아르박삿 사람들은 불같이 노하여 벽돌 쌓던 흙손들을 치켜들었다.

"네, 이 무엄한 놈들! 감히 너희들이 창조주 여호와 신을 모독하다 니!"

마침내 패싸움은 또 시작된 것이었다. 삽시간에 공사장은 엉망진창이 되었고 거기다가 다른 가문의 인부들까지 가세하였기 때문에 공사를 감 독하던 앗수르 군인들조차 어쩔 도리가 없었다. 그렇게 평화의 탑은 날 마다 주먹질 속에서 건축되고 있었던 것이다. 공사장 가득히 싸움을 벌 이고 있던 인부들이 갑자기 한쪽 구석에서부터 조용해지기 시작하였다.

"셀라 왕께서 오셨다."

"싸움들을 멈추어라, 셀라 왕께서 오셨다!"

싸움을 벌이고 있던 아르박삿의 인부들이 뒤로 물러서며 황급히 허리 를 굽히고 있었다. 군복을 입은 아르박삿의 새왕 셀라가 허리에 칼을 찬 채 걸어오고 있었다.

"무슨 일들이냐?"

아르박삿 인부들 중에서 비교적 나이 들어뵈는 사내 하나가 멈칫거리 다가 입을 열었다.

"야완 사람들과의 사이에 다소 시비가 있었습니다."

"내가 그대들을 바벨에 보낼 때 먼저 형제들과 화목해야 할 것을 단 단히 일러두었는데 어째서 참지를 못하고 또 말썽을 일으켰는가?"

"죄송합니다. 저들이 여호와 신을 조롱하는 바람에 그만 참지를 못했 습니다."

"여호와 신께서 그런 일에 화를 내신다면 다른 신들과 다를 것이 무 엇인가? 신을 모르는 사람들이 신을 조롱한다고 어찌 그들을 징계할 수 있겠는가? 그대들은 신의 이름으로 나무라기 전에 우선 신에 대해서 가 르쳐야 될 것 아닌가?"

변명하기 위해 나섰던 아르박삿의 사내는 더 이상 입을 열지 못하고 물 러섰다. 셀라는 야완 사람들 쪽을 바라보며 부드러운 음성으로 말했다.

"아르박삿 사람들의 무례를 용서하기 바란다. 그대들 야완 가문은 우 리와 형제가 아닌가? 그대들의 조상 야벳은 우리들의 조상 셈과 함께 방주에서 378일을 지냈으며 그후로도 우리는 모두 함께 아라랏 산의 기 슭에서 살았다. 야완의 형제들이여, 우리가 비록 서로 창대하여져서 갈은 장막에 살지 못한다 하더라도 우리는 서로 화목해야 한다. 사람이 형제끼리 서로 다툰다면 들의 짐승과 다를 것이 무엇인가?"

셀라의 말은 야완의 인부들을 감동시키고 있었다. 야완의 많은 무리들이 고개를 숙였고 그들 중에서 고개를 끄덕이고 있는 자들도 있었다.

"객지에 나와서 고생이 많다. 본래 인생은 그 온 곳으로 다시 돌아갈 때까지 고생하도록 되어 있으나, 함께 고생하는 사람들끼리라도 함께 있는 동안 서로 위로하면서 지내자. 내 야완 가문의 네 왕들을 만나서 그대들의 노고를 어떻게 보상할 것인가를 의논하리라."

"그러나 셀라 전하…"

야완의 인부들 가운데서 좀 똑똑해 보이는 청년이 고개를 들며 셀라를 바라보았다.

"내게 할 말이 있는가?"

"셈 집안과 함 집안의 백성들은 우리 야벳 집안 사람들을 너무나 무시하고 있습니다."

"누가 그대들을 무시하는가? 그대들의 가정을 생각해 보라. 막내아들을 미워하는 부모를 본 적이 있는가? 그대들은 노아 조상님의 예언을 알고 있을 것이다. 여호와께서 야벳을 창대하게 하사 셈의 장막에 거하게 하시리라고 하지 않았는가? 셈 집안과 야벳 집안 사이를 이간질하는 자가 있다면 그 자야말로 우리의 적이며 우리 집안의 적인 것이다. 야벳 집안의 모든 백성들은 우리의 형제들이다. 우리는 우리의 땅과 먹을 것을 야벳 집안과 나눌 것이며 우리의 장막을 야벳 집안을 위하여 개방할 것이다."

그렇게 말한 셀라는 야완의 인부들을 하나하나 위로하면서 그들의 손을 잡아주고 그들의 등을 어루만져 주는 것이었다. 이제 야완 인부들의 감동은 감격으로 바뀌고 있었다. 그들 중의 더러는 눈물을 글썽이는 자들도 있었던 것이다. 야완의 인부들을 하나하나 위로한 뒤에 셀라는 공사장을 돌며 다른 야벳 집안의 감독자들을 돌아가며 만나고 있었다. 그는 특별히 야벳 집안의 장자가문인 고멜의 인부들에게 신경을 썼고 그 지도자들에게는 넉넉한 은자를 주어 격려했다. 마대 가문의 인부들에게는 자신의 외갓집 가문이라 하며 접근하였고 두발, 메섹, 디라스의 가문에서 온 인부들도 찾아보는 것을 잊지 않았다.

셀라가 야벳 집안 사람들의 장막을 일일이 돌아보고 나서 돌아서는데 문뜩 앞쪽에서 마주 걸어오고 있던 한 청년이 걸음을 멈추더니 그의 앞을 가로막는 것이었다. 셀라의 경호대장 이갈이 앞으로 나서며 젊은이를 꾸짖었다.

"누군데 감히 셀라 전하의 길을 막느냐?"

청년은 이갈의 물음을 묵살해 버리면서 셀라를 바라보고 있었다.

"셀라 전하, 평화의 탑 건설에 아주 열심이시로군요?"

"……?"

"아르박삿의 선대왕 가이난이 앗수르 황실에 충성하더니 이제 셀라 전하께서 대를 물려 충성하고 계십니까?"

젊은이의 언사가 점점 더 불손해지자 이갈은 더 참지 못하겠다는 듯 칼자루에 손을 대었다. 그러나 그는 여전히 이갈을 비웃는 듯한 표정으로 바라보는 것이었다.

"자네, 전하를 잘 모시려면 사람 알아보는 연습부터 먼저 해야 되겠군."

"뭐라구…?"

셀라는 그제서야 빙긋이 웃으면서 이갈에게 지시했다.

"물러서라. 내가 이 손님과 잠시 할 이야기가 있다."

주인이 그렇게 명령하자 이갈은 이상하다는 듯 고개를 갸웃거리며 몇 발짝 뒤로 물러서는 것이었다. 셀라는 다시 청년과 나란히 걸으면서 입을 열었다.

"아가씨께서 이 바벨에는 어쩐 일이십니까?"

"전하께서 얼마나 앗수르에 충성하고 계시는가 확인하러 왔지요."

"아니… 정말 그렇게 생각하고 계십니까?"

"지금 니므롯은 온 천하의 백성들을 바벨로 끌어들여서 여호와 신을 대적하는 반역의 탑을 쌓고 있습니다. 그리고 전하의 아르박삿 가문도 인부들을 동원하여 그 탑을 쌓는 일에 동조하고 있지 않습니까?"

"천하의 모든 나라들이 모두 그 일에 참여하고 있는데… 아르박삿만 빠질 수는 없지 않습니까?"

"전하께서는 다른 왕들과 좀 다르지 않을까 기대했었는데 역시 왕위에 오르시고 나니까 별수 없으시군요."

"사람이란 뭐… 다 그런 것이지 다를 것이 있겠습니까?"

그러자 젊은이는 걸음을 멈추며 셀라를 쏘아보는 것이었다.

"전하께서는 지금 진심으로 그런 말씀을 하고 계시는 건가요?"

셀라는 젊은이의 아름다운 눈매를 바라보며 고개를 끄떡이고 있었다. 여자의 눈이란 때로는 성났을 때에도 아름다울 수 있다는 것을 깨달았던 것이다. 셀라는 아직도 멍청한 표정을 지으며 반문했다.

"그러면 에바 아가씨께서는… 아르박삿이 인부를 동원하지 않을 만한 방법이 있다고 생각하십니까?"

에바는 다시 몸을 돌려 걷기 시작했다.

"그야 전하께서 참여 안하기로 작정하신다면 얼마든지 핑계를 댈 수가 있겠지요."

"핑계…?"

"말하자면… 아르박삿은 국왕이 서거하신 지 얼마되지 않았기 때문에 아직도 상중이라 가문의 법도 때문에 상중에는 인부를 동원할 수 없노라고 핑계를 댈 수도 있겠지요."

셀라는 놀랐다는 듯이 눈을 크게 뜨면서 에바를 바라보았다.

"그것 참 괜찮은 묘안이로군요."

에바는 그제서야 셀라가 자기를 놀리고 있는 것을 깨닫고 얼굴이 빨개졌다.

"전하의 그런 태도가 저는 마음에 들지 않습니다."

셀라는 아직도 빙그레 웃고 있었다. 마음에 들었으면 좋겠다고 간청한 적도 없는데 그녀는 마음에 들지 않는다고 말했던 것이다.

"어떻게 하면 아가씨의 마음에 들 수 있을까요?"

"여자를 가볍게 여기고 함부로 대하는 것은 좋은 태도가 아닙니다. 여자는 그 소견이 좁기 때문에 때로는 위험하다는 것도 알아두시는 것이 좋을 것입니다."

"실은… 위험하기 때문에 가까이 하지 않으려는 것뿐이지요."

"위험하기 때문에 멀리 한다는 것 자체가 소극적인 태도라고 생각하지 않으세요? 좀더 장부답게 적극적으로 생각하는 것이 군왕의 도량이라고 생각합니다만."

"하지만 여자란 워낙 두려운 존재이지요. 수멜도 기스라는 여자 때문에 반역의 길을 걸었고 영웅 니므롯도 세미라미스라는 여자의 손아귀에 걸려서 가나안의 허수아비가 되었고… 그러니 그저 여자란 피하는 것이 상책이지요."

"그렇게 말씀하시는 전하께서는 누구의 몸에서 태어나셨나요? 여자 없이 사람의 생명은 어떻게 이어갈 수 있지요?"

"그렇습니다. 세상의 남자들은 자기의 씨를 이어가야 한다는 소박한 바람 때문에 일평생을 스스로 여자의 사슬에 매이게 되는 것이지요. 물론 저도 여자에게서 태어났습니다만… 저의 어머니 메루가도 남자에게 만은 엄격한 잔소리꾼이지요."

"그렇다면… 전하께서는 왕위에 계시면서도 혼자 사실 작정이신가요?"

"물론입니다. 저에게 잔소리꾼은 어머니 한 분만으로 족하니까요."

"그렇게도 여자가 무서우세요?"

"그렇습니다. 여자와 같이 사는 것보다는 차라리 코뿔소와 함께 사는 것이 나을 것입니다."

"아마도… 전하의 먼저 부인께서는 매우 그 성격이 특이하셨던 것 같군요."

"먼저 부인요…?"

"드단의 어머니 말씀이에요."

"아…"

셀라는 머리를 긁었다. 에바는 아직도 드단이 셀라의 아들인 줄로 알고 있었던 것이다.

"예, 매우 특이했지요…"

"그래도 전하께서 재혼을 안하시려는 것을 보면 부인을 몹시 사랑하셨던 것 같은데요."

이야기가 점점 난처한 지경으로 빠져들어가기 시작했기 때문에 셀라는 쩔쩔매고 있었다.

"그… 뭐… 사랑하고 말고가 있나요? 그저… 하여간 여자는…"

"그러신 줄 몰랐는데 전하께서는 무척 겁쟁이이신 것 같습니다."

"네, 여자에 대해서만은 겁쟁이이지요. 그런데 아가씨께서는 어쩐 일이십니까? 갑자기 남장을 하고 이 타락한 도시에 나타나셨으니… 무슨 중대한 일이라도 있으십니까?"

"남장이 어울리는 것 같아요?"

"아닙니다. 보석은 그 담는 그릇에 관계없이 빛나는 법이지요. 그러나 이러고 다니시다간 바벨의 여인들 사이에 큰 소동이 일어날 것 같습니다."

"……?"

"천하 제일의 미남을 서로 차지하려고 말씀입니다."

"제가 남장을 한 것은… 전하에게 여자 공포증이 있는 것을 알았기 때문이지요."

"어쩐지 아가씨와 이야기할 때에는 다른 여자들 같지 않고 마음이 편하더라니… 그런데 그토록 저에게 신경쓰시면서 저를 찾아오신 이유라도 있으십니까? 저는 언젠가… 아가씨와 한번 더 음률을 맞추어보고 싶은 생각이 있었습니다만…"

사실 에바는 자기의 수금에 반려할 만한 퉁소 주자라면 천하에서 오직 셀라뿐이라고 인정할 수밖에 없었다. 물론 악성(樂聖) 아론이 있기는 했으나 역시 셀라 쪽이 더 잘 어울릴 것 같다는 생각이 들었던 것이다.

"그런데 전하… 전하께서는 어디서 퉁소의 음률을 익히셨습니까?"

"신정원 요인들의 검거가 시작되고 악갓의 전쟁이 시작되었을 때 신정원 악장이었던 아론님은 산중의 왕실인 아르박삿 지경으로 피신을 하셨었습니다. 저는 그 아론님께로부터 음률을 익히게 되었지요."

"역시 그러셨군요. 어쩐지 우리의 음률이 서로 잘 어울린다고 생각했었는데… 저도 사실은 이에님으로부터 궁술을 배우고 있을 때 자주 그분을 찾아오셨던 아론님으로부터 수금을 익히게 되었던 것입니다."

"그리고 보니… 아가씨와 저는 같은 분에게서 음률을 전수받은 사형제(師兄弟) 간이로군요."

"그렇지만 전하께서는 제 조카뻘이 되신다는 것도 기억해 두셔야 해요."

"조카뻘?"

"제 언니의 아들은 에벨이고 전하께서는 에벨의 사촌 형님이시니 에벨이 저의 조카이니까 전하께서도 조카가 되는 셈이지요. 어쨌든 좀더 세월이 한가해지면 한번 또 음률을 맞추어보고 싶습니다. 내공이 모자라시면 치명타를 입으실지도 모르니 단단히 준비해 두십시오."

"역시 나는 무서운 여자들로부터 헤어나기가 어려운 모양입니다. 그런데… 아무리 저의 사돈 아주머니뻘이 된다고 하셔도 저는 그냥 아가씨라고 부르겠습니다만, 아가씨께서는 어떻게 바벨에 오셨느냐고 물은 저의 질문에 대해서 아직 대답을 안해 주셨는데요."

"제가 여기에 온 것은 전하를 뵙기 위해서였습니다."

"저를…?"

"전하, 아시다시피 가나안의 음모와 앗수르의 허수아비들을 붕괴시키기 위해서는 아르박삿 가문의 역할이 매우 중요합니다."

"물론 저도 그렇게 생각하고 있습니다만… 아가씨께서는 이 셀라가 그 역할을 감당할 수 있을까, 그 점이 염려되어서 출동하셨군요?"

셀라가 계속해서 빈정거리는 바람에 에바는 눈을 흘겼다.

"전하께서는 마치 에바의 인내심을 시험하고 계신 것 같은데… 에바도 무서운 여자 중의 하나랍니다. 사실 전하께서 아르박삿의 왕이 아니시라면 벌써 제게 몇 대쯤 매를 맞으셨을 것입니다."

"이거 내가 공연히 아가씨의 성미를 건드린 것 같군요. 그 아르박삿 가문의 역할에 대한 이야기를 계속하시지요."

"물론 전하께서도 모든 것을 잘 처리하시고 계시리라 믿습니다만… 저희에게 무엇보다도 중요한 것은 하노스도 지적했다시피 훈련된 주력 부대인데 지금 그나마 가문 단위의 정규군을 가지고 계신 분은 전하뿐이므로 전하에 대한 샤론 마을 사람들의 기대가 큰 것입니다. 그런데 전하께서는 늘 이 반역의 탑 공사장에만 나와 계시니 정규군의 훈련은 어떻게 하고 계시는가 궁금했던 것입니다. 더구나 전하께서는 정규군의 많은 지휘관들을 바벨의 공사장에 동원하셨다고 하는데…"

"샤론 마을의 준비는 잘 되어가고 있습니까?"

"최선을 다하고 있지요. 그동안 모두들 있는 힘을 다하여 동지들을 규합하였고 앗산 장군을 비롯한 샤론의 지도자들이 엄격하게 심사를 해서 주력부대를 조직했습니다. 지금 샤론 마을의 입주자는 약 3천 명에 이르고 있어요. 앗산 장군과 네브로데가 그들을 훈련시키고 있지요. 우사 마달님께서 병기와 중장비의 제작을 지휘하시는 중이고 하루하 노인은 마필의 조련을 담당하고 있지요. 하루하 노인의 아들 후넨은 자금의 조달과 연락망의 조직을 담당했고 저와 고센은 각 가문의 동조세력을 규합하는 데 나서고 있습니다."

"그… 동조세력의 규합은 어떻게 진행되고 있습니까?"

에바는 잠시 주위를 둘러보다가 목소리를 낮추어서 말했다.

"이미 엘람에는 수시아나 여왕에 의하여 축출된 자들로 상당한 반대세력이 형성되어 있습니다. 특히 아한과 시브온의 두 장로님은 왕실의 혈육인 수알 왕자를 데리고 있기 때문에 그들에 대한 엘람의 지지세력이 거의 반 이상될 것으로 보고 있습니다. 이미 엘람 군대의 많은 지휘관들이 수알 왕자에게 충성할 것을 서약했습니다. 그리고 룻 가문은 그들의 정규적 조직보다는 그 나라의 저변을 이루고 있는 각 무예계 문파의 사조직들에 침투해 들어가고 있습니다. 그러나 이들 문파들은 모두 자기네 문파의 자랑과 긍지를 가지고 있기 때문에 이들을 규합하려면 하나의 구심점이 있어야 한다는 것이 문제입니다."

"구심점…?"

"그렇습니다. 우리가 조사한 바로는 어느 문파이든 그들은 룻 가문 무예의 전설적인 사조(師祖) 라멕의 정통 계승을 표방하고 있습니다. 그 라멕이야말로 하난 대제의 아우이며 앗수르의 군사였던 악갓과 도원수였던 치우를 길러낸 무성(武聖)입니다. 그런데 그 라멕에게는 악갓과 치우 말고도 또 다른 제3의 제자가 있었다는 것이지요. 그가 누구인지, 그리고 그가 어디 있는지를 찾아내기만 하면 룻 가문의 바탕을 이루고 있는 모든 무예계의 문파들을 결속시킬 수 있는 것입니다."

"아람 가문은 어떻게 되었습니까?"

"지금 가장 순조롭게 포섭공작이 진행되고 있는 곳이 아람 가문이지요.”

“그것은… 아람이 에바 아가씨의 가문이라 그런 것 같군요.”

“그렇습니다. 사실상 아람 가문은 가나안 쪽의 음모에 휘말려들었던 것이 밝혀졌습니다. 가나안은 그들의 밀정들을 아람 가문에 잠입시켜 아람 왕실의 형제들 사이를 이간하였습니다. 아람 가문은 본래 여호와 신앙이 독실하였던 가문인데 가나안 밀정들의 공작에 넘어가 형제들끼리의 반목이 시작되었던 것입니다. 그런 가운데 왕실의 후계자였던 저의 부친께서 원인 모르게 피살되었습니다. 아람 가문의 왕이셨던 저의 조부께서는 아들의 피살이 형제들과의 반목에서 비롯된 것이라 단정하시고 갑자기 자취를 감추어 버리셨던 것이지요. 조부께서 종적을 감추셨기 때문에 저의 종조부들인 훌과 게델과 마스가 아람을 치리하고 있지만 그들은 모두 자기들이 가나안 밀정들의 공작에 넘어갔던 지난날을 뉘우치고 있습니다.”

“그렇다면 그들은 다시 여호와 신앙으로 돌아올 수 있는 가능성이 있군요?”

“사실은 지금도 그들의 가정마다 여호와 신앙을 지키기 위한 드라빔들이 숨겨져 있습니다. 그것은 왕실에서도 마찬가지이고요.”

“그런데 어째서 그들은…”

“아람은 지금 천하를 쥐고 있는 앗수르나 가나안에 자기들의 본심이 노출되는 것을 꺼리고 있습니다. 그래서 그들은 지난번 만국회의의 입장식에도 아다드, 난나르, 아나트 같은 기묘한 신들을 억지로 만들어 가지고 출장했던 것이지요.”

그것은 참으로 고무적인 정보였다. 온 천하가 모두 여호와를 떠나 있는 줄 알았는데 아르박삿 말고 또 한 가문이 여호와 신을 섬기고 있다면 그것은 천군만마보다도 더 큰 힘이 될 수 있었던 것이다.

“그래서… 아람 가문의 포섭은 어느 정도로 진행되었습니까?”

“아람에 대한 저의 접근은 무술대회에 출전했던 게델의 아들 야긴으로부터 시작되었지요. 저는 대회에서 탈락된 야긴을 위로하면서 제가 그의 당질녀(堂姪女)란 것을 밝혔습니다. 저는 그와 이야기하면서 아람 왕실의 지도자들이 모두 지난날의 과오를 뉘우치고 있으며 사실상 모두 백성들이 여호와 신앙으로 돌아가 있다는 사실을 들을 수 있었지요. 더구나 놀라운 것은 종조부들의 변화였습니다. 저는 즉시 세 분의 종조부들을 모두 만났고 가나안의 음모를 분쇄하려는 샤론의 계획을 전달했습니다. 더구나 저는 제 부친의 혈육이 딸뿐임을 들어서 가문의 장자권은 당연히 홀 종조부에게 돌아가야 한다고 선언했기 때문에 아람 가문의 전향은 간단하게 이루어졌던 것입니다."

"그동안 수고가 많으셨군요. 이제 우리의 계획은 점점 구체화되어 가고 있는 것 같습니다. 그러면 이번에는 제가 이곳에서 하고 있는 일들을 말씀드리지요."

셀라는 고개를 돌려 평화의 탑 공사장을 한번 더 돌아본 다음 말을 이었다.

"아시다시피 이곳 바벨의 공사장에는 전세계에서 인부들이 몰려들고 있습니다. 뿐만 아니라 각국의 왕들은 자기네 인부들의 인솔자를 모두 자기네 가문의 유력자들로 임명하여 파견하고 있는데 그 이유는… 말할 것도 없이 세계 각국에 대한 정보수집인 것입니다. 모든 나라가 겉으로는 평화의 탑을 쌓는다고 하지만 사실은 각국의 이해(利害)가 가장 날카롭게 대치하고 있는 곳이 바로 바벨이지요. 바벨은 그들의 정보수집장이고 또 외교무대인 것입니다."

"그렇겠군요."

"우리가 이 외교무대를 놓칠 수는 없는 것이지요. 나는 이 바벨의 공사에 참여하면서 각국의 정보를 수집하는 한편 우리 쪽의 계획이 저들의 정보망에 걸리지 않도록 위장정보를 흘리고 있습니다. 특히 야벳 집안과의 우의를 다지기 위하여 외교공세를 펼쳤지요. 아마도 이것은 고센이 야벳 집안의 가문들을 포섭하는 데 큰 도움을 주었을 것입니다."

셀라가 그렇게 설명하자 에바는 셀라에게 탑 쌓는 일에만 충성하고 있다며 셀라를 비꼬았던 것을 미안스럽게 생각하는 눈치였다.

"그러나 제게는 또 한가지 계획이 있는데…"

"또 한가지…?"

"그것은 저 평화의 탑을 무너뜨리는 것입니다."

"무너뜨린다고요?"

"저 탑은 이름만 평화의 탑이지 사실은 신에 도전하는 반역의 탑이며 인간들의 오만을 쌓아올리는 자고(自高)의 탑입니다. 제각기 서로를 잡아먹으려는 탐욕에 사로잡혀 있으면서도 그들의 지혜로 무엇이든 할 수 있다는 그 생각이야말로 인류 최대의 재난이며 화근이지요. 그래서 나는 저 탑을 무너뜨리기로 결심한 것입니다."

"하지만… 아르박삿의 인부들도 지금 탑을 쌓는 데 협력하고 있지 않아요?"

"그들은 지금 매우 중대한 임무를 수행하고 있는 것입니다."

"……"

"아르박삿은 다행히도 그 축성기술을 인정받아 벽돌 쌓기 작업에 동원되고 있습니다. 지금 아르박삿이 담당한 부분에서 벽돌 쌓고 있는 기술자들은 아르박삿 최고의 기술자들이지요. 그들은 지금 벽돌을 쌓으면서 필요한 곳곳에 가짜 벽돌을 끼워넣고 있습니다. 우리 아르박삿 기술자들은 탑에 관한 또 하나의 다른 설계도를 작성해 가지고 있습니다. 그것은 곧 정규의 벽돌에 가짜 벽돌을 어떻게 섞어서 쌓느냐 하는 설계인데 간단한 조작으로 탑 전체가 무너져버리도록 설계한 것입니다. 우리가 결정적인 시기에 앗수르와 가나안을 공격한다면 저 탑도 동시에 무너져 내릴 것입니다."

"그러셨군요."

"지금 아르박삿에서는 군대장관 미가가 2천 명의 정규군을 훈련시키고 있습니다. 그들은 산악 훈련에 숙달되어 있기 때문에 공성(攻城) 부대로서는 천하 제일이 될 것입니다."

에바는 더 이상 셀라에게 대꾸를 못하고 있었다. 그만큼 셀라가 하고 있는 일은 놀랍도록 치밀해서 나무랄 데가 없었던 것이다.

"아르박삿의 2천 명과 샤론의 3천 명을 합하면 하노스가 말했던 5천 명의 주력부대가 될 수 있겠군요. 그런데… 하노스는 지금 어디에 있답니까?"

"하노스는 지금 가나안 지경의 남단으로 들어가고 있다는 정보가 들어와 있어요."

"가나안의 남단이라면… 살렘 지역이군요."

"살렘…?"

"가나안 사람들이 중죄인들을 처형하는 곳입니다. 하노스의 부친인 하난 대제도 그곳에서 처형당했다는 곳 아닙니까?"

"그렇게 무서운 곳이면서 이름만은 좋게 붙였군요."

"그렇습니다. 살렘이란 본래 평화라는 뜻이지요. 가나안 사람들이 보기에는 그들의 생각에 동조하지 않는 사람을 모두 다 죽여 버리는 것이 평화이니까요."

"하노스가 살렘에 갔다는 것은 이해할 수 있지만… 너무 과거에만 빠져버릴까봐 걱정이로군요."

"하노스는 그렇지 않을 것입니다. 틀림없이 과거에서 현재를 해결하는 열쇠를 찾아내겠지요. 과거란 우리에게 꼭 비능률적인 것만은 아닌 것 같습니다. 오히려 잃어버렸던 과거속에서 황금의 열쇠가 나오는 수도 있으니까요."

"그러나 그것이…"

"얼마나 오래 걸릴는지 모르지 않느냐는 말씀이시지요? 하노스는 곧 해낼 겁니다. 그에게는 모든 일을 근본부터 따져서 살피는 남다른 재능이 있는 것 같거든요. 하노스는 3년을 이야기했는데… 사실 우리가 맡은 모든 것을 해내려면 오히려 3년은 부족한 것인지도 모릅니다."

에바는 확신에 찬 셀라의 말을 들으며 자못 안심이 되는 모양이었다. 사실은 에바 자신도 자기가 맡은 일을 해내면서 뭔가 마음 한구석이 허전한 것 같아서 셀라를 찾아왔던 것이다. 전에는 혼자서 천하를 누비던 여장부였었는데 이상하게도 그녀는 요즘 자꾸 누구에겐가 의지하고 싶은 마음이 생기는 것이었다.

"그런데 아가씨 …"

"……?"

"이 셀라는 여자 공포증 때문에 장가를 못간다고 말씀드렸습니다만 아가씨는 어째서 시집을 안가고 계시지요? 역시 남자 공포증인가요?"

에바는 갑작스러운 질문에 얼굴이 빨개지더니 입을 오물거리다가 대답했다.

"…남자 공포증이 아니라 남자 혐오증이겠지요."

끝없는 소멸(燒滅)을 따라

그것은 끝없는 공백이었다. 아무런 그림도 자취도 남겨지지 않는 공백만이 끝없이 펼쳐지고 있었다. 어떠한 점도 그 속에 들어가면 공백과 함께 녹아버릴 수밖에 없는 뜨거운 열기 속에 또 하나의 점이 나타나서 꿈틀거리며 그 공백속으로 굴러 들어가는 것이었다.

그것은 송두리째로 태양 속에서 타고 있었다. 아니 그것은 이미 새까맣게 타버려서 숯덩이가 되고 있는 중이었다. 그러나 아직도 그 숯덩이는 꿈틀거리고 있는 것이었다. 온 몸의 수분이란 수분은 이미 다 메말라버려서 그의 몸은 마치 열풍에 불려다니는 가시덤불과 같았다. 그의 온 몸은 이미 다 죽어 있는데도 그의 두눈만이 하염없는 공백을 응시하고 있었다.

(……?)

불타는 공백속에서 그는 문뜩 작은 그늘이 자기를 덮어주는 듯한 환각속에 빠지고 있었다. 그것은 어쩌면 서늘한 죽음의 그늘인지도 몰랐다.

(죽음이란 바로 식어버리는 것을 말하는 것인가…? 나는 지금 사막의 열기속에서 혼자 식어가고 있는 것이다.)

그는 살아온 짧은 인생속에서 죽음을 목격하지 않은 것은 아니었다. 그는 바로 자신의 주변에서 죽어간 많은 사람들을 보았던 것이다. 그러나 그가 자신의 부친에 관한 이야기들을 들은 이후로는 그 부친과 자기

가 연결되어 있는 끈이 바로 죽음인 것을 인식하게 되었다. 이미 가나
안 땅의 살렘에서 처형당했다고 하는 그 아버지와 자기를 연결할 수 있
는 것은 아무것도 없었다. 그 아버지는 죽음 저편에 있었고 하노스는
죽음 이편에 있었다. 아버지와 하노스를 이어주고 있는 끄나풀은 오직
그 죽음뿐이었던 것이다.

  그래서 하노스는 그 죽음을 찾아나섰던 것이다.

  (죽음이란 무엇인가? 왜 인생에는 죽음이 있게 되었는가? 아버지와
나를 이어주기 위하여 죽음이 생긴 것인가? 그것은 어쩌면 다행이었는
지도 모른다. 죽음이 없었다면 아버지와 나는 영영 이어지지 못하는 별
개의 점이 되어 버렸을 것이니까…)

  그는 미스라임 사람들의 장사 방식을 생각하고 있었다. 부활의 신인
오시리스를 섬기고 있는 미스라임 사람들은 사람의 유체를 원형대로 보
존하기 위해서 뇌수와 내장을 꺼낸 다음 야자유로 씻어낸 복강(腹腔)에
몰약(沒藥)을 채워넣고 횟가루에 묻어 수분을 건조시키는 방법을 쓰고
있었다. 약 40일간의 수분 제거가 끝나면 다시 별도로 건조한 내장을
복강에 집어넣고 꿰맨 다음 아마포로 전신을 감아 사막의 묘혈에 매장
하는데 그 열기로 인해 시체는 완전히 건조되어 오랫동안 그 원형을 보
존하게 되는 것이었다. 하노스가 미스라임을 방문했을 때 메네스 왕자
가 보여주었던 그 거대한 건축물의 설계는 바로 건조된 유체를 안치하
기 위한 것이었다.

  (…이렇게 검불처럼 사막에서 말라버리면 무엇이 다시 인생을 살릴
수 있다는 말인가? 사막에는 오직 공백과 적막만이 있지 않은가?)

  그는 다시 아버지와 자기의 관계를 생각하고 있었다. 태어나서 얼굴
도 보지 못했던 그 아버지라는 존재는 오직 그 이름만 남아 있을 뿐 아
무것도 없는 것이었다. 하노스 자신을 낳았고 그를 이 세상에 있게 해
주었던 존재인데도 그 아버지는 아무 데도 없었다. 오직 죽음만이 아버
지와 하노스 사이에 연결되어 있었던 것이다. 거기에 무엇인가 비밀의
열쇠가 있는 것 같았다.

  (죽음… 그 속에는 무엇이 있단 말인가?)

  다시 하노스의 추적은 죽음을 뚫고 들어서는 것이었다.

(죽음은 어떻게 시작되었을까 … ?)

죽음이란 결국 하나의 분리된 개념이었다. 애초에 아무것도 없었다면 죽음이란 말도 없었을 것이다. 처음부터 삶이란 것이 생기기 시작했기 때문에 죽음이란 것도 생겼을 것이었다. 그렇다면 어째서 삶과 죽음은 분리되기 시작했던 것일까. 처음에는 그것이 모두 하나의 개념이었는지도 몰랐다.

(그렇다… 적막한 공백속에서 갑자기 나타난 내 아버지를 나와 연결시켜주고 있는 것은 오직 그 죽음이란 것뿐이었다. 그렇다면 죽음이란 끝나는 것이 아니고 시작하는 개념인 것이다. 죽음에서부터 시작하는 것이다. 내 아버지 하난은 죽음으로써 나와 관계를 맺기 시작했던 것이다…)

결국 죽음이란 하노스의 아버지와 하노스를 이어주는 끈이었을 뿐만 아니라 모든 사람들을 서로 연결시켜 주는 끈이었다. 바로 그 죽음이라는 끈의 한가닥이 하노스에게 가냘픈 빛을 던져주는 열쇠로 남은 것이었다.

(죽음에서 시작된다… 죽음에서…)

이미 하노스의 인생은 아버지 하난의 죽음으로부터 시작하여 새로운 국면으로 접어들기 시작한 것이었다. 그는 죽음속에서 아버지를 찾아야만 자기와 아버지의 관계를 되찾고 그 아버지의 아버지, 아버지의 아버지… 그렇게 하여 모든 비밀을 찾아낼 수 있을 것 같았다.

(그러나… 죽음의 끈을 잡고 시간을 거슬러 올라가더라도… 나는 결국 홍수라고 하는 역사의 수몰지대에 도달하게 될 것 아닌가…?)

역시 그 홍수는 하노스에게 있어서 심연이었다. 그것은 모든 것을 삼켜버린 수몰(水沒)이었고 건너뛸 수 없는 단절이었던 것이다.

(홍수 이전… 나는 그 너머로 건너뛰어야 한다. 수많은 생명들이 침몰되어 버린 그 단절 저편으로 건너가야만 나는 해결의 원점에 도달할 수 있는 것이다. 나는 그 수많은 죽음의 끈들을 붙잡고 절벽 저쪽에 도착하고야 말 것이다. 그러기 위해서는… 나는 우선 아버지 하난의 죽음을 찾아가야 한다.)

그러나 하노스는 이미 더 이상 움직일 수가 없었다. 이미 그의 모든 것은 증발되었고 그는 오직 검불처럼 사막에 나뒹굴고 있었던 것이다.

(아아… 이래선 안되는데… 여기서 끝나서는 안되는데…)

그러나 이상하게도 그의 타버린 몸 위로 한조각의 그늘이 덮여오는 것을 그는 느끼고 있었다. 무언가 부드러운 손길 같은 것이 그의 몸과 얼굴을 쓰다듬고 있는 것 같았다.

(……?)

모든 것이 다 말라버린 그의 입 속으로 맑은 액체가 흘러들어오고 있었다. 그는 간신히 혀끝을 움직여 보았다. 그의 입 속으로 흘러들어온 것은 물이었다.

(물의 흔적이라고는 전혀 없는 이 사막에서… 이건 무슨 물인가? 수많은 죽음을 삼켜버린 저 홍수의 현장으로부터 흘러내려온 물이란 말인가…?)

그는 헐떡이며 좀더 목구멍을 크게 열어보았다. 분명히 서늘한 액체가 목구멍을 넘어들어오고 있었다. 꿈속에서처럼 한가닥의 음성이 들려왔다.

"정신을 차리시오."

"……?"

하노스는 더 이상 움직여지지도 않는 목을 비틀어보려 애를 썼다. 그가 간신히 목과 눈동자를 함께 돌렸을 때, 그의 눈앞에는 검은 그림자 하나가 보이고 있었다. 그 사람은 해를 등지고 있었기 때문에 검은 그늘로 보였던 것이다.

"…정신이 좀 드시오?"

그는 입술을 달싹거려 보았으나 아무런 소리도 나오지 않는 것이었다.

(정신이란 무엇인가…? 그는 나에게 정신을 차리라고 했다. 몸이 검불처럼 말라버렸을 때 나로 하여금 죽음의 끄나풀에 대해서 생각하게 했던 그 정신이란 또 무엇이란 말인가…?)

그 사람은 계속해서 하노스의 입 속에 물을 부어넣고 있었다. 꿀꺽 소리를 내며 목구멍을 넘어간 물줄기는 뱃속으로, 그리고 온 몸 안으로 스며들어가고 있었다. 하노스는 그의 몸 속에서 다시 흐르기 시작하고 있는 그 물소리를 듣고 있었다.

"어디로 가는 나그네이시오?"

하노스는 생각해 보았다. 그는 조금전에 어디론가 가야겠다고 생각하였던 것이다.

(그렇다… 나는 아버지 하난의 죽음을 찾아가야 한다. 그 죽음의 흔적을 찾아가야 하는 것이다.)

하노스는 다시 입술을 달싹거렸다. 소리가 새어나오기 시작했다. 혀와 입술이 아니라 그의 목구멍 속으로부터 소리가 새어나오고 있는 것이었다.

"살… 렘…"

마치 헛김을 뿜듯이 그 소리를 토해 낸 하노스는 눈을 감고 있었다. 이제 그는 까마득한 어둠 속으로 가라앉아 가고 있는 것이었다. 그는 자기가 생각했던 대로 죽음의 흔적을 찾아서 어둠 속으로의 기나긴 여행을 시작했는지도 몰랐다.

그의 입에 물을 부어넣어 주던 사람이 물주머니의 마개를 닫아서 허리에 찬 다음 하노스의 몸뚱이를 들쳐업었다. 그리고 잠시 주위를 둘러보다가 서쪽을 향해서 발길을 옮겨놓기 시작했다. 아직도 태양은 따가웠고 한 생명을 업은 사람의 발걸음은 무거웠다. 더구나 등에 업고 있는 그의 생명이 점점 더 깊숙한 어둠 속으로 가라앉아 가고 있었기 때문에 그의 발걸음은 더욱 무거워지고 있었던 것이다.

그 사람은 걷고 또 걸었다. 그것은 끈질긴 침묵속의 행진이었다. 그는 태양이 지친 듯이 미끄러져 내리는 서쪽을 향하여 발걸음을 옮겨놓고 있었다.

(……)

그렇게 오랜 동안 침묵의 행진을 계속하고 있던 그 사람은 잠시 걸음을 멈추며 고개를 들었다. 그는 코끝으로 숨을 들이마셨다. 무엇인가 그 건조한 코끝에서 감지한 듯 그의 납처럼 굳어 있던 얼굴에 잔잔한 변화가 나타나고 있었다. 그는 다시 걸음을 옮겨놓기 시작했다.

그 사람이 하노스를 업은 채 야자수로 덮인 두마의 오아시스에 도착한 것은 아직도 태양이 서쪽 하늘에서 머뭇거리고 있는 이른 저녁이었다. 그는 맑은 샘물에 손을 담가볼 생각도 하지 않고 곧장 야자수 숲 속에 웅크리고 있는 하얀 벽돌집 쪽으로 걸어갔다. 이미 그 집앞에는 사막을 횡단해 온 장사꾼들의 낙타들이 물을 마시고 있었다.

햇볕만 가득한 공간 속을 걸어왔기 때문에 갑자기 건물 안으로 들어선 그 사람은 오래간만에 들어선 그늘 속에서 넋을 잃은 듯 서 있었다.

"아니… 이거 데녹님 아니십니까?"

안쪽으로부터 몸집이 뚱뚱한 사내가 뛰어나오면서 나그네를 맞았다. 그리고 그는 재빨리 손님이 업고 있는 소년을 들여다보는 것이었다.

"조난자로군요?"

그는 고개를 끄떡였다.

"그렇다네"

"사막에 쓰러져 있었습니까?"

"그런 셈이지. 우선 이 아이를 조용한 곳에 눕히도록 해주겠나?"

"물론입죠. 이리… 이리로 오십시오."

문 안쪽에는 많은 장사꾼들이 웅성거리고 있었기 때문에 주인은 데녹을 집안으로 안내하였다. 그는 조용한 방 하나를 데녹에게 내주었다.

"고맙네, 로간."

로간이라고 불리운 주인은 데녹이 업고 있던 사람을 내려서 눕히도록 도와주고 나서 익숙하게 그 용태를 살피고 있었다. 이 두마의 오아시스에 들어오는 장사꾼들은 이따금씩 그런 조난자들을 자주 낙타에 실어오곤 했기 때문에 그런 일에 익숙했던 것이다.

"…어렵겠군요."

"살려내야 하네."

"너무 늦은 것 같은데요."

"언제나 너무 늦은 일이란 없는 법일세. 이 아이는 죽을 수 없게 되어 있어."

"알겠습니다."

로간은 곧 필요한 조치들을 취하기 시작했다. 그는 우선 하노스의 옷을 벗겨내고 온 몸을 물에 적신 수건으로 덮어 열기를 빼낸 다음 화상 입은 곳에는 야자수의 기름을 발라서 말라버린 피부를 소생(燒滅)시키고 있었다. 그는 이따금씩 하노스의 얼굴을 살피면서 그의 눈과 코와 입에다가 각각 다른 액체를 흘려넣기도 하고 때로는 그 몸의 몇 군데를 손으로 힘껏 누르기도 하면서 혼신의 노력을 기울이고 있었다.

그러는 동안에도 하노스를 업고 온 그 데녹이란 사람은 마치 석상처럼 꼿꼿하게 앉아서 그 모든 일을 지켜보고 있는 것이었다. 그는 아직도 제법 건장해 보였으나 두건을 벗은 그의 머리카락은 이미 하얗게 세어 있었다.

"……?"

나무토막 같던 소년의 몸뚱이가 조금씩 부드러워지는 것 같더니 그 고개가 약간 옆으로 움직이고 있었다.

"…움직였는가?"

"그렇습니다."

로간은 다시 소년의 입에다가 병 속에 든 액체를 흘려넣고 있었다. 소년의 목구멍이 움찔거리더니 액체가 목구멍을 통하여 흘러들어가는 것이었다.

"…정신이 돌아오고 있는가?"

"그렇습니다."

소년의 안면에 변화가 일어나고 있었다. 눈썹이 움직이고 미간을 찌푸리는 것 같더니 마침내 눈꺼풀이 움직이는 것이었다.

"데녹님, 죄송하지만 창문을 좀 열어 주시겠습니까? 이 사람에게는 지금 빛이 필요합니다."

데녹은 주인의 부탁대로 일어나서 창문을 열었다. 미지근한 바람과 함께 기울어져가는 저녁 햇살이 창문을 통해 쏟아져 들어왔다. 그 햇살이 바로 하노스의 얼굴까지 흘러내렸다. 그의 눈꺼풀 속에서 눈동자가 움직이고 있었다. 그러더니 이윽고 그의 눈은 천천히 열리는 것이었다. 그는 아직도 촛점 잃은 눈으로 허공을 바라보고 있었다. 데녹이 그 얼굴 가까이 다가섰다.

"…정신이 좀 드는가?"

"……"

그의 눈동자는 아직도 소리의 방향을 알지 못하는 듯 허공에 고정되어 있었다. 그의 입술이 달싹거리는 듯하다가 다시 멈추었다. 주인 로간이 병 속의 액체를 그의 입 속에다 또 부어넣었다.

"…살렘으로 간다고 했소?"

비로소 하노스의 눈동자가 데녹 쪽으로 옮겨지고 있었다. 그리고 그의 입술이 다시 움직이더니 목소리가 새어나왔다.

"…여기가 …어디입니까?"

로간은 잠시 고개를 끄떡이더니 벽 쪽으로 걸어가서 창문을 닫았다. 정신이 든 하노스가 더 이상 눈이 부시지 않도록 하기 위해서였다.

"이제 안심해도 좋소. 여긴 두마에 있는 주막이오."

"……"

하노스는 조금 더 눈동자를 굴리더니 다시 눈꺼풀이 내리덮이고 있었다. 데녹은 주인을 돌아보았다. 주인 로간이 고개를 끄떡이며 말했다.

"괜찮을 것입니다. 편안하게 잠속으로 빠져들어가고 있는 것이지요. 다시 눈을 뜨게 되면 음식을 들 수 있을 것입니다."

"수고가 많았소."

"별 말씀을요, 늘 하는 일인뎁쇼. 그런데… 데녹님께서도 뭘 좀 드셔야지요?"

"괜찮네"

로간은 밖으로 나가더니 커다란 대접에 맑은 액체를 가득히 담아가지고 들어왔다.

"우선 목을 좀 추기십시오."

"고맙네"

데녹 노인은 그제서야 로간이 내미는 대접을 받아들고 꿀꺽꿀꺽 그 속에 담긴 것을 마셨다. 신선한 야자 열매의 과즙이 노인의 어두운 표정을 조금씩 펴게 하고 있었다.

"장사는 잘되고 있는가?"

"네, 모든 것이 다 데녹님 덕분입니다. 지난번 그 일이 있은 이후로는 이 두마에 도둑떼가 얼씬도 하지 못하고 있습니다."

"그들이 혹시 또 오더라도 이번에는 대접을 잘 해주게."

"……?"

"그들도 오죽하면 도둑질을 하고 다니겠나? 어쩌다 한번 저지른 실수 때문에 세상에서 발붙일 곳이 없어지니까 그 짓을 하게 되거든."

"나그네를 위해서 수고하는 주막이나 바르게 장사하는 사람들을 괴롭히면 그냥 두지 않겠다고 하신 데녹님의 꾸중 때문에 그들이 두마에는 나타나지 않고 있으나 가나안 지경의 성읍들을 습격하는 도둑의 떼가 더욱 늘어나고 있다는 소문입니다."

"세상이 악해질수록 도둑은 늘어나게 되어 있거든."

"그런데… 이 사람은 살렘으로 간다고 하셨지요?"

"그런 것 같더군."

"그렇다면 랍바를 지나서 요단 강을 건너야 하겠군요."

"그럴 테지"

"어째서 그 음산한 곳으로 가려는 것일까요? 차라리 여리고로 간다면 몰라도…"

로간의 말은 옳았다. 랍바는 사막에서 가나안 지경으로 들어서는 관문이었을 뿐만 아니라 남으로는 미스라임, 북으로는 다메섹을 거쳐 메소포타미아에 이르는 대로를 거머쥔 교통의 요충이었고, 여리고는 바로 요단 강을 건너자마자 나타나는 첫번째 성읍이며 교역의 중심지였다. 그러므로 사막에서 낙타의 대열을 이끌고 들어오는 대부분의 장사꾼들은 랍바에서 그 방향을 돌려잡거나 아니면 요단을 건너 여리고에서 그 짐을 풀고 승부를 걸었던 것이다.

그러나 지금 데녹이 말했던 살렘이라는 곳은 가나안의 흉악범들이 처형되는 음산한 곳이었던 것이다. 뿐만 아니라 여리고에서 살렘으로 올라가는 골짜기는 전갈과 불뱀이 우글거리는 험로였고 목적지에 이르러 보았자 나무에 매달아 처형한 죄인들의 시체만 즐비한 죽음의 골짜기를 건너 여부스의 음침한 백성들이 살고 있는 동굴들이 입을 벌리고 있는 곳이었던 것이다.

"이 사람은 여부스 사람일까요?"

여부스는 가나안 가문의 아홉 제후 중 하나인 왕의 이름이었다. 여부스는 가나안 왕 시돈에게 충성하는 침묵의 심복이었고, 여부스의 백성들은 죽음의 성읍에 깃들어 사는 백성답게 음침하고 잔혹한 성품들을 지니고 있었다.

　"…여부스 사람은 아닌 것 같네. 이 사람의 미목은 단정하고 옷차림새는 앗수르식으로 띠를 매었으니 셈 집안의 사람인 것이 분명한 것 같아…"

　"데녹님, 이 사람이 잠에서 깨어나려면 시간이 좀 걸릴 테니 그동안 요기를 좀 하시지요."

　"아닐세. 나도 우선 잠을 좀 자야겠어. 꿈속에서 이 사람의 내력을 좀 조사해 볼 생각일세. 그런데… 로간, 내 부탁을 한가지 들어줄 수 있겠나?"

　"여부가 있겠습니까? 말씀만 하십시오."

　"이 아이가 기력이 회복되는 대로 나도 함께 살렘으로 가려 하는데, 혹시 랍바로 보낼 물건이 있다면 낙타 두 마리를 좀 빌려줄 수 있겠나?"

　낙타는 사막의 중요한 수송수단이었다. 사나흘 정도 물을 먹지 않고도 견딜 수 있는 데다가 자유로이 닫힐 수 있는 콧구멍과 여러 겹의 기다란 속눈썹은 사막의 모래바람으로부터 스스로를 보호할 수 있게 되어 있었고 넓다란 발바닥은 사람과 짐을 싣고 사막을 걷는 데 적합한 것이었다. 두마는 사막 사운데 있는 오아시스였기 때문에 끊임없이 랍바와 연락이 있었다. 그래서 이따금씩 손님에게 낙타를 부탁하여 물건을 가져가기도 하고 실어오기도 했던 것이다.

　"그러시다면 마침 잘되었습니다. 랍바로 보낼 짐은 얼마 없지만 거기서 가져와야 할 짐이 있습니다. 떠나시게 되면 두 마리를 내어드리지요. 빈 몸으로 사람만 태우고 가면 낙타의 걸음도 더 빨라질 수 있을 테니까요."

　"그렇다면 아주 잘되었군. 낙타는 누구에게 데려다 주면 되는가?"

　"곡물상을 하고 있는 헤맘을 아시는지요?"

　"음… 그 친구는 랍바에서도 제법 큰 장사꾼이지."

　"그 집에 맡겨놓으시면 되겠습니다."

　"알겠네"

　"그럼… 좀 쉬시지요. 전 두 분이 요기하실 것을 좀 준비하겠습니다.”

로간이 허리를 굽혀보이며 방에서 나가자 데녹 노인은 다시 한번 하노스의 얼굴색을 살펴보았다. 제법 생기가 돌아오고 있었다. 데녹은 그제서야 좀 안심한 듯 등을 벽에다 기대면서 눈을 감았다. 그는 서서히 그의 피곤한 몸을 나른하게 늘어뜨리기 시작했다. 밖에서는 주인 로간이 그 아내에게 여러가지를 이르고 있었다.

“여보, 데녹님과 또 한 분이 식사하실 준비를 해야 되겠어. 고운 가루로 떡을 준비하고, 또 한 손님은 탈진 상태이니 연한 음식을 준비해야 될 거야. 나는 그동안 양을 한 마리 잡을 테니까…”

“저…”

로간의 아내는 남편의 옷자락을 잡으며 뭔가 할 말이 있는 듯 입을 열었다.

“왜 그래?”

“데녹님과 같이 온 손님은 누구인데요?”

“사막에서 조난을 당한 사람이야.”

“어떤 사람인데요?”

“나도 모르겠어. 어쨌든 데녹님과 같이 온 분이니 정성껏 대접해야 돼.”

“행색이 어땠어요?”

“옷차림으로 봐서는 앗수르 쪽에서 온 것 같더군.”

“나이는요?”

“열댓살쯤 되었을까…?”

“여보”

로간의 아내는 좀더 남편에게 가까이 다가섰다.

“당신, 얼마전 여기 왔던 가나안의 군인들을 기억하세요?”

“음…?”

그제서야 로간은 아내가 다그쳐 묻는 이유를 깨닫고 고개를 갸웃거렸다.

“그들이 말했잖아요? 앗수르 출신의 열댓살쯤 나 뵈는 소년이 나타나면 잡아놓고 랍바의 주둔군에 신고하라는…”

"그러나 여보"

로간은 잠시 주위를 살피다가 아내에게 단호한 목소리로 말했다.

"당신도 알다시피 데녹님은 우리의 은인이요. 그분이 아니었으면 우리 가족 모두가 몰살당할 뻔하지 않았소? 더구나 가나안 사람들은 우리를 위협하기는 해도 우리에게 아무런 은혜도 베풀지 않는 사람들이오. 그들이 앗수르 소년을 찾건 말건 우리와는 상관없는 일이니 우리는 데녹님의 일행만 정성껏 대접하면 되는 거요. 알겠소?"

로간의 아내는 알겠다는 듯 고개를 끄떡이며 부엌으로 들어갔다. 로간도 부지런히 자기 할 일을 시작했다. 손님들의 시중을 들면서 양을 잡아 요리 준비를 해야 하고 데녹 일행이 타고 갈 낙타와 랍바에 보낼 물건들도 챙겨놓아야 했기 때문이었다.

(그 앗수르 소년은 누구일까… 그를 치료할 때 데녹님의 표정으로 보아 매우 중요한 사람임에는 틀림없어. 그러나 내가 그까짓 가나안 놈들을 두려워할 필요는 없지. 그 놈들은 세상이 온통 자기들 것인 듯 거들먹거린단 말이야…)

그는 부지런히 손님들 사이를 왔다갔다 하면서도 자기 할 일들을 하나하나 해내고 있었다. 그래서 그들 부부는 잽싸게 데녹과 그 소년을 위한 저녁 상을 준비할 수 있었던 것이다.

그들이 준비한 음식을 들고 데녹의 방에 들어섰을 때, 벽에 기대어 앉아 졸고 있던 데녹이 눈을 떴다.

"데녹님, 식사를 좀 하셔야지요."

"아… 고맙네"

"저 분을 위해서도 연한 것을 좀 준비했습니다만…"

데녹은 하노스 쪽으로 다가가서 그를 가만히 흔들어 보았다. 그는 잠시 몸을 뒤채는 것 같더니 눈을 뜨며 사방을 둘러보는 것이었다.

"여기가… 여기가 어딥니까?"

그는 상반신을 일으키려 하다가 아직도 몸이 불편한지 미간을 찡그리고 있었다.

"이젠 안심하시오. 여긴 두마요."

"제가 어떻게 여길…?"

"당신이 너무 일찍 저승길로 가려는 것 같길래 내가 이리로 안내를 했지"

"댁은… 누구이신데?"

하노스는 자기가 사막의 뜨거운 태양 아래서 마른 검불처럼 뒹굴고 있을 때 자기 몸을 덮어왔던 그 한조각의 그늘을 기억해 내고 있었다. 목구멍으로 흘러들어오던 그 한줄기의 물도 그는 기억하고 있었다. 그리고 자기에게 정신을 차리라고 말하던 그 목소리도 그는 기억해 내기 시작하였다.

"나는 데녹이란 사람이오. 그리고 이분들은 이 주막의 주인이신 로간 내외이시고… 저 주인께서 당신을 소생시키기 위해 큰 수고를 하셨소."

"아…"

하노스는 비로소 뚱뚱한 모습의 주인을 바라보며 고개를 숙였다.

"무어라 감사 말씀을 드려야 할지 모르겠습니다. 저는… 니느웨에 살고 있는…"

"아"

데녹이 하노스 입을 막으며 나섰다.

"나는 이미 당신이 누구인지를 알고 있소. 주인 내외께서 식사를 마련해 오셨으니 요기를 좀 하십시다."

그는 주인의 아내가 들고 있는 쟁반을 바라보며 놀란 듯이 말했다.

"아이구… 이거 웬 걸 이렇게 잔뜩 준비하셨습니까?"

"주인 양반은 데녹님만 오시면 좀더 잘 모시고 싶어서 쩔쩔맨답니다."

"이거 내가 공연히 아주머니만 번거롭게 해드리는 것이 아닌지…"

"아닙니다. 저희 내외는 데녹님께서 구해 주시지 않았으면 벌써 이 세상 사람이 아닐 것입니다."

"또 그런 말씀을… 어쨌든 또 빚을 지는 셈치고 빈 창자를 채우겠습니다."

"어서 많이 드세요. 그리고 손님께서는…"

로간의 아내는 향긋한 냄새가 피어오르는 죽 같은 것을 하노스 쪽으로 밀어놓으면서 말했다.

"이걸 좀 들어 보세요. 너무 갑자기 다른 음식을 드시는 것보다 우선 연한 것부터 시작하시는 것이 좋을 것 같아서 만들어 보았습니다."

데녹은 쟁반 위에 놓여진 떡과 고기를 집어서 뜯었고 하노스는 죽그릇을 들어 입으로 가져갔다.

"저… 그런데 데녹님, 아까는 창황중이라 말씀을 못드렸습니다만…"

"……?"

데녹은 떡을 떼다 말고 주인을 바라보았다.

"얼마전 가나안 군인들 몇 명이 이곳에 들렀었습니다."

"그런데?"

"그들은 험상궂은 표정으로 저를 불러내더니 열댓살쯤 되는 앗수르 출신의 소년이 이곳에 오지 않았느냐는 것이었습니다. 제가 못보았노라고 했더니 그들이 말하기를, 만약 그런 소년이 이곳에 나타나면 우선 그를 잡아놓고 나서 랍바의 주둔군에 그것을 신고하라는 것이었습니다."

"신고…?"

데녹은 고개를 돌려 하노스의 얼굴을 물끄러미 바라보는 것이었다.

"앗수르 출신의 열댓살 난 소년이라…"

하노스는 죽그릇을 내려놓으며 주인 로간 쪽으로 고개를 돌렸다.

"그렇다면… 그것은 저에게 해당되는 말입니다. 저는 앗수르의 니느웨에 살고 있으며 나이는 이제 열여섯이 되었습니다. 저는 이곳에 머무를 터이니 주인께서는 랍바의 주둔군에 그 소년을 잡아놓았다고 연락하십시오."

그러자 주인 로간은 펄쩍 뛰며 두손을 내젓는 것이었다.

"아닙니다. 내가 그 이야기를 해드린 것은 그것을 알고 조심하시라는 뜻이었습니다. 저희가 무엇 때문에 데녹님의 일행되시는 분을 잡아놓고 우리와 아무런 관계도 없는 가나안 군인들에게 그것을 알리겠습니까?"

"그렇지 않습니다. 그렇게 하지 않으면 주인께서 그들에게 화를 입으실는지도 모릅니다."

"안됩니다. 이 로간은 무슨 일을 당하더라도 자기가 무사하기 위해서 남을 곤경에 밀어넣지는 않습니다. 어서 식사나 하십시오. 내 걱정은 안하셔도 좋습니다."

그들의 승강이를 바라보고 있던 데녹이 하노스를 바라보며 물었다.

"당신은 살렘에 갈 일이 있는 모양이던데 가나안 군대에 잡혀가도 되겠소?"

하노스는 고개를 끄떡였다.

"살렘으로 가는 일은 급하지 않습니다. 제가 살렘에 가려는 것은 죽음의 골짜기로 가려는 것인데 이 세상에는 어디로 가나 죽음의 골짜기가 있으니까요."

그러나 주막 주인 로간은 한사코 손을 저으며 하노스를 제지하는 것이었다.

"아닙니다. 손님께서는 안심하시고 작정하신 곳으로 가십시오. 다시 한번 말씀드리지만 저희 걱정은 안하셔도 좋습니다."

데녹은 하노스와 로간을 번갈아가며 바라보다가 빙그레 웃음을 띠며 말했다.

"그렇게 고집들을 부리지 말고 내 이야기를 들어보게. 내게 좋은 생각이 하나 있네."

"좋은 생각이라구요?"

"이렇게 하세. 우선 자네는 내가 부탁했던 대로 낙타 두 마리를 준비해 주게. 이 젊은이와 나는 예정대로 랍바에 가서 가나안 주둔군을 찾아가겠네."

"그들을 찾아가신다구요?"

"그렇게 하겠네. 나와 이 사람은 두마에 도착하여 자네의 주막에서 묵었으나 자네가 힘이 부족하여 우리를 잡지 못한 것으로 해두세. 그 대신 우리는 가나안 주둔군에게 가서 왜 이 사람예 대한 체포령을 내렸는지 따지면 어떻겠는가? 그렇게 하면 우리를 잡지 못한 자네의 변명도 되고 우리도 역시 잡히지 않으니 좋지 않겠는가?"

"그러나… 주둔군을 찾아가시면…"

"그 점은 걱정말게. 그 다음 일은 하늘에 맡기는 거야."

주인은 그제서야 알겠다는 듯이 고개를 숙이며 말했다.

"…잘 알겠습니다. 데녹님께서 모든 일을 잘 처리하실 줄 믿습니다.

그럼 어서 식사를 하십시오. 저희들은 물러가겠습니다.”

그들 부부가 물러나가자 데녹은 하노스를 바라보며 빙그레 웃었다.

“어서 죽을 더 드시오. 역시 젊어서 회복이 빠른 것 같소.”

“감사합니다.”

하노스는 다시 죽그릇을 입으로 가져가면서 데녹의 말을 되새겨보고 있었다. 그는 말하기를 그 다음 일은 하늘에 맡기자고 하였던 것이다. 물론 어떤 사람도 그런 말을 쓸 수는 있었다. 그러나 사람이 만들어낸 신들을 믿는 경우 그런 사람들은 흔히 신들에게 의뢰하기보다는 스스로의 걱정이 앞서고 당당하기보다는 오히려 초초와 불안속으로 자신을 더욱 밀어넣게 마련이었다. 그것은 바로 그들이 자신의 신들을 전폭적으로 신뢰하지 못하기 때문이었던 것이다.

그러나 데녹의 말에는 어딘가 여유가 있어 보였다. 하늘에 맡기자고 하는 그의 말은 하노스에게 있어 여호와 신에게 맡기자는 말처럼 전달되어 왔던 것이다. 그는 다시 죽을 한모금 마신 후에 데녹을 바라보았다.

“데녹님께서 이미 저를 알고 계셨다면… 처음부터 제 뒤를 밟아오신 것입니까?”

데녹은 고개를 끄떡였다.

“그렇다네”

하노스는 또 한번 놀라며 눈을 크게 떴다. 이 노인이 처음부터 하노스를 따라왔다면 도대체 언제부터 그를 미행했는지 알 수가 없었던 것이다. 하노스가 니느웨를 떠난 지도 이미 반년이 넘고 있었다. 그는 무술대회가 끝나자마자 하난 대제에게 출가(出家)를 통고하고 니느웨를 떠났던 것이다. 니느웨를 떠난 그는 힛데겔 강을 따라 아랫바다 쪽으로 내려가다가 수멜 황태자가 막바지에 몰려 죽었다는 라가스 성을 거쳐서 엘람 지경과 마대 지경을 떠돌았었다. 그러나 오랫동안을 방랑하면서도 하노스는 마음속에 들끓고 있는 혼돈(混沌)을 감당할 수 없어 마침내 다시 바벨을 거쳐서 사막에의 길로 들어섰던 것이다.

“데녹님께서는… 저에게 어떤 볼 일이 있으십니까?”

“그냥… 단순한 호기심이지.”

"……?"

"듣기에 이상할는지 모르지만 난 아직 이 나이에도 젊은이들의 주먹싸움에 홍미가 있다네. 그래서 천하장사들이 다 니느웨의 무술대회에 모여든다는 말을 듣고 그걸 구경하러 갔었지."

하노스는 혼자서 고개를 끄떡이고 있었다. 무예에 관심이 있는 사람이라면 니느웨의 무술대회에서 우승한 하노스에게 관심을 가질 것이 당연했기 때문이었다. 그러나 아직도 이상한 것은 그가 왜 하노스에게 곧장 접근해 오지 않고 반년 동안이나 따라다녔을까 하는 점이었다.

"혹시 데녹님께서는 저에게 무엇인가 알아보고 싶으신 것이 있는 것은 아닙니까?"

데녹은 빙그레 웃으면서 양고기를 우물거리고 있었다. 그리고 그도 역시 고개를 끄떡였다.

"그래, 난 두어가지 당신에게 알아볼 일이 있지. 그러나 너무 서둘지 않아도 되네. 나는 그렇게 궁금한 것에 대해서 조바심을 할 만큼 바쁜 사람은 아니니까…"

"데녹님께서는… 어디에 살고 계십니까?"

"난… 그저 떠돌아다니는 나그네지."

데녹은 하노스가 그렇게 묻고 있는 까닭을 잘 알고 있었다. 그가 물은 것은 어디에 사느냐는 것이 아니라 데녹 자신의 신분에 대해서 묻고 있었던 것이다. 상대방이 누구인지 안다고 하면서 자기가 누구인지를 밝히지 않는 것은 불공평한 일이었다. 하노스의 질문이 한번 더 거듭되었다.

"떠돌아다니시는 분에게도 늘 돌아가고 싶은 고향이 있다고 하더군요."

데녹은 빙그레 웃더니 입을 열었다.

"내가 그 고향에 살아본 적은 없으나… 태어난 곳은 타우루스 산맥너머의 룻 땅이지."

"역시 그러셨군요."

"……?"

"룻 땅은 본래 무예의 나라라고들 하니까요. 데녹님께서는 어느 문파에 속하고 계시는지요?”
  “문파랄 것이 있나? 룻은 무술대회에서 상위권에도 들지 못했는데…”
  데녹은 계속해서 웃음을 띠며 양고기를 씹고 있는 것이었다.

빛과 어두움 사이로

두마에서 갈골을 거쳐 랍바로 가는 길도 역시 뜨거운 사막의 길이었으나 로간에게서 빌린 두 마리의 낙타 때문에 그들은 좀더 나은 여행을 할 수 있었다. 여전히 중천에 떠 있는 태양은 지상의 모든 것을 불태우려는 듯이 이글거렸고 천지를 덮어 버릴 듯한 모래바람도 불어왔지만 그들을 등에 태운 낙타는 늠름하게 전진을 계속했고 그 등에는 넉넉한 물을 싣고 있었던 것이다.

사막을 건너는 길은 길고 지루했으나 모래바람이 가라앉고 적막한 항해가 계속되자 하노스는 데녹을 향하여 입을 열었다.

"무예에 관심이 있으신 것을 보니 데녹님께서도 명문의 고수이실 것 같은 생각이 듭니다."

하노스는 그렇게 말하면서 아직도 노인답지 않게 건장한 데녹의 체격을 바라보는 것이었다.

"관심만 있다뿐이지 늙은이가 뭘 하겠나? 그저 남들하는 흉내나 조금씩 내어볼 뿐이지."

"주막 주인 로간 내외의 말하는 투로 보아서 데녹님께서는 그들이 도둑떼의 습격을 받았을 때 구출해 주신 것 같습니다만…"

"내가 뭐 완력으로 그들을 물리쳤겠는가? 다만 나이깨나 먹은 늙은이가 되게 꾸짖으니까 그들이 겁을 먹고 물러간 것이지…"

"데녹님께서도 니느웨에서 열렸던 무술대회에 한번 출전해 보시지 그랬어요?"

"그럴 생각도 있었네만 아무래도 레센 공주에게 장가들기에는 내가 너무나 늙은 것 같아서…"

하노스는 시치미를 떼고 지껄이는 노인의 농담 때문에 오래간만에 미간을 펴며 웃었다.

"만약 그 대회에 출전하셨더라면 거기서 저와 한판 겨루어보실 기회가 있었겠습니다만."

"천만에… 내가 어디 당신의 적수가 되겠는가? 내가 보니 당신은 천하 모든 나라의 비전 무예들을 모조리 통달한 것 같더구만."

"과찬의 말씀이십니다. 상황이 급할 때마다 적당히 임기응변을 한 것이지 제 나이가 겨우 열여섯살인데 무슨 수로 천하의 무예들을 다 통달할 수 있겠습니까?"

"흐음… 그렇게 말하는 것은 곧 자신을 하늘이 낸 인물이라고 말하는 것이나 같은 거야."

"전… 이래도 저래도 난처하게 되었군요."

"그 붉은 무사와 봉술로 대련할 때 사용했던 확대보법(擴大步法)이며 메네스 왕자와 겨룰 때 보여준 무영보법(無影步法)도 당신의 임기응변이었다는 말인가?"

하노스는 눈을 크게 뜨며 데녹을 바라보았다. 물론 그는 무술대회에서 자기가 취했던 동작들을 기억하고 있기는 했으나 그것을 무슨 보법이니 하고 이름을 붙여가며 물었기 때문에 어리둥절했던 것이다.

"데녹님… 저는 다만 상대방과 겨루기 위해서 여러가지 품세를 시도해 보았습니다만 그것이 모두 지금 말씀하신 것처럼 알려져 있는 기술이란 말씀이십니까?"

"알려져 있지 않은 기술이니까 내가 더욱 궁금해 하는 것 아니겠나? 지금 내가 말했던 그런 절기(絕技)들은 본도 산의 라멕 조사(祖師)께서 창안하셨다는 전설적인 비전(秘傳)인데 당신이 그것을 구사하는 것을 보고 놀라지 않을 수 있겠는가?"

"라멕…?"

"그렇네. 라멕님은 하난 대제의 아우이신 악갓과 기스 성의 도원수였던 치우를 길러내신 룻 무예의 고인이시지. 그런데 당신이 그분의 무예를 구사했던 거야. 이미 그의 제자였던 악잣과 치우가 모두 죽고 없는 지금 라멕님의 비전을 전수받은 사람은 오직 당신뿐이라는 결론이 되는 걸세…"

하노스는 데녹의 설명을 듣고 놀라지 않을 수 없었다. 붓의 무사와 겨룰 때 하노스가 사용했던 보법은 궁술에서 움직이는 목표물을 정지시킬 때 사용하는 상대적 거리조정법을 이용했던 것이고 메네스 왕자와 대결할 때 사용했던 품세는 본능에 따라 상대방의 동작에 앞서가야 한다던 에바의 가르침대로 운신했던 것이었다. 그런데도 데녹은 지금 그것이 모두 그 전설적인 기인 라멕의 비전이라고 말하고 있는 것이었다. 그러나 하노스보다도 더욱 놀란 것은 데녹이었다.

"당신 정말… 라멕님이나 라멕님의 사문(師門)과 아무런 관계도 없단 말인가?"

"솔직히 말씀드려서… 라멕님의 제자라는 치우 도원수로부터 약간의 무예를 전수받았던 어느 분에게서 지도를 받은 적은 있습니다만… 지금 말씀하신 그런 보법에 대해서는 배운 바가 없습니다."

데녹은 도저히 믿기지 않는다는 듯 고개를 갸웃거리고 있었다. 이제 겨우 열여섯살 난 소년이 순전히 자기의 임기응변으로 그 심오한 확대보법과 무영보법을 구사했다고는 아무래도 믿을 수가 없었던 것이다.

"자네가 말한 그 치우 도원수의 제자는… 그 이름이 무어라고 하던가?"

하노스는 갑자기 입을 다문 채로 시무룩하게 앞을 바라보는 것이었다. 이 데녹이란 노인은 어제부터 줄곧 하노스에게 묻기만 했지 자기에 대해서는 얼버무리거나 알려주기를 꺼려하고 있었던 것이다. 처음부터 하노스가 누구인지를 다 알고 있다 하면서 자기가 누구인지에 대해서는 분명하게 밝히지 않고 있었다. 그러고도 계속해서 그는 하노스에게 질문만을 퍼부어대고 있었던 것이다.

(이 사람은 도대체 누구일까? 어떤 사람이길래 모든 것을 다 아는 척 하면서 자기는 노출시키지 않으려는 것일까?)

그가 무엇이든 다 아는 척 한다는 생각과 함께 하노스는 갑자기 한가지 사실을 깨닫게 되었다. 데녹 그 자신은 이제 겨우 무술을 흉내낼 정도라고 말하였으나 하노스의 보법을 보고서 그것이 라멕의 비전이라는 것을 간파한 것으로 보면 데녹이란 노인 자신도 보통 사람이 아닐 것 같다는 생각이 드는 것이었다. 더구나 그런 라멕의 비전은 이 세상에서 실전된 지 오래라고 하였다. 그렇다면 그 실전된 절기를 알아보는 데녹의 안목이야말로 비범하다고 보지 않을 수 없는 것이었다.

하노스는 다시 데녹을 바라보았다.

"데녹님… 노인께 이런 저런 말씀을 드리는 것은 좀 당돌합니다만… 사람은 상대방을 잘 알지 못하면서 이것 저것 함부로 이야기하지 못할 사정도 있거든요."

데녹은 하노스의 이야기를 들으면서 또 고개를 끄떡이고 있었다. 사막에서 쓰러져가는 사람을 구해 주고 또 함께 동행을 하고 있는데도 아직 그들 사이에는 깊은 골짜기가 가로놓여 있는 것 같았다. 사람과 사람 사이의 단절을 깊이 실감하면서 데녹은 다시 입을 열었다.

"우리가 서로 터놓고 이야기하기 위해서는 참으로 여러 단계를 거쳐야 할 것 같군. 그러나…"

데녹은 다시 어떻게 이야기를 이어가야 할는지 생각을 정리하고 있는 것 같았다. 사람 사이의 거리를 풀어내는 일은 그렇게 어려웠던 것이다.

"…그러면 이렇게 실마리를 잡아보세나. 내가 이미 말했듯 나는 자네가 누구인지를 알고 있다. 자네는 앗수르 황제 하난의 아들 하노스임에 틀림없지?"

"그렇습니다, 저를 하노스라고 불러주십시오."

"좋다, 하노스… 내가 이미 그것을 알고 있으니까 그것은 이미 자네와 나 사이에 비밀이 아니다."

"그렇습니다."

"하난 대제의 막내 아들 하노스, 그리고 나이는 열여섯살."

"그렇습니다."

"그런 자네는 무술대회에서 악타의 화염검과 싸울 때 상한검을 구사하였다. 자네도 알 테지만 상한검은 수련만 가지고는 성취할 수 없는 것이다. 본인 자신이 무서운 슬픔을 겪고 그것이 서릿발 같은 한으로 맺혀져야만 상한검의 위력을 발휘할 수 있는 거야. 그런데 이제 겨우 열여섯살인 황실의 귀공자가 어떻게 그토록 무서운 슬픔을 겪을 수 있었는가?"

그러나 이번에도 오히려 하노스 쪽에서 놀라는 표정을 짓는 것이었다.

"상한검이라구요?"

"그렇다. 자네가 악타의 화염검을 쓰러뜨리고 가나안의 에살을 거꾸러뜨렸던 그 절기가 바로 상한검이지 않는가?"

하노스는 얼떨떨한 표정을 지으며 데녹을 바라보고 있었다.

"사실 저는… 화로처럼 붉어졌던 악타의 얼굴이 창백하게 식어가고 있을 때 어째서 그런 일이 일어났는지 모르고 있었습니다. 에살과 겨룰 때도 마찬가지였지요. 에살의 도끼가 저를 향하여 날아오고 있었는데 갑자기 허공에서 그의 도끼는 멈추었고, 그는 도끼를 떨어뜨린 채 오른팔을 움켜잡으며 무릎을 꺾었던 것입니다."

"그래서 결국… 에살은 오른팔을 절단하게 되었지."

"넷? 팔을 잘랐다구요?"

하노스는 깜짝 놀라며 얼굴색이 하얗게 질리고 있었다. 데녹은 이 소년이 무예에는 출중하나 심성이 매우 약하다고 생각했다.

"그렇다네. 상한검에 부상을 당하면 살 속으로 스며드는 한기(寒氣) 때문에 곧 살이 썩기 시작하고, 부상당한 부위를 속히 절단하지 않으면 죽게 되거든."

하노스는 자신이 저지른 일에 대하여 몸서리가 쳐지는 듯 겁을 먹고 있었다.

"저는… 저는 가나안 왕실에 대하여 큰 잘못을 저질렀군요. 그래서 가나안 군대가 저를 잡으러 다니는군요."

데녹은 하노스의 이야기를 들으며 도대체 무엇이 어떻게 돌아가는 것인지 갈피를 잡지 못하고 있었다. 하노스는 무영보법과 확대보법에 대해서도 모른다고 했을 뿐만 아니라 이제는 그 무서운 상한검에 대해서도 자신은 몰랐다고 하는 것이었다. 더구나 데녹을 당황하게 한 것은 하노스가 에살의 일 때문에 자신이 추격당하고 있다며 걱정하고 있는 점이었다.

"하노스… 자네는 하난 대제의 아들인데 아무리 에살이 헷의 아들이라 하더라도 그런 일 때문에 가나안 군대가 자네를 잡으러 다니겠나?"

총명한 하노스도 그런 데녹의 의문을 이해하고 있었다. 그만한 일로 가나안이 황제의 아들을 잡으러 다닐 수 있는 것인지, 어린 나이의 하노스가 지닌 한은 무엇이며 어째서 니느웨를 떠나 밖으로 떠돌고 있는 것인지 모든 것이 그에게는 의문투성이일 수밖에 없는 것이었다.

하노스는 데녹을 바라보며 환하게 웃어보였다.

"데녹님, 우리는 서로 말 못할 사정이 너무나 많군요."

"……"

"그러나 데녹님, 저는 실망하지 않아요."

"실망하지 않는다고?"

"그럼요. 저는 이미 데녹님과 저 사이에 공통점이 있다는 것을 발견했거든요."

"공통점…?"

"서로 말 못할 사정이 많이 있다는 그것이 바로 공통점이 아니겠어요? 어쨌든 그런 공통점 위에서부터 출발하면 데녹님과 저는 더 많은 공통점을 찾아내게 되고 언젠가는 공통의 자리에 서 있을 것입니다."

데녹은 점점 이 소년의 순수속으로 이끌려 들어가고 있었다. 그에게는 말 못할 사정도 많이 있는 것 같았고 무엇인지 알 수 없는 슬픔과 한도 지니고 있는 듯했으나 무엇보다도 그에게는 사람에 대한 신뢰가 있었던 것이다. 언젠가는 사람들이 모두 공통의 자리에 서게 되리라는 그 믿음이 험난한 세월을 살아온 노인을 감동시키고 있었다.

그들이 서로 상대방을 재보기도 하고 가늠해 보기도 하면서 입씨름을 하고 있는 사이에 어느덧 그들은 교통의 요충지인 랍바에 들어서고 있었다. 그들은 우선 북쪽의 다메섹으로 가는 바산의 길과 남쪽의 엘랏을 향해 내려가는 왕들의 길이 갈라지는 삼거리에서 곡물상 헤맘의 집을 찾았다. 헤맘은 이미 데녹을 잘 알고 있는 모양으로 반갑게 그들을 맞았다.

"데녹님, 정말 오래간만에 오시는군요. 어서 안으로 들어오세요."

데녹은 낙타에서 내리며 하노스를 바라보았다.

"자… 먼 길을 왔으니 좀 쉬었다 가는 것이 좋겠지?"

하노스도 꽤 지쳐 있었기 때문에 얼른 낙타에서 내려 데녹의 뒤를 따랐다. 주인 헤맘은 하인에게 낙타들을 돌보도록 이른 다음 빠른 걸음으로 뒤따라와 그들을 안내했다. 데녹은 그에게 하노스를 인사시켰다.

"이 젊은이는 내 친구일세."

주인 헤맘이 조금 놀라는 것 같은 표정을 짓자 데녹은 다시 설명을 덧붙였다.

"나하고 아주 공통점이 많은 친구지."

눈치 빠른 헤맘은 더 이상 캐묻지를 않고 있었다. 데녹은 언제나 자세히 말하고 싶지 않을 때에는 농담으로 얼버무리는 버릇이 있는 것 같았다. 그들이 방안으로 들어서자 헤맘은 의자를 권했고, 곧 이어서 하녀들이 마실 것과 먹을 것을 가지고 들어오는 것이었다.

"언제나 자네는 몹시 빠르단 말이야."

"아시다시피 이 랍바에서는 손님 대접을 잘해야 벌이가 됩니다. 손님 대접에는 아주 도가 텄습지요."

"흐음… 오늘은 꼼짝없이 밥값을 내게 생겼는 걸."

"네…?"

"자네 지금 손님 대접을 해야 벌이가 된다고 하지 않았나?"

"대접을 한다고 번번이 벌 수야 없지 않습니까? 더러는 공짜도 있지요. 데녹님은 평생동안 저희 집 공짜 손님으로 되어 있으니 안심하시고 많이 드십시오."

"자네 같은 사람들이 늘 나를 공짜로 대접하기 때문에 내가 가난한 거야."

"그건 또 무슨 말씀이십니까?"

"자네가 밥값을 받으면 내가 어쩔 수 없이 밥값을 내기 위해 은자를 장만해야 할 것 아닌가? 늘 공짜로 얻어먹으니 내가 자꾸 가난해질 수밖에."

"그게 바로 제가 부자된 비결이지요."

"비결?"

"세상에는 언제나 가난한 사람이 있어야 부자도 있게 마련입니다. 그래서 저는 가난한 사람을 많이 만들어야 하고… 그러자니까 데녹님 같은 분을 공짜로 대접하는 것입니다."

"오오라… 그러니까 이 데녹 같은 가난뱅이도 부자들에게서 한 몫을 차지할 수 있다는 말이렸다?"

"그러믄입쇼. 그 몫을 은자로 바꿔드리지는 못하지만 말씀입니다."

"알겠네, 자네 말을 듣고 보니 떡맛이 더 좋군 그래. 그런데…"

"말씀하십시오, 데녹님."

"요즘 가나안 사람들 동정은 어떤가?"

"…미스라임과 왕래가 많아진 것 같습니다."

"미스라임과…?"

"그렇습니다. 왕실의 관료로 보이는 사람들이 자주 왕들의 길을 따라 남쪽 길을 왕래하고 있습니다."

왕들의 길이란 바로 미스라임의 일곱 왕들이 메소포타미아로 왕래하기 위하여 건설해 놓은 대로(大路)였다. 대로를 건설한 명분은 장자의 나라 앗수르를 방문하기 위한 것이었으나 실은 이 대로를 뚫어서 가나안을 견제하고 북방의 메소포타미아를 위협하기 위한 군사도로였다. 그리고 그 길을 가장 잘 이용하고 있는 것은 남과 북의 물산을 실어나르는 장사꾼들이었던 것이다.

"가나안과 미스라임이 밀착한다면… 그 상대는 메소포타미아가 되겠군."

"가나안 왕 시돈이 앗수르의 황제에게 도전하려는 것일까요?"

데녹은 하노스의 얼굴을 힐끗 바라보더니 고개를 끄떡였다.

"… 가나안은 항상 중원의 장자권을 거머쥐고 싶어했지."

"가나안은 이미 아홉 제후를 거느리고 황제나 마찬가지의 권세를 지니고 있는데 왜 또 중원의 장자권에 욕심을 부리는 것일까요?"

"사람의 욕심은 끝이 없는 법이니까. 아, 참… 이 랍바에도 가나안의 주둔이 있는가?"

"있습니다. 한… 5백 명쯤 되지요."

"주둔군의 병영은 어디 있지?"

"여기서… 남쪽이나 북쪽으로 가시지 말고 곧장 헤스본 쪽으로 내려 가시다보면 가나안 군의 장막이 보입니다."

"헤스본이라면… 죽음의 바다가 있는 곳이로군. 거긴 아모리의 지역 이 아닌가?"

"맞습니다. 헤스본을 지나면 죽음의 바다에 이르게 되지요."

하노스는 계속해서 그 죽음이라는 말과 부딪치고 있었다. 죽음이란 이제 그에게 떼어놓을 수 없는 끄나풀이었고 비밀의 열쇠였던 것이다. 앗수르의 가짜 황제 니므롯이 평화의 탑을 쌓음으로써 하늘에 닿으려 한다면 이제 하노스는 죽음의 끄나풀을 붙잡고 홍수 저편의 여호와 신 에게까지 다가서려 하고 있는 것이었다.

죽음의 바다란 바로 가나안 아홉 제후 중 하나인 아모리의 영지 헤스 본을 지나서 소알까지 고여 있는 소금의 호수를 말하는 것이었다. 바다 라고 불리워질 만큼 넓고 긴 그 물에는 아무런 생물도 살고 있지 않아 서 그 이름이 죽음의 바다가 된 것이었다.

(죽음의 바다, 죽음의 골짜기 …)

이미 하노스는 그 죽음의 구역으로 한발짝 들어서고 있는 느낌이었 다. 그것은 또한 그의 아버지 하난이 걸어들어온 길이기도 하였다. 그 의 아버지 하난이 가나안 사람들에게 끌려서 다메섹으로부터 왔다면 분 명히 이곳 랍바로 내려오는 바산의 길을 따라서 왔을 것이고 다시 헤스 본을 지나 죽음의 바다를 거쳐서 요단 강을 건넜을 것이었다. 그 요단 강을 건너면 곧 길갈을 지나 여리고에 이르게 되어 있었고 여리고에서 부터 불뱀과 전갈이 득실거리는 골짜기를 지나 죽음의 골짜기로 들어서 게 되는 것이다.

"미스라임에서 가나안 쪽으로 가는 사람들은 없던가?"

"장사꾼들 외에는 이렇다할 만한 왕래가 없었습니다. 미스라임의 메 네스 왕자가 작년의 무술대회에서 패한 이후로 미스라임은 반년 동안 꼼짝도 안하고 있습니다."

"장사꾼들에게서 얻어들은 소식은 없었소?"

"이 사람 저 사람에게서 주워 듣기는 했습니다만… 미스라임은 지금 군대의 수를 늘리고 훈련을 강화하고 있다 합니다."
"전쟁을 준비하고 있는 모양이로군."
"그렇지 않은 것 같습니다."
"그렇지 않다고?"
"다른 나라를 공격하려면 성을 깨뜨리는 공성(攻城) 장비를 만들어야
하는데 미스라임이 가다듬고 있는 것은 성을 지키는 장비들뿐이라고 하
더군요."
"흐음…"
"제 생각이 맞는 것일까요, 데녹님?"
"장사를 하려면 나라들의 형편을 잘 알아야 하는 법이니까 내가 한가
지만 가르쳐드리지."
"가르쳐주십시오, 데녹님. 장사꾼에게는 여기저기서 얻어 듣는 정보
가 제일 중요한 밑천이랍니다."
"그렇지, 장사와 전쟁은 같은 이치이거든. 헤맘… 군대가 공격을 준
비하는 것은 곧 물러갈 생각이 있는 것이고 지키는 것을 다지고 있을
때에는 곧 출동할 계획이 있을 때일세. 개구리는 뛰기 전에 움츠리고
독수리는 날개를 펴기 전에 그 키를 낮춘다는 것을 자네도 알고 있겠
지?"
"가르쳐주셔서 고맙습니다. 하마터면 저의 계산에 큰 차질이 있을 뻔
했습니다"
"어떤가? 그만하면 밥값은 되었는가?"
"이르다뿐이겠습니까? 부족한 것이 있으시면 더 말씀하십시오."
"다음 번 올 때를 위해서 남겨두겠네. 어쨌거나 자네는 또 바빠지게
생겼군."
"그렇습니다. 데녹님께서 가르쳐주신 것처럼 이해(利害)가 움직이는
곳에 기회가 있는 법이고 그 기회란 위험속에 있는 것이니까요."
"자네는 참으로 천부적인 장사꾼이야. 그러나 잘 들어두게. 자네가
그 많은 재산을 창고에 쌓아둔다 하더라도 숨을 거두는 날에는 한줌의
흙으로 돌아갈 뿐이라는 것을."
"잘 알고 있습니다. 또한 재물이란 버는 자가 따로 있고 쓰는 이가

따로 있다는 것도 저는 잘 알고 있습니다. 언젠가 저의 재산을 필요로 하는 사람이 나타날 테지요."

데녹은 다시 빙그레 웃으면서 하노스를 바라보았다.

"어떤가, 이제 좀 피로가 풀리는 것 같은가?"

"네, 아주 잘 먹고 잘 쉬었습니다."

"그러면 이제 우리는… 두마의 주막 주인 로간에게 약속한 것을 지키러 가야 하겠군."

혜맘이 눈을 크게 뜨며 일어서는 데녹을 바라보았다.

"아니, 벌써 떠나시려고요?"

"나그네란 궁둥이가 가벼워야 괄시를 받지 않는 법일세."

"어디로 가시려는지… 말을 준비하겠습니다."

"아닐세, 나는 빌리는 것은 질색이야. 언제나 빚이란 사람을 묶고 조이게 마련이거든."

"그러시다면 아주 드리지요."

"그냥 가겠네. 오랫동안 낙타를 타고 왔더니 다리에 녹이 슨 것 같애."

그들은 아쉬워하는 혜맘의 전송을 받으며 헤스본으로 가는 길에 들어섰다. 아직도 땅이 풀썩거리고 흙먼지가 나기는 했으나 길 양편으로는 제법 목초지가 있어서 이따금씩 양들의 떼가 보였고 야자수들이 드문드문 서 있는 들판에는 밀밭도 보이고 있었다.

혜맘의 집에서 배부르게 먹은 음식이 거의 다 소화될 때쯤해서 그들은 가나안 군대의 병영을 발견하였다.

"하노스, 가나안 군대가 자네를 체포하겠다면 어떻게 하지?"

하노스는 그렇게 말하는 데녹을 힐끗 바라보며 생각에 잠기고 있었다. 하노스의 아버지 하난도 가나안 군대에 붙잡혀서 이 길을 걸었을 것이었다. 어느새 그는 다시 아버지 하난과 자기 사이에 공통점을 만들어가고 있는 자신을 깨닫고 있었다.

"제가 체포되어서 많은 사람들에게 이익이 된다면 그것도 좋은 일이겠지요."

"흐음… 자네는 살렘에 살고 있는 여부스 사람들과 똑같은 투로 말하고 있군."

"여부스 사람들…?"

"그렇다네, 죽음의 성읍 살렘에는 가나안의 제후 여부스의 족속들이 살고 있지. 그들의 일이란 가나안 군대에서 잡아보내는 범죄자들을 처형하는 것이야. 그들은 늘 자네처럼 말하곤 하지. 한사람이 죽어서 많은 사람이 평화스럽게 살 수 있다면 그것이 바로 좋은 일이라고. 그래서 그들은 자기들이 살고 있는 그 죽음의 성읍에 평화를 의미하는 살렘이란 이름을 붙였지."

"그들은 또 살렘을 완전한 성읍이라고도 부른다면서요?"

"그렇지, 죽음이란 바로 평화를 가져다주는 평화의 완성이라는 거야. 그래서 살렘을 완전한 성읍이라고 부른다네. 집도 신전도 없이 동굴뿐인 살렘을 완전한 성읍이라고 부르는 여부스 사람들의 억지도 대단한 수준이 아닌가?"

그러나 하노스는 여부스 사람들이 억지로 지어 붙였다는 세 가지의 단어를 속으로 되뇌어보고 있었다. 그들이 말하는 평화와 완전은 다시 또 죽음과 연결되고 있는 것이었다. 그리고 그 평화와 완전의 성읍인 살렘에서 하노스의 부친 하난은 처형당한 것이었다.

가나안 주둔군 병영의 입구에는 체격이 장대한 네 명의 위병이 보초를 서고 있었다. 데녹은 거침없이 그들 앞으로 걸어가더니 그 중의 하나에게 말했다.

"자네들 중의 제일 높은 자가 누구인가?"

"……?"

데녹의 위압적인 말투에 당황한 군인들은 얼떨떨한 표정으로 갑자기 나타난 사람들을 바라보고 있었다.

"누가 제일 높으냐고 묻지 않았는가?"

다른 군인들과 군복의 모습이 약간 다른 위병 하나가 앞으로 나섰다.

"무슨 일이오?"

"자네가 이들 중의 책임자인가?"

"그렇소, 내가 위병조장이오."

"랍바 주둔군의 수비대장은 지금 누구인가?"

"수비대장…?"

"자네들의 상관이 누구냔 말일세."

"당신들은 어디서 온 누구들이오?"

"자네들의 상관에게 볼 일이 있어서 온 사람들일세. 그 상관에게 우리를 안내하게."

위병조장의 이마에 굵은 혈관이 솟아오르고 있었다. 그는 만만치 않은 두 나그네 때문에 기분이 몹시 상한 것 같았다.

"당신들이 누구인지 알아야 안내를 할 것 아니오?"

"기어코 알아야겠다면 말해 주지. 나와 이 젊은이는 지금 두마에서 오는 길인데 당신네들이 두마의 주막 주인 로간에게 열댓살쯤 나 뵈는 앗수르 소년을 보거든 붙잡아놓고 연락하랬다는 말을 들었소. 그것이 사실이오?"

"그렇소"

데녹은 한손을 들어 곁에 서 있는 하노스를 가리키며 말했다.

"나와 함께 온 이 젊은이는 앗수르 사람이고 지금 열여섯살이오. 두마의 주막에 우리를 잡아놓으면 연락할 사람이 없기 때문에 아예 우리가 실물로 직접 왔소. 이래도 당신네 상관에게 안내하지 않겠소?"

위병조장은 잠시 하노스를 쏘아보더니 고개를 끄떡였다.

"좋소, 당신들을 안내하겠소."

조장은 그렇게 말해 놓고 곁에 서 있던 부하에게 눈짓을 했다. 조장의 지시를 받은 위병은 곧 빠른 걸음으로 안쪽의 막사를 향해 뛰어가고 있었다. 자기들의 상관에게 이상한 방문객이 찾아왔음을 보고하러 가는 모양이었다.

위병조장이 앞장서서 그가 뛰어간 쪽을 향해 걸었고 데녹과 하노스가 그 뒤를 따랐다. 그리고 그들의 뒤에는 또 한 명의 위병이 따라오고 있었다. 하노스는 조장의 뒤를 따라 걸으면서 데녹의 옆얼굴을 흘끗 바라보았다. 데녹은 산책이라도 하는 듯 한가롭게 걷고 있었지만 그의 눈은 날카롭게 주위를 살피고 있는 것이었다. 병영의 입구에는 마굿간이 있었고 그들이 걷고 있는 중앙통로의 양쪽으로는 여러 개의 커다란 장막들이 있었는데 그 한가운데에 작으나 보통 것과 다른 모양의 막사가 있었다. 그리고 그 뒤에도 역시 커다란 막사가 보이고 있었다. 위병조장은 그 작은 막사 앞에서 걸음을 멈추었다.

"대장님, 두마에서 온 사람을 데리고 왔습니다."

그러자 장막 안에서 커다란 몸집의 사내가 뚜벅뚜벅 걸어나오고 있었다. 그는 군복이 아닌 푸른색의 메일을 걸치고 있었다.

"두마에서 왔다고?"

위병조장이 부동자세를 취하면서 다시 보고를 했다.

"넷, 이들 두 사람은 두마에서 오는 길인데 두마의 주막 주인인 로간으로부터 앗수르 소년을 보면 잡아놓고 연락하라는 저희 수비대의 명령에 대해서 들었다고 합니다. 그러나 두마에는 연락해 줄 만한 사람이 없기 때문에 이들이 직접 랍바로 찾아왔다는 것입니다."

데녹은 빙그레 웃으며 위병조장을 바라보았다.

"자네는 머리가 아주 좋군."

그렇게 칭찬해 주고나서 데녹은 다시 수비대장을 바라보았다.

"나와 함께 온 젊은이는 앗수르에서 왔는데 나이가 열여섯살이오."

수비대장은 번쩍거리는 눈으로 하노스를 쏘아보고 있었다.

"어떻소? 이 젊은이가 당신이 찾고 있는 사람이오?"

데녹의 재촉을 받은 수비대장은 하노스를 향하여 물었다.

"네 이름이 뭐냐?"

수비대장이 그렇게 묻자 하노스도 데녹의 태도에 전염되었는지 턱을 치켜들면서 그에게 대꾸했다.

"내게 이름을 묻기 전에 당신이 어째서 앗수르 사람을 찾고 있는가를 알려주는 것이 예의가 아니겠소?"

"뭐라구?"

수비대장은 하노스의 당돌한 대꾸에 기가 차다는 듯이 입을 벌리는 것이었다.

"당신이 지금 내 이름을 묻고 있는 것을 보니 내가 누구인지도 모르는 모양인데… 당신은 도대체 누구를 찾고 있소? 당신은 앗수르의 열댓살 난 사내들을 모조리 잡아들이라는 명령을 받았소?"

하노스의 빈정거림에 약이 오른 수비대장은 갑자기 곁에 서 있던 위병조장의 허리에서 칼을 뽑았다.

"네 놈들은 어디서 굴러들어온 말뼉다귀들인데 어른을 놀리려 드느냐? 네 놈들 둘을 모두 체포하겠다. 냉큼 꿇어앉지 못하겠느냐?"

"잠깐"

데녹이 씨근거리는 수비대장을 제지하면서 나섰다.

"내가 가만히 보니 수비대장께서 앞으로 얼마 살지 못할 것 같소."

"뭐라구? 네 놈은 점쟁이냐?"

"나는 점은 잘 모르지만 당신이 얼마 못살 만한 다섯 가지 이유가 있소."

"다섯 가지 이유라고?"

"그렇소, 내가 그것을 가르쳐드릴 테니 그럴 듯하거든 점 값을 내시오. 첫째로 당신은… 누가 보더라도 수비대장의 장막이라고 알아볼 수 있는 위치에 유난스러운 막사를 지어놓고 들어 있으니 자객에게 습격당하기 십상이요, 둘째로 당신은 낯선 사람이 찾아왔는데도 군복과 투구를 벗은 채로 나왔으니 그 살덩어리가 적군의 수중에 있는 것과 같음이요, 셋째로 당신은 상대방이 노인인 것을 보고도 자신을 어른이라고 하였으니 그 목이 세월의 칼날 아래 있는 것이나 마찬가지요, 넷째로 당신은 성미가 급하니 그 급한 성미가 당신의 인생을 재촉할 것임이요, 다섯째로 당신의 부하는 허리에서 칼이 빠져나가는데도 감각이 없으니 그들이 당신을 지켜주지 못할 것임이올시다. 어떻소, 내 말이 틀린 것 같소?"

청산유수처럼 흘러나오는 데녹의 야유는 수비대장을 격분시키는 데 충분한 것이었다. 그가 굵다란 허리를 비트는가 싶더니 이내 그의 칼이 허공을 가르며 데녹을 향하여 후려쳐가는 것이었다. 그러나 데녹은 눈도 깜짝 않으면서 가볍게 상체를 뒤로 제꼈다. 수비대장의 칼은 머리카락 하나 사이를 두고 데녹의 가슴을 스쳐 지나갔다. 첫번째 공격에 실패한 수비대장은 더욱 화가 나서 세차게 칼을 휘둘렀다. 그러자 데녹은

"허어… 성미가 급하면 안된다고 했는데"

이죽거리면서 한 발을 뒤로 빼더니 어느새 수비대장과 나란히 서는 것이었다. 당황한 수비대장이 다시 칼을 거꾸로 잡으면서 옆으로 다가

온 데녹을 찔렀다. 그러나 어느새 데녹은 또 그의 왼쪽에 서 있는 것이었다.

"역수검(逆手劍)을 쓸 때엔 앞을 조심하오. 앞에 서 있는 저 젊은이가 당신을 공격했다면 당신은 이미 시체가 되어 있을 것이오."

그러나 아직 하노스는 꼼짝 않고 그 자리에 서 있었다. 아직 자기가 나설 필요를 느끼지 않고 있었기 때문이었다. 수비대장의 이마에 굵은 주름살이 패였다. 단단히 잘못 걸렸다는 것을 깨달은 모양이었다. 그는 완전히 데녹의 수중에서 놀아나고 있었던 것이다. 데녹은 마치 어른이 아이를 데리고 놀 듯 수비대장을 다루고 있었다. 마침내 수비대장은 더 이상 못견디겠다는 듯이 버럭 소리를 질렀다.

"위병조장, 넌 나를 돕지 않고 뭘 하는 거냐!"

그들의 수작을 얼이 빠진 듯 바라보고 있던 위병조장은 퍼뜩 정신이 들어서 허리에 손을 가져갔다. 그러나 이미 칼은 거기에 없었다. 그는 별수 없이 맨손으로 데녹을 공격하려 하였으나 도무지 어디서부터 손을 써야 할지 알지 못해서 그들의 주의를 빙빙 돌고만 있었다. 하노스의 뒤에 서 있던 위병이 칼을 뽑아들고 그들의 싸움에 가세하였다. 그러나 데녹에게 상대하는 사내들이 많아질수록 오히려 그들은 서로 혼란을 일으켰고 데녹의 여유는 더 늘어나는 것이었다. 그는 쉴 새 없이 수비대장의 급소들을 쥐어박으면서 그를 괴롭히기 시작했다.

"당신들이 찾고 있는 앗수르 소년은 누구요?"

데녹이 급소를 쥐어박을 때마다 수비대장은 비명을 지르고 있었다. 데녹은 마치 그림자처럼 그에게 붙어서서 두손으로 그를 주무르다시피 하고 있었던 것이다. 수비대장이 칼을 휘두를 때마다 데녹의 두손은 앞과 뒤에서, 혹은 겨드랑이 사이와 사타구니 사이로 수없이 드나들면서 그를 찔러대었다.

"빨리 말하지 않으면 당신의 뼈는 가루처럼 부서질 것이오."

데녹의 말은 위협만이 아니었다. 수비대장은 온 몸의 뼈가 다 부러진 듯 흐물거리고 있었다.

"빨리 말하라니까!".

"으… 윽, 말하겠소. 우리가 찾고 있는 것은 하난 대제의 아들인 하노스요."
"누가 그를 잡으라고 명령했소?"
"……"
"빨리 말하지 않으면 손해라니까!"
다시 데녹의 손이 수비대장의 가슴 아래를 찔러들어갔다. 그가 비명을 지르며 앞으로 쓰러지려 하자 데녹은 다시 그가 쓰러지지 못하도록 그의 엉덩이를 걷어찼다. 그는 쓰러질래야 쓰러질 수도 없는 처지가 되어 있었다.
"누가 잡으라고 명령했느냐니까!"
"왕의 아우인 헷 장군께서 명령했소."
"왜 잡으라고 명령했나?"
"헷 장군의 아들 에살이 하노스에게 부상당해서 팔을 잘렸기 때문이오."
"그렇다고 해서 너희가 감히 황제의 아들을 잡을 수 있는가?"
"가나안 왕은 황제보다도 더 높는 분이오!"
수비대장은 황망한 중에 그렇게 말해 놓고 나서 깜짝 놀라며 자기 입에 손을 가져가고 있었다. 데녹은 알 만한 것을 알았다는 듯이 그에게서 다섯 규빗 정도를 물러났다. 그리고 하노스에게 말했다.
"우린 이제 더 이상 여기서 볼 일이 없으니 물러가야겠군."
그때였다. 수비대장의 호통치는 소리가 들렸다.
"위병조장, 넌 무엇을 하고 있는 거냐? 우리 병력을 모두 동원해서라도 저놈들을 잡아야 한다!"
그제야 위병조장은 정신을 차리며 허리춤에서 뿔고동을 뽑아 세차게 불어대는 것이었다. 삽시간에 수백 명의 병사들이 수비대장의 막사 앞으로 몰려들고 있었다. 데녹은 빙그레 웃으며 하노스를 바라보았다.
"이제야 겨우 사람 사는 동네에 온 것 같군."
위병조장은 두 사람을 가리키며 병사들에게 이르고 있었다.
"이 두 놈을 놓치지 말고 잡아라!"
그러자 병사들은 일제히 칼을 뽑아들고 그들을 향해 달려드는 것이었다. 하노스도 더 이상 구경만 하고 있을 수 없어서 몸을 움직이기 시작했다. 데녹의 껄껄 웃는 소리가 들려왔다.

"이제야 몸을 좀 풀게 생겼어."

병사들은 마치 먹이를 향해 달려드는 맹수들처럼 두 사람에게 덮쳤다. 그러나 그들의 무기들만 서로 부딪쳐서 시끄러운 소리를 내었을 뿐 그들은 도대체 공격의 상대가 어디 있는지도 알아보지 못할 만큼 혼란에 빠지기 시작했다. 여기저기서 비명이 터졌으나 쓰러지는 것은 오직 가나안의 병사들뿐이었다. 상대방은 분명히 두 명이었는데 그들은 마치 수십 명처럼 그들의 뒤에서, 또는 옆에서 공격해 오고 있었던 것이다. 더구나 상대방은 분명히 둘 다 맨손이었는데도 쓰러지는 병사들은 칼에 베이고 창에 찔려 있었다. 수백 명의 가나안 병사들은 그들이 마치 한꺼번에 꿈을 꾸고 있는 것 같았던 것이다.

병사들 가운데서 좌충우돌하면서도 하노스는 데녹의 운신하는 모습을 눈여겨 살피고 있었다. 무예를 좀 흉내내는 중이라고 말하던 그 의문스러운 노인의 품세는 그야말로 기괴한 것이었다. 상당한 안목이 있는 하노스로서도 도저히 이해가 가지 않을 만큼 의외의 절기들이 끝도 없이 쏟아져나오고 있었다. 그의 절묘한 동작들은 앗산이나 에바뿐만 아니라 무술대회에서 만났던 어느 고수에게서도 보지 못했던 것들이었다.

(사람이란 과연 나이를 헛먹는 것이 아니로구나⋯)

하노스는 그렇게 감탄하면서도 계속해서 들어오는 병사들의 칼과 창을 막아내고 있었다.

"⋯⋯?"

데녹의 모습이 잠시 보이지 않는 것 같아서 살펴보니 그는 어느새 병사들의 틈에 둘러싸여서 병영의 입구 쪽에 있는 마굿간을 향해서 옮겨가고 있었다. 하노스는 이미 데녹의 심중을 헤아리고 있었다. 데녹은 마굿간에서 말을 잡아타고 탈출하려는 생각이었던 것이다. 하노스도 마굿간 쪽을 향해 싸움터를 옮기기 시작했다. 수비대장의 호통소리가 들려왔다.

"바보같은 놈들, 네 놈들이 모두 몇 명인데 그 두 놈을 잡지 못하느냐?"

그러나 쓰러지는 것은 그의 부하들이었고 피를 흘리는 것도 그의 부하들뿐이었다. 5백 명이나 되는 상대와 겨루어 보는 것은 하노스에게도 처음이었기 때문에 그의 몸놀림은 매우 힘찼고 그가 펼치는 무예는 몹시 화려한 것이었다. 니므롯에게서 배웠던 백수권법에서부터 앗산에게 전수받은 치우의 무예는 물론이요, 니느웨의 무술대회에서 상대방으로부터 배워둔 생사무권에 이르기까지 강호의 모든 절기가 총동원되고 있었던 것이다. 시간이 흐를수록 하노스의 동작은 더욱 정확해졌고 그의 손발은 경쾌하게 움직이고 있었다.

하노스의 솜씨가 한창 절묘한 지경에 이르고 있을 때 마굿간 쪽에서는 데녹이 말 두 마리를 끌고 달려오는 것이 보였다. 그는 번개처럼 한 마리의 등에 올라타더니 다른 한 마리를 끌고 질풍같이 하노스가 있는 쪽으로 달려오고 있었다.

순간 하노스의 몸이 날카로운 기합소리와 함께 공중으로 솟았다. 가나안 병사들이 당황하여 공중을 쳐다보는 사이에 어느덧 하노스의 몸은 데녹이 끌고 오던 말의 잔등에 걸터앉아 있었다. 데녹이 발을 구르고 서 있는 수비대장을 향하여 소리쳤다.

"여보게, 수비대장. 말 두 마리는 자네에게 점쳐준 값으로 치부해 두게!"

그 말이 미처 끝나기도 전에 두 마리의 말은 자욱하게 흙먼지를 일으키며 아득하게 사라져가고 있었다. 수비대장이 손에 들고 있던 칼을 공중에 휘두르며 악을 썼다.

"저놈들을 잡아라! 놓치면 안된다!"

이내 마굿간으로부터 수십 필의 말들이 끌려나왔고 병사들이 올라탔다. 말들이 한꺼번에 달리기 시작했기 때문에 마치 지진이 일어나듯 길바닥이 울리고 있었다. 맨몸에 메일만 걸친 수비대장도 말을 타고 추격하는 병사들을 독려하며 달리기 시작했다.

쫓기는 자와 쫓는 자의 말들은 순식간에 헤스본을 지났고 죽음의 바다를 끼고 달리다가 요단 강을 따라 북상하기 시작했다.

"하노스, 내 말이 들리나?"

"네, 말씀하십시오."

"지금부터 요단 강을 건너겠다."

"말을 탄 채로 말씀입니까?"

"그렇다, 내 말이 딛은 곳을 그대로 따라 딛을 수 있겠나?"

"앞장 서십시오."

데녹은 쏜살같이 말을 몰아 물 속으로 달려들어가고 있었다. 이미 그의 말이 강 가운데로 걸어들어 갔는데도 물은 아직 말의 발목께에서 찰랑거리고 있는 것이었다. 데녹은 강의 얕은 곳을 잘 알고 있는 것이 틀림없었다. 하노스도 서슴지 않고 물 속을 향하여 말을 몰았다. 그리고 데녹이 건너간 위치를 따라 정확하게 말을 몰았다. 마치 두 사람이 탄 말은 물위를 달리고 있는 것 같았다. 무엇보다도 놀란 것은 그들을 추격해 온 가나안의 기병들이었다. 그들은 일제히 강변에서 말을 멈추고 춤추듯 물 위로 달려가는 두 사람을 넋이 나간 채 바라보고 있는 것이었다.

건너편에 도착한 데녹은 돌아서며 가나안 기병들을 향하여 손을 흔들었다. 하노스도 그를 따라 가나안 병사들에게 작별의 인사를 보냈다. 데녹은 흔들던 손을 내리고 하노스에게 말했다.

"이대로 달리면 해지기 전에 여리고에 도착할 수 있을 것 같군. 여리고에서 저녁을 먹고 천천히 전갈의 골짜기를 올라가세. 여리고에서 묵으면 또 귀찮은 놈들이 나타날는지 모르니까."

"밤길을 걸으시겠습니까?"

"살렘으로 올라가는 길은 밤에 걷는 것이 더 흥취가 있지. 날씨가 맑으니 오늘은 달이 밝을 걸세."

"데녹님"

"왜 그러나?"

"데녹님은 어째서 저를 따라 살렘으로 가려 하십니까?"

"이제 그만 떼어버리고 싶은가?"

"아닙니다. 공연히 저 때문에 먼 길을 동행해 주시는 것 같아서…"

"걱정 말게, 난 자네에게 아직 볼 일이 있다구."

데녹은 다시 말의 배를 차며 앞으로 달려나가고 있었다. 하노스도 지지 않으려는 듯 그의 뒤를 바싹 쫓아서 달리기 시작했다.

죽음의 골짜기

쥐죽은 듯이 적막한 밤길에 느릿느릿한 말발굽 소리만 조심스럽게 울려퍼지고 있었다. 말등에 걸터앉아 어둠 속을 응시하고 있는 두 나그네의 얼굴이 달빛을 받아 더욱 창백했다.

본래 여리고에서 살렘으로 올라가는 길은 뱀과 전갈이 들끓고 낮에도 통행하는 자가 드물어서 강도가 자주 나타나는 험한 길이었다. 그 길을 지금 한밤중에 두 사람이 말을 몰아 올라가고 있었던 것이다.

"데녹님"

아직도 그 시선을 어둠 속에 던져둔 채로 말 위의 소년이 입을 열었다.

"……?"

"데녹님께선 살렘에 자주 가십니까?"

"이따금씩"

"살렘에는 산업도 없고 시장도 없는데 무슨 볼 일이 있으십니까?"

"죽음의 냄새를 맡으러 가지."

"죽음의 냄새…?"

"살렘은 천하을 쥐고 있는 가나안 왕국이 자기네 세력에 도전하는 위험 인물들을 잡아들여서 처형하는 곳이거든. 사람들은 그 목숨뿐만이 아니라 그 생각과 마음까지도 가나안의 감시를 받고 시돈 왕의 지배 아래 깔려 있는 걸세. 그래서 가나안의 사슬에서 벗어나보려고 발버둥치는 사람들이 결국은 그들에게 포박되어 이 살렘으로 끌려오게 마련이거든. 그래서… 나는 때때로 살렘에 와서 사람들의 진실이 죽어가는 냄새를 맡고 있는 거야."

"진실이 죽다니요?"

"가나안의 사슬에서 벗어나려는 그 의지는 곧 사람들의 마음속에서 끓어오르고 있는 진실이라고 할 수 있지. 그 진실이 날마다 이 살렘에서 죽고 있지 않은가? 살렘에서는 진실이 학살당하고 자유가 피를 흘리고 모든 의가 목졸리고 있는 것일세. 여기까지 끌려와서 나무에 달리는 사람들은 모두가 그것을 위해 몸부림치는 사람들이지. 심지어는 도둑이나 강도들까지도…"

"도둑이나 강도들까지도…?"

"생각해 보게. 그들이 어째서 남의 것을 빼앗고 훔치는 일을 하게 되었겠나? 그것은 바로 그들을 억누르고 있는 그물에 대한 항의이고 절규란 말일세. 비록 올바른 삶을 포기하더라도 가나안이 강요하는 질서속에 묶이고 싶지 않다는 자학적인 거부행위란 말이야."

하노스는 어둠 속에서 쓸쓸한 미소를 날리고 있었다. 강도행위에까지 그럴 듯한 의미를 부여하고 있는 데녹 노인의 논리에 약간의 무리를 느꼈기 때문이었다. 하노스는 아직도 데녹이란 노인에 대해서 잘 모르고 있었으나 이제 조금씩 그와 자기 사이에 걸쳐져 있는 공통점을 찾기 시작할 때가 되었다고 생각했다. 두마에서부터 랍바까지 낙타를 타고 동행하면서 하노스는 그에게 서로가 말 못할 사정이 많이 있다는 것도 하나의 공통점일 수 있다고 말하여 그를 미소짓게 한 일이 있었다.

"데녹님"

"또 질문이 있나?"

"데녹님께서 니느웨 성의 무술대회를 구경하셨다면 그 전날에 있었던 입장식도 보셨겠군요?"

"…그랬었지."

"그 입장식에서는 온 천하의 세 집안 열다섯 가문이 제각기 자기들의 신들을 대동하고 입장하였지요."

"죽음의 신을 수레에 싣고 들어온 그 미치광이 늙은이를 마곡의 대표라고 인정한다면 열여섯 가문이지.”

“그 수많은 신들 중에… 데녹님께서는 어떤 신을 섬기고 계십니까?”

데녹은 그제서야 하노스가 왜 입장식에 관한 이야기를 꺼내기 시작했는지 깨닫고 고개를 끄떡였다. 사실 신에 관한 이야기야말로 사람과 사람 사이에서 공통점을 발견해 내는데 가장 편리한 방법이었다. 왜냐하면 신에 관한 이야기는 사람들 사이에 일어나는 물질적인 이득이나 손해와 관계 없는 것이었고 몸과 마음에 가시적인 위해를 가하는 것이 아니면서도 일단 신앙의 공통점이 발견되면 순식간에 그 관계를 강력한 끈으로 묶어버리게 되기 때문이었다.

그러나 데녹은 이번에도 하노스의 질문에 정면으로 대답하지 않고 역습을 가했다.

“하노스, 자네는 정말 신이 존재한다고 생각하는가?”

“……”

하노스가 그의 갑작스러운 반문에 당황하여 우물거리고 있자 그는 다시 말을 이었다.

“하노스, 자네는 신을 본 적이 있는가? 신의 음성을 들어본 일이 있는가?”

“……”

“자네는 모습을 보지도 못하고 음성을 들어본 적도 없는 신에 대하여 어떻게 섬긴다는 말을 할 수 있는가?”

“그러면… 세상 사람들은 어떻게 신을 알게 되었을까요?”

“그들의 신이란 자기 욕망의 표현일 따름이다. 자기가 아름답고 싶으면 아름다움의 여신을 만들어내고, 자기가 부자가 되고 싶으면 풍요의 신을 만들어낸다. 그들은 자기가 만들어낸 신에게 절하고 그 신의 명령에 따르는 바보들이야.”

“그러나 데녹님… 저는 신의 모습을 보지도 못했고 그 음성을 듣지도 못했지만 때때로 그 존재를 느낄 때가 있습니다.”

하노스가 그렇게 말하자 데녹은 갑자기 눈을 번쩍이며 물었다.

“어떤 때… 어떤 때에 자네는 신의 존재를 느끼고 있는가?”

“예를 들면… 지난번 저는 천하의 모든 고수들이 겨루는 무술대회에서 우승을 했습니다. 데녹님께서 보시다시피 저는 나이도 어리고 무예도 보잘것없으며 담대하지도 못합니다. 그런데도 저는… 그 대회에서 우승을 했습니다."

"자네는 그 대회에 나가면서 신에게 기도했는가?"

"구체적으로 기도한 적은 없습니다. 그러나 그 무수한 경쟁자들과 겨루면서… 저는 연약한 저를 떠받치고 있는 강력한 힘을 느낄 수 있었습니다. 저는 자신이 그 대회에서 결코 우승할 수 없는 존재임을 잘 알고 있었는데도… 결코 저 자신의 것이 아닌 그 강력한 힘에 의해서 이겨나갈 수가 있었던 셈이지요."

데녹의 표정은 다시 어둠 속에서 감동에 젖고 있었다. 천하의 고수들을 제압한 영웅이 자신을 연약하고 보잘것없는 자라고 여기는 겸손을 보며 그는 신선한 충격을 받았던 것이다. 하노스의 고백은 계속되었다.

"어떤 보이지 않는 힘이 나를 떠받쳐서 나로 하여금 우승하게 하고 있었습니다. 그래서 저는 우승하지 않을 수가 없었습니다. 도저히 거역할 수 없는 그 강력한 힘이 저를 우승자의 자리로 밀어낸 이유는 무엇이었을까… 그 기이한 의문속에서 저는 자신을 불러내고 있는 신의 의지를 느끼고 있습니다. 그 의문을 찾기 위해서 저는 엘람과 마대 지방을 헤매었고 사막으로 뛰어들어서 자신을 죽이려고 시도해 보았습니다. 그러나 저는 죽을 수도 없었습니다. 사막 가운데서 쓰러져버린 저에게 신은 또 데녹님을 보내어 저를 구했던 것입니다."

데녹은 계속해서 고개를 끄떡거리고 있었다. 자신을 연약한 자로 여기는 그의 심성이 결국은 그로 하여금 신과 만나게 하였던 것이다. 무엇인가 강력한 힘이 자기를 불러내고 이끌어간다는 그의 겸허가 그로 하여금 신의 음성을 듣게 하였던 것이다. 데녹은 다시 짓궂게도 하노스의 질문을 되받았다.

"그,l서… 자네는 그 많은 신들 중에 어떤 신을 믿고 있다는 것인가?"

하노스는 더 이상 노인의 반문을 비난할 수 없어서 대답하기 시작했다.

"데녹님의 말씀처럼 저는 사람들이 자기들의 욕망을 위하여 만들어낸 신들을 섬길 수는 없습니다. 그들의 신은 모두 자기들의 욕망을 모양으로 나타내었기 때문에 보이는 신들입니다. 보이는 신은 신이 아니라고 저는 생각합니다. 진정한 신은 오직 한 분뿐이며 그분은 보이지 않는 신입니다. 우리 눈에 보이는 것은 언젠가 낡아서 사라지지만 보이지 않는 것은 영원하기 때문입니다."

"자네가 말하고 있는 그 보이지 않는 신은 누구인가?"

"하늘과 땅과 인간을 창조하고 역사를 주관하는 신이지요."

"세상의 모든 나라들은 모두 자기들의 신이 천지를 창조하였다고 하는데 자네의 신도 그들 중의 하나인가?"

"그 많은 신들 중에 오직 보이지 않는 신은 하나밖에 없습니다. 아르박삿 가문의 여호와 신이 그러했습니다."

"아르박삿의 가이난 왕은 그 여호와 신도 금송아지로 만들어서 끌고 입장하지 않았는가?"

"그래서 가나안 왕은 아르박삿 가문에 강림한 보이지 않는 신을 보이는 신으로 타락시켜 버렸습니다. 그러나 아직도 아르박삿 가문에는 보이지 않는 여호와, 그 신들의 신을 섬기고 있는 많은 백성들이 있습니다."

어느 틈엔가 하노스는 중요한 선언을 하고 있었다. 그는 하난 대제가 섬기고 있는 새로운 신 니눈타를 비롯하여 세상의 모든 신들을 타락한 신들이라고 규정하는 것과 동시에 오직 아르박삿 가문의 여호와 신만이 신들 중의 신이라고 말했던 것이다.

"하노스, 자네는 지금 천하를 다스리고 있는 앗수르 제국과 하난 대제에게 정면으로 맞서고 있어."

"…그것이 바로 저의 고민입니다. 그러나 저는 죽더라도 가짜 신들을 섬길 수는 없습니다. 사람이 가진 것 중에 가장 소중한 것이 있다면 바로 양심인데… 그 양심을 헛된 거짓 신에게 제물로 내놓을 수는 없는 것입니다."

거기까지 듣고난 데녹은 비로소 질문을 그치고 입을 다물었다. 하노스의 계산대로 신에 관한 이야기는 데녹의 심중에 숨어 있던 공감의 불씨들을 살려내는 데 성공하고 있었던 것이다. 어딘가 쓸쓸한 구석이 있어 보이는 데녹 노인은 하노스에게서 발견한 뜻밖의 순수에 그 마음이 따스하게 녹고 있었다. 그는 마치 말발굽 소리에 귀를 기울이는 사람처럼 한참동안을 잠자코 있더니 다시 입을 열었다.

"하노스, 내가 자네에게 내 신상에 관한 한가지를 말해 준다면 자네도 내 질문 한가지에 대답해 줄 수 있겠나?"

하노스는 지금 데녹이 무슨 말을 하고 있는 것인지 잘 알고 있다는 듯 달빛 속에서 싱긋 웃음을 띠었다.

"그것이… 서로 바꿀 만한 것이라면 그래도 좋겠지요."

"하노스, 자넨 이 늙은이에게 너무 팽팽하게 맞서고 있다는 생각이 들지 않는가?"

"노소간이라고 해서 제가 수를 접어드릴 수는 없지 않습니까?"

"좋다. 그럼 내가 먼저 시작하지. 자네와 나는 두마에서 랍바로 오는 길에 본도 산의 라멕 조사에 대해서 이야기한 적이 있는데…"

"그렇습니다."

"자네도 알다시피 라멕 조사에게는 악갓과 치우 두 제자가 있었지."

"네, 알고 있습니다."

"자네는 혹시… 그 라멕 조사에게 또 한 사람의 제자가 있었다는 이야기를 들은 적이 있나?"

하노스는 니느웨에 있는 사완의 모친 아나의 집에서 샤론 마을 사람들과 가나안의 세력에 대항하기 위한 봉기에 대해서 의논할 때에 네브로데가 한 말을 기억하고 있었다. 네브로데에 의하면 전설적인 무예의 조상 라멕에게는 세 사람의 제자가 있었다고 하는데 이미 악갓과 치우는 죽었으나 그 세번째 제자를 찾아내면 샤론 사람들의 훈련에 필요한 병법과 진법을 찾아낼 수 있으리라고 말했던 것이다.

"얼핏 들은 적은 있습니다만…"

그렇게 이야기하다가 하노스는 갑자기 한가지 사실을 깨닫고 깜짝 놀랐다. 데녹은 두마에서부터 라멕에 대해서 이야기했을 뿐만 아니라 온 천하의 무예에 대해서도 많은 것을 이야기했던 것이다. 더구나 가나안 주둔군의 병영에서 5백 명의 병사들과 싸움을 벌였을 때 보았던 데녹의 기괴한 품세들이 하노스의 뇌리에 번개처럼 지나가고 있었다. 하노스는 황급히 말에서 내려 데녹 노인에게 절을 올렸다.

"어리석은 후배가 사조(師祖)님을 알아뵙지 못하고 무례를 범했사오니 용서하여 주십시오."

"어째서 자네가 나를 사조라고 부르는가?"

"제가 치우 도원수의 자제이신 앗산 장군으로부터 무예를 배웠으니 데녹님께서 치우 도원수와 동문이시라면 제게 사조가 되시는 것입니다."

"뭐라구? 그럼 치우의 아들 앗산이 아직 살아 있다는 말인가?"

"이제 말씀을 낮추어 주십시오, 사조님."

그렇게 말하는 하노스의 등에 식은땀이 흐르고 있었다.

"오냐, 하노스. 이제 그만 말에 올라타거라."

"예"

하노스는 쩔쩔매며 다시 말 위로 기어올랐다. 데녹은 하노스의 쑥스러움을 눈치챘는지 한걸음 앞서 말을 몰며 말했다.

"하노스, 치우의 아들 앗산과는 어떻게 만났으며 앗산은 지금 어디서 무엇을 하고 있느냐?"

하노스는 처음 앗산을 만난 일로부터 시작하여 게세대의 자녀 가미엘과 에벨 남매를 만난 일, 그리고 그들 때문에 샤론 마을에 들어가 그곳 사람들과 알게 된 일까지 소상하게 설명하였다.

"그런데 사조님"

"……?"

"조금전에 사조님께서는 사조님의 신상에 관한 일을 한가지 말씀해 주시면 저도 한가지 대답해 주겠느냐고 제의하셨었는데 무엇을 알고 싶으셨습니까?"

"아, 그건…"

사실 데녹은 하노스가 어떤 사람으로부터 치우의 무예를 전수받았다고 했기 때문에 그 사람이 누구였는가를 묻고 싶었는데 이제 하노스가 앗산으로부터 배웠다는 것을 말해 버렸기 때문에 그 질문은 무효가 되어 버린 셈이었다. 데녹은 질문할 수 있는 기회를 살리기 위해서 다른 질문을 꺼냈다.

"사실은 네가 누구로부터 치우의 무예를 전수받았는지에 대해서 알고 싶었는데 이제 그 의문이 풀리게 되었다. 그 대신 한가지를 더 묻고 싶은데 괜찮겠느냐?"

"이제 사조님께서 누구이신가를 알았으므로 제게는 아무것도 숨길 것이 없습니다."

"샤론 마을 사람들은 앗수르의 하난 대제에게 반기를 들겠다고 하면서… 어째서 그 아들인 너를 자기들 중에 끌어들이려고 하느냐?"

"그것은…"

하노스는 잠시 생각을 정리하고 나서 입을 열었다.

"사조님께서는… 엘람의 황태자 수멜이 반역을 일으켜 천하에 10년간 전쟁이 있었던 일을 알고 계십니까?"

"…이야기를 들어서 알고 있었지."

"이야기만요?"

"엘람 황실로부터 장자권을 인계받은 하난이 악갓과 치우를 세상으로 불러내었을 때 나는 세상 일에 말려드는 것이 싫어서 그대로 본도 산에 남아 있었다. 나는 이미 수멜의 이야기를 들었을 때 홍수의 심판을 당하고 나서도 또 어쩔 수 없이 죄를 지어야 하는 인간에 대해서 몹시 혐오감을 가지게 되었거든."

"그러면… 악갓의 멸망에 대해서는 알고 계셨습니까?"

"소문을 듣자니까 장자권을 인계받아 수멜을 징계했던 하난이 그 아우인 악갓과 충신이었던 치우를 반역죄로 몰아서 죽였다고 하더군. 그래서 나는 세상 일에 뛰어들었던 악갓과 치우가 결국 당할 일을 당했다고 생각했지."

"그렇다면 사조님께서는 어째서 하난 대제가 악갓과 치우를 죽였으며 여호와 신을 버리고 다른 신들을 섬기게 되었다고 생각하십니까?"

"인간이란 본래 어쩔 수 없이 죄속으로 뛰어들게 되어 있는 것 아니겠나? 그렇기 때문에 나는 세상에 뛰어들지 않았던 것이다. 인간의 본성은 처음부터 악했던 거야. 자기를 멸망의 불속으로 집어넣지 않으려면 세상을 떠나서 사는 것이 제일 상책이거든."

"그런데 사조님"

하노스는 앞서가는 데녹의 구부정한 뒷모습을 바라보며 말했다.

"샤론 마을 사람들은 인간의 본성에 대해서 실망하지 않고 있었습니다."

"홍수의 심판을 당한 지 얼마되지도 않아서 다시 신에게 반역하고 제 마음대로 새로운 신들을 만들어 내는 인간의 본성속에서 무슨 소망이라도 발견했다는 것이냐?"

"물론 그들도 죄에 빠지는 인간의 본성에 대해서 당황하고 있었습니다. 그러나 그들은 아직도 여호와 신의 한가지 약속을 굳게 믿고 있었습니다."

"여호와 신의 약속…?"

"그렇습니다. 홍수가 끝나고 나서 여호와 신은 우리의 조상이신 노아에게 한가지 언약을 주셨는데, 다시는 땅 위에 있는 모든 생물을 홍수로 멸하지 않으리라는 것이었고 그 증거로 무지개를 구름 속에 두었다는 것입니다. 그래서 샤론 마을 사람들은 아무리 인간의 세상이 사악해지더라도 거기에 반드시 소망의 실마리가 있으리라는 것을 믿고 있는 것입니다."

"그래서 그들은 그 소망의 실마리를 네게서 찾았다는 것이냐?"

"그들은 우선 하난 대제의 급격한 변화에 대해서 의문을 가지고 있었습니다. 그는 적어도 악갓의 사건 이전까지는 여호와 신에게 충성하는 대제사장이었고 인명의 살상을 싫어하는 심약한 장자였습니다. 그런 하난 대제가 어째서 갑자기 여호와 신을 버렸으며 음란하고 난폭한 황제로 바뀌었는지에 대해서 그들은 의문을 품게 되었습니다."

"……"

"그들은 하난 대제의 변화에 대해서 의문을 가지고 추적하다가 그 아들인 저에게 대해서도 주목하기 시작했고 저에게서 변하기 이전의 하난 대제와 닮은 점을 알아채게 되었지요. 그래서 그들은 저에게 접근했고 저를 살피기 시작했습니다. 결국 그들의 결론은 지금의 하난 대제가 가짜라는 것이었고 마침내 그것을 증명해 내었던 것입니다."

데녹은 그제서야 깜짝 놀라면서 말을 멈추어 하노스와 나란히 서는 것이었다.

“가짜라고?”

“그렇습니다. 진짜의 하난 대제는 악갓이 반역의 누명을 쓰고 죽던 그 해에 치안장관 니므롯에게 체포되었고 니므롯은 가짜 황제노릇을 하면서 악갓과 치우를 죽였습니다. 다메섹으로 압송되었던 하난 대제는 가나안 왕 시돈이 자기를 포섭하기 위해 파견했던 아내 아릿다와 몇 달간 지낼 수 있었으나 결국 살렘에 끌려와서 죽음을 당했고 아릿다 황후는 아들을 낳은 후 니므롯의 아내 세미라미스에게 독살을 당했습니다.”

“그렇다면 너는… 가짜 부모들에 의해 양육되었단 말이냐?”

“그렇습니다. 그렇기 때문에 샤론 마을 사람들은 니므롯과 그를 조종하고 있는 가나안 세력을 징계하기 위하여 봉기할 때 저를 새로운 장자 권자로서 추대하려 하는 것입니다.”

“그랬었군…”

데녹은 그제서야 하노스가 품고 있던 그 엄청난 슬픔을 알게 되었고 그가 구사했던 상한검의 내력도 이해하게 되었다. 그는 전갈의 골짜기를 내려다보고 있는 싸늘한 달을 바라보며 묵묵히 전진하다가 다시 말의 걸음을 늦추었다.

“하노스, 그래서 너는 그들의 제의에 동의했느냐?”

“아직 결정하지 못했습니다.”

“왜…?”

“샤론 마을 사람들의 타도 대상은 가나안 가문과 그들의 앞잡이인 니므롯입니다. 니므롯과 그의 아내 세미라미스… 비록 제 아버지와 어머니를 죽인 원수이지만 저는 세상에 태어나면서부터 그들의 손에 의하여 자라났습니다. 저는 세미라미스의 품에 안겨서 양육되었고 니므롯의 경륜으로 교육받았는데… 제가 샤론 마을 사람들의 선봉이 된다면 바로 그들을 향해서 칼을 들어야 하는 것입니다.”

“그것은…”

데녹은 노인답지 않게 한숨을 쉬면서 신음하듯 말했다.

“…참으로 어려운 결정이로군.”

“그러나 사조님”

“하노스… 나는 솔직히 말해서 네가 그런 식으로 부르는 것이 마음에 들지 않는다."

"……?"

"사람이란 아무리 늙어도 늙었다는 소리를 듣고 싶지 않은 법인데 너의 그 경칭은 매우 듣기에 거북하구나."

"그러면 뭐라고 불러 드릴까요?"

"너는 두마에서부터 곧잘 나를 데녹님으로 불러왔지 않느냐? 그냥 앞으로도 그렇게 불러주는 것이 좋겠다. 본래 무예란 어색하면 악수(惡手)이고 자연스러우면 묘수인 법이다. 그런데 너는 방금 무슨 말을 하려고 했지?"

"한가지 부탁을 드리고 싶었습니다."

"무슨 부탁을?"

"제가 샤론 마을 사람들의 계획에 참여하고 안하고는 별도로 하더라도 그들의 기사는 필연적입니다. 저는 데녹님께서 그들을 도와 주실 것을 부탁드리고 싶은 것입니다."

"수멜과의 전쟁 때 악갓과 치우도 나를 끌어내려다가 결국은 단념했는데 이제 네가 또 나를 세상 일에 끌어넣고 싶다는 것이냐?"

"샤론 마을 사람들은 이미 아르박삿 가문과 아람 가문의 참가를 약속받았습니다만 룻 가문도 데녹님께서 나서신다면 일제히 호응해 올 것입니다.게다가 야벳 집안의 모든 가문들도 샤론의 거사에 참여할 가능성이 크지요. 다만 문제는…"

"……?"

"그들의 문제는… 큰 군대를 일으켜 가나안의 세력과 부딪치게 될 때에 그들을 지휘할 병법과 진법이 없는 것입니다. 앗수르의 군사였던 악갓은 이미 죽고 없으며 그의 동문이었던 치우 도원수도 그 아들 앗산에게 미처 병법과 진법을 전수해 주지 못하고 세상을 떠났습니다. 그래서 샤론 마을 사람들은 라멕에게서 병법을 전수받은 제3의 제자를 찾아내려고 애쓰는 중입니다."

"모두가… 모두가 부질없는 짓이다."

"부질없는 짓이라고요?"

"여호와 신이 홍수로 세상을 심판했어도 인간들은 다시 타락했다. 하난 대제가 장자권을 인계받아 수멜을 징계했어도 세상은 다시 반역자들의 손에 잡혀 있다. 인간이란 본래 죄속에서 태어나 죄속에서 죽게 되어 있는 것이다. 샤론 사람들의 거사가 성공하여 앗수르와 가나안의 세력을 꺾는다 하더라도 또 언젠가는 다시 죄속에 빠질 것이다. 마치 개가 그 토한 것을 다시 삼키고 돼지가 더러운 똥물 속에서 다시 뒹구는 것이나 같은 것이야."

"그러나 데녹님, 옷이 다시 더러워질 것을 생각하고 빨래를 하지 않을 수는 없지 않습니까? 저 죽음의 골짜기에서 죽어가는 진실을 구경만 하시겠습니까?"

"그래서 그 샤론의 사람들은… 룻 가문에서 아무도 포섭하지 못했다는 말이냐?"

"아직 룻 가문 전체를 포섭하지는 못했으나 샤론 마을에는 룻 가문의 왕위계승자가 될 예정이었던 네브로데가 들어와 있습니다. 네브로데는 데녹님처럼 세상의 타락에 염증을 느끼고 아라랏 순례를 하다가 샤론 마을에 들어오게 되었다고 합니다."

"네브로데가…?"

"그렇습니다. 룻 가문에서는 갑자기 왕위계승자가 사라졌기 때문에 네브로데의 삼촌인 루두스가 왕의 자리를 지키고 있습니다. 그런데… 데녹님께서는 그 네브로데를 알고 계십니까?"

"……"

데녹은 뭔가 깊은 생각에 잠기며 처연한 표정으로 달을 바라보는 것이었다. 하노스는 그런 데녹의 모습을 바라보면서 사람이란 본래 늙을수록 사연이 많아진다는 것을 깨닫고 있었다.

"데녹님께서 샤론 사람들에게 합세하신다면 그들에게는 천군만마를 얻은 것보다도 더 큰 힘이 될 것입니다."

"그 네브로데라는 사람은… 혼자서 샤론 마을에 들어왔다더냐?"

"네브로데에게는 아스라데라고 하는 어린 딸이 하나 있었습니다."

"그렇다면 그 아이의 어머니는 누구라던가?"

"그것은 잘 모르겠습니다. 그는 오직 딸과 둘이서만 살고 있었습니다."

"음…"

데녹은 네브로데에 대해서 관심이 있는 것 같았다. 아마도 데녹은 룻의 왕실과 가까운 사이였을지도 모른다고 하노스는 생각했다. 데녹은 다시 오랫동안 입을 다물고 있었다. 하노스도 더 이상 할 말이 없었기 때문에 이 전갈의 골짜기를 따라 끌려 올라갔을 아버지 하난을 생각하기 시작했다.

사완의 모친 아나도 아르박삿의 메루가도 하노스를 보고 아버지 하난을 닮았다고 하였다. 그리고 난폭한 일을 싫어하는 그 성미까지도 하난의 품성을 닮았다는 것이었다.

(하난… 그는 도대체 어떤 인물이었을까?)

하노스가 여기저기서 들어온 이야기들을 정리해 볼 때 그는 수멜처럼 한 여인과의 사랑에 몰두할 만한 멋진 남자도 아니었고 여호와 신을 상대로 복수전을 벌이는 장쾌한 영웅도 아니었다. 그는 언제나 단호하기보다 주저하는 성격이었고 지배하기보다는 설득하는 인간형이었다.

그의 뜻이 어떠했던 간에 그는 권력의 자리에서 밀려나 허망한 죽음을 당했고 누가 보더라도 그는 실패한 통치자였다.

그런데도 셈 집안의 장로회의는 만장일치로 그에게 장자권을 주었으며 메루가는 그를 남자 중의 남자로서 사모했고 요부 세미라미스까지도 그를 사랑하여 유혹하려 애썼다는 것이었다.

아무래도 하난이란 그 사람은 하노스에게 이해하기 어렵고 납득하기 힘든 존재였다. 오히려 그에 비하면 니므롯은 하노스에게 있어서 몇 가지 못마땅한 점이 있다 하더라도 확실하고 분명한 사람이었다. 그는 확고하게 자기가 잡아야 할 것이 무엇인가를 알고 있었고, 그는 열정을 가지고 지배자의 위치를 지키고자 했으며 나름대로 통치자로서 지녀야 할 경륜과 사명감도 가지고 있었다.

그래서 사실은 하노스도 아직 만나보지 못한 그의 생부 하난보다는 니므롯 쪽에 더 가까운 편이었다. 한쪽은 구체적이었고 한쪽은 아직 막연한 까닭도 있었으나 어쨌든 어려서부터 하노스의 의식속에 니므롯은 사내다운 아버지로서의 위치를 확고하게 차지하고 있었던 것이다.

무엇보다도 하노스에게는 하난의 죽음이 이해하기 어려운 것들 중의 하나였다. 그것이 아무리 의미가 있는 것이며 감동적인 것이었다 하더라도 죽음이라는 것은 모든 것의 마지막을 의미하는 것이었다. 죽고 나면 아무것도 없어지는 것이며 모든 것은 끝나는 것인데도 하난은 스스로 죽음의 길을 택했다. 도대체 죽음 저편에는 무엇이 있길래 하난은 죽음의 길을 택했던 것일까. 하난은 그 죽음 저편에 대하여 어떤 기대와 소망을 걸었던 것일까.

그러나 설사 죽음 저편에 어떤 기대가 있었다 하더라도 하노스는 그런 하난의 결심에 동의하기 어려웠다. 죽음 이편에서 잘 처리되지 못한 일들이 죽음 저편에서 개선되고 호전될 수 있는 것일까. 죽음 저편에 대한 기대라는 것은 지금의 하노스에게 있어서 현실의 실패에 대한 자기 변명으로 밖에는 인식되지 않는 것이었다.

"……?"

코끝에 이상한 냄새가 감겨오고 있었기 때문에 하노스는 주위를 둘러보았다. 차갑게 내리고 있는 달빛 속에 괴이한 모습의 나무들이 웅크리고 서 있었다.

"데녹님, 이게… 무슨 냄새이지요?"

"… 죽음의 냄새이지."

"죽음의 냄새…?"

"그렇다. 우리는 이미 죽음의 골짜기에 들어서고 있는 거야. 저 나무들은 땅 속에 뿌리 박고 있는 산 나무들이 아니라 사람들이 세워놓은 죽은 나무들이지."

그때 갑자기 한 검은 물체가 하노스를 향하여 달려들었기 때문에 하노스는 깜짝 놀라며 두손을 들어서 그것을 막았다.

"놀랄 것 없어. 그건 시체들을 지키는 부엉이야."

"시체들…?"

"저 세워놓은 나무들을 자세히 보아라. 오늘은 달이 밝아서 잘 보이는군. 저 나무마다 시체가 하나씩 달려 있다. 네가 맡은 냄새는 바로 그 시체들이 썩는 냄새야."

하노스는 미간을 찌푸리며 그 어둠 속에 서 있는 나무들을 살펴보았다. 과연 그 나무마다 사람이 하나씩 달려 있는 것이었다.

"목을 매단 것도 아닌데… 그들은 어떻게 달려 있는 것입니까?"

"여부스 사람들은 범죄자들을 죽일 때 나무에다 사지를 못박아서 죽인다. 손과 발에 못질을 해서 나무를 일으켜 세우면 죄인들은 고통에 못이겨 발버둥치다가 결국은 늘어지게 되고 그렇게 되면 빗장뼈가 목을 조르게 되어 절명하는 거지."

하노스는 데녹의 설명이 너무나 끔찍해서 미간을 찌푸렸다.

"왜 하필이면 그렇게 잔혹한 방법으로…"

"사람을 천천히 죽이는 것이 여부스 사람들의 기술이다. 그래야만 많은 사람들이 죄수가 고통속에서 죽어가는 모습을 바라보며 가나안 권력에 대한 도전을 단념하게 되는 거야."

"그렇게 해서 죽는 데 얼마나 걸리나요?"

"끈질기게 버티면 아침에 매달려서 저녁까지 가는 수도 있지."

"아침부터 저녁까지…"

하난은 그렇게 죽었던 것이다. 하노스가 한번도 만나보지 못했던 그 하난이라는 사람도 저렇게 나무에 매달려서 아침부터 저녁까지 꿈틀거리다가 자신의 빗장뼈에 목이 졸려서 숨져갔을 것이었다.

(하난… 자신의 생명 하나도 자기 손으로 지키지 못했던 사람…)

물론 하노스도 자신을 유능한 사람이라고는 생각하지 않고 있었다. 그러나 어쨌든 하노스는 모든 나라에서 모여든 수백 명의 무사들과 겨루어서 우승자가 되었던 것이다. 적어도 하난은 전쟁이나 내란을 그만두고라도 자기 자신의 목숨 정도는 자기 힘으로 지킬 수 있어야 했다. 도대체 몇 명의 반역자가 그를 기습했길래 그는 꼼짝 못하고 체포되었던 것일까?

"이 시체들은… 계속 이렇게 매달아 두는 겁니까?"

"빈 나무가 필요하게 되면 시체를 끌어내리는 수도 있지. 그러나 대부분은 저렇게 그냥 매달아 둔다. 이제 날이 밝으면 수많은 까마귀떼와 독수리들이 아침 식사를 하기 위해 모여들 것이다."

그러고 보니 시체들 중에는 이미 새들이 먹어버려서 허옇게 뼈가 들어난 것들도 있었고 뱃가죽이 찢어져서 내장이 흘러내린 것들도 있었다.

"여부스 사람들은… 참으로 고약한 일들을 담당하고 있군요."
"오히려 여부스 사람들은 자기들의 임무를 자랑스럽게 여기고 있다."
"자랑스럽게…"
"사람을 나무에 매다는 그 일들이 세계의 평화에 기여하고 있다는 자부심이지."
"그래서 자기들의 성읍을 평화의 성 살렘이라고…"
사람을 매단 나무들은 길 양편에 수도 없이 늘어서 있었다. 데녹은 여호와의 심판에도 불구하고 사람들이 죄속에 빠져 있다고 말했었다. 그런데 그 죄속에 있는 사람들이 또 자기들끼리 사람을 죄인으로 잡아서 나무에 달고 있는 것이었다. 하노스는 또다시 혼란속에 빠지고 있었다. 나무에 달린 사람이 죄인인가, 아니면 그들을 잡아서 나무에 달고 있는 사람이 죄인인가. 누가 누구를 나무에 달고 있는 것인가. 그것은 참으로 하노스에게 혼돈이 아닐 수 없었다. 하노스 자신은 나무에 달릴 사람인가, 아니면 다른 사람을 나무에 다는 사람인가.

유혹의 산

랍바로부터 헤스본을 지나 요단 강을 건너 여리고에서 살렘에 이르기까지 하노스는 줄곧 그의 아버지 하난이 끌려온 길을 밟았던 셈이었다. 그러나 이제 그 죽음의 골짜기에서 하노스의 추적은 끝나고 있었다. 역겨운 냄새가 가득히 고여 있는 그 골짜기에서 하노스의 목표는 사라져 버렸고 그의 두손에는 아무것도 잡혀져 있는 것이 없었다.

살렘에서 다시 여리고로 내려온 하노스는 데녹에게 네브로데를 만나 보도록 권하고 나서 혼자 광야의 길로 들어섰다. 가나안 주둔군에게서 탈취했던 말도 그대로 여리고에 남겨두고 그는 터덜터덜 걸어서 북쪽을 향해 올라가고 있었다. 황량한 흙바람 속에 가시덤불만 굴러다니는 쓸쓸한 길을 따라서 하노스는 걸음을 옮겼다.

그는 이따금씩 고개를 들어서 하늘을 바라보았다. 거친 들판에서 오직 그가 바라볼 곳이라고는 하늘밖에 없었던 것이다.

(여호와 신이여, 당신은 어디 계십니까?)

하노스는 데녹과 이야기할 때에 눈에 보이는 신은 신이 아니라고 큰소리를 쳤었다. 그러나 이 적막한 광야에서 하노스에게 그 보이지 않는 신은 답답했다. 그는 이따금씩 허공을 향하여 큰소리를 질러보았다. 그러나 아무도 그의 부르짖음에 응답하는 이는 없었다.

(노아에게 약속을 주었던 여호와, 셈의 제사를 받았던 여호와여, 당신은 지금 어디 계십니까? 당신은 아직도 홍수 저편에서 죽음의 끄나풀

들을 움켜쥐고 계십니까?)

죽음의 골짜기에서 아무것도 찾아내지 못한 하노스는 이제 곧장 여호와를 부르는 수밖에 없었다. 그는 인류가 잃어버린 신을 찾아야 했다. 그것을 찾지 못한다면 데녹이 말한 것처럼 인간의 어떤 노력도 의미가 없는 것이었다.

(여호와여… 당신은 어딘가에 계실 것입니다. 왜냐하면 많은 사람들이 당신을 기다리고 있기 때문입니다. 당신이 정말 사람을 창조했다면 당신은 사람들을 이대로 내버려두지 않을 것이기 때문입니다…)

얼마나 시간이 흘러갔는지도 알 수 없었다. 하노스는 빈들에서 신을 찾아 헤매고 있었다.

(말씀하십시오, 여호와여… 당신이 이 세상에 사람을 지어놓았다면 그에 대해서 책임을 져야 할 것 아닙니까? 만들어 놓고 내버려둔다면 당신은 신이 아닙니다. 당신은 이 어둠과 혼돈을 어떻게 할 작정이십니까?)

그러나 수많은 낮과 밤을 그렇게 부르짖었어도 신으로부터의 응답은 없었다. 하노스는 점점 낙심하기 시작하고 있었다. 본래 신 같은 것은 처음부터 없었는지도 모른다. 아무것도 없다는 것이 너무나 견딜 수 없어서 인간은 마침내 신을 생각해 내었는지도 몰랐다. 하노스는 아무 데나 털썩 주저앉았다. 앉아 있을 기운도 없었다. 그는 아예 땅바닥에 등을 대고 누워 버렸다. 우선 편안했다. 편안한 세상을 하노스 혼자서 공연히 심각하게 여겼는지도 알 수 없었다. 그가 휘청거리는 몸을 땅바닥에 눕히고 편안하게 늘어지고 있을 때 문득 귓가에 누군가가 속삭이고 있는 것 같은 느낌이 들었다.

“……?”

분명히 귓가에 무슨 소리가 흘러들어오고 있었다. 하노스는 눕혔던 몸을 일으키며 사방을 돌아보았다. 굴러가는 가시덤불밖에는 아무것도 보이지를 않았다.

(너무 배가 고파서 헛소리를 들었나… ?)

그러나 하노스의 귀에는 다시 또렷한 소리가 들려오고 있었다.

“하노스”

“……?”

“하노스”

“누구요?”

“하노스”

“누구요, 내 이름을 부르고 있는 당신은?”

“나는… 그대의 친구다.”

하노스는 다시 사방을 둘러보았다. 역시 아무것도 보이지 않고 있었다. 목소리는 계속해서 들려왔다.

“그대는… 무엇 때문에 이 광야에서 헤매고 있는가?”

“……?”

“나를 따라오라.”

하노스는 비틀거리며 일어섰다. 그리고 다시 주위를 두리번거렸다.

“따라오라니까”

그는 걸음을 옮겨놓기 시작했다.

“그렇지, 너는 걸을 수 있다. 그대는 강한 사람이야. 걸어라, 계속해서 걸으라고.”

그는 목소리에 이끌리어서 걷고 있었다. 이상한 힘이 하노스를 이끌어가고 있는 것이었다. 아무것도 없는 광야에서 들려온 그 목소리가 누구의 것이었는가를 하노스는 생각해 보았다. 그것은 하노스에게 처음 경험이었기 때문에 그는 매우 당황하고 있었던 것이다.

(그 목소리의 주인공은 누구인가? 그가 바로 여호와 신인가?)

광야의 한가운데에 높이 솟아 있는 산이 있었다. 나무도 없고 풀도 없는 그 해골 같은 산으로 하노스는 올라가고 있었다. 하노스는 다시 허공을 향하여 소리쳤다.

“당신은 누구요?”

“나는 그대의 친구라고 이미 말하지 않았는가?”

“당신이 나의 친구라면 어째서 내 앞에 나타나지 않는 거요? 어째서 내가 당신의 목소리를 기억할 수 없는 거요?”

“그대는 나를 기억하고 있을 것이다. 나는 오래전부터 그대와 함께 있었다. 나는 그대의 마음이며 그대의 반려이다. 그대는 자기 마음에서 나오는 목소리도 알아듣지 못하는가?"

다시 하노스는 혼란에 휩싸이고 있었다. 그 목소리를 듣고 보니 정말 어디에선가 그 목소리를 들어본 것 같기도 했다. 그 목소리는 낯설지 않았다. 그리고 그 목소리는 강한 힘으로 하노스를 사로잡고 있었던 것이다.

"걸어라, 걸어. 그대는 결코 쓰러지지 않는다. 그대는 강자이다. 그대는 무엇이든지 할 수 있다."

바위산은 매우 험했다. 그러나 하노스는 자신을 이끄는 기이한 힘에 이끌리어 빠른 속도로 산을 오르고 있었다.

"힘을 내라, 하노스. 정상까지 올라가야 한다. 하노스, 그대는 언제나 정상에 서는 존재이다."

(정상…)

그것은 곧 산의 꼭대기를 의미하는 것이었다. 그 목소리는 하노스에게 말하고 있었다. 언제나 정상에 서야 한다고 속삭였던 것이다. 하노스는 새로운 힘이 솟는 것을 느끼고 있었다.

마침내 하노스는 산꼭대기에 서 있었다.

"잘 해냈다, 하노스. 사방을 둘러보아라."

넓은 대지가 하노스의 눈앞에 펼쳐지고 있었다. 자신도 모르게 상쾌한 기분이 온 몸을 감싸고 있었다. 모든 답답했던 것들이 무너져 내리고 가슴이 탁 트이는 것 같았다.

"기분이 어떠냐, 하노스?"

"……"

"그대는 지금 정상에 서 있다. 사방을 둘러보아라. 북쪽에는 메소포타미아의 대평원이 있고 거기에 앗수르 제국이 있으며 바벨 왕국이 있고, 시날과 에렉과 갈레 성이 있다. 서쪽에는 가나안 왕국이 있고 그 위에는 셈 집안의 룻, 아람 왕국과 야벳 집안의 고멜, 야완, 두발, 메섹, 디라스 왕국들이 있으며 동쪽에는 엘람 왕국과 마대 땅이 있다. 남쪽을 보아라. 남쪽에는 미스라임 가문의 일곱 나라와 붓 왕국이 자리잡고 있다."

하노스의 머리카락이 바람에 시원스레 날리고 있었다.

(아아… 나는 세상을 너무 좁게 생각하고 있었다. 나는 자신을 너무 초라하게 만들고 있었던 것이 아닌가…?)

어느 틈에 하노스의 마음을 읽었는지 그 목소리는 또 말했다.

"그렇다. 그대는 좀더 높은 기개와 야망을 가져도 좋을 것이다. 그대는 무엇 때문에 이 세상에 태어났는가? 망설이고, 양보하고, 포기하기 위하여 태어났는가?"

하노스는 미간을 찌푸렸다. 그 목소리는 하노스를 비난하고 있는 것 같았다. 오랫동안 감추고 눌러왔던 가슴 깊은 곳의 욕망을 그 목소리는 하나하나 끄집어내어 높이 쳐들고 있는 것이었다. 그는 신음하듯 이빨 사이로 부르짖었다.

"당신은 나에게 무엇을 권하고 있는 것이오? 내 소중한 이웃들, 죄속에 빠져 있는 불쌍한 사람들, 나와 관계를 엮어놓고 있는 그 모든 인연들을 다 무시하고 야망의 칼을 치켜들라고 하는 것이오?"

"하노스, 그대는 너무 좁게만 생각하고 있다. 그대가 소중히 여긴다고 말한 그것들은 그대의 이웃 중의 작은 한부분에 지나지 않는다. 그대의 작은 이웃 때문에 더 크고 많은 이웃들이 박해당하고 고난당하는 것을 그대는 모르고 있는가? 그대가 망설이며 붙잡고 있는 그 작은 인연들 때문에 더 크고 더 많은 인연들이 그대를 기다리며 아쉬워하고 있는 것을 그대는 모르는가? 그대는 자신을 바라고 있는 온 세상의 불쌍한 백성들을 외면할 것인가?"

"지금까지 세상에서 더 크고 더 많은 무리들의 이익을 내세워서 무리들 앞에 나섰던 모든 영웅들은 그것들로써 자신의 야망을 위장하였다. 당신은 나를 선량으로 위장한 압제자가 되게 하려는 것이 아닌가?"

"하노스, 지금까지 모든 통치자들은 백성들을 탄압하고 수탈하였기 때문에 백성들로부터 존경과 지지를 얻지 못하였다. 그러나 하노스, 그대는 그들과 다르다. 그들은 그대를 원하고 있는 것이다."

"당신은 나를 유혹하고 있다. 아무도 자기 위에서 자기를 다스릴 사람을 원치 않는다."

"하노스, 사방을 둘러보아라. 그대는 지금 정상에 서 있다. 그대가 무술대회에서 천하의 모든 고수들을 제압하였을 때 그대에게 보내준 백

성들의 지지와 환호를 기억하는가? 하노스, 그대가 더 이상 멈칫거린다
면 그대를 갈망하고 있던 모든 백성들을 실망시키는 것이다."

"무술대회에서 승자가 되었을 때 나는 오히려 세상에서 가장 외로운
사람이었고 제일 서글픈 인간이었다. 승리는 나의 기쁨이 되지 못하였
다. 나는 경쟁에서의 승리자가 백성들을 이끌 지도자도 될 수 있다는
것을 믿지 않는다."

"하노스, 그것이 바로 그대의 오만이다. 그대는 어째서 백성들의 뜻
에 순종하지 않고 있는가? 그대는 어째서 이 절대적인 명령을 거역하고
있는가?"

"당신이 말하고 있는 그 명령은 내 욕망으로부터 도출된 것이다. 나
는 그 따위 명령을 믿지 않는다."

"하노스, 그대는 어째서 내 말을 믿지 않는가? 지금까지 그대가 살아
오는 동안 그대를 부르고 그대에게 타일러 준 다른 음성이 있었는가?
그대는 지금 헛된 것을 잡으려고 방황하는 것이다. 그대는 무엇을 기다
리는가? 이 쓸쓸한 광야에서 그대는 없는 것을 찾으려고 헤매는 것이
다. 그대는 무엇을 찾았는가? 그대는 무엇을 잡았는가? 그대는 내 말을
들으라. 그대는 지금 분명하게 듣고 있지 않는가?"

"당신은 누구요? 당신은 무슨 신이오?"

"어떤 신이 그대에게 나처럼 유익한 말을 해줄 수 있는가? 나는 그대
와 늘 같이 있었다. 나는 그대가 남자답게 일어서기를 바라는 자다. 나
는 그대가 의심을 떨치고 나서서 빛나는 지도자가 되어주기를 바라는
자다. 그대의 친구들이 그대를 기다리고 있다. 그대의 스승들이 그대를
기다리고 있다. 앗산도, 셀라와 사완도, 메루가와 에바도… 그리고 나
메라와 가미엘과 아리사도… 가엾은 드단과 에벨도 모두 다 그대의 궐
기를 목마르게 기다리고 있다. 그대는 지금 이 황량한 광야에서 무엇을
구하고 있는가? 천하는 그대를 바라보고 있다. 그대는 천하를 바로잡아
야 한다. 모든 나라들은 그대의 휘하에 모여들 것이고 그대는 백성들의
은인이 되고 존경받는 자가 될 것이다. 그 일을 감당할 자는 그대밖에
없다. 하노스, 그대는 그 일을 위해서 태어난 사람이다. 그대는 왜 그
것을 피하려고 하는가? 일어서라, 하노스. 천하의 백성들을 구해 내기

위하여 정의의 칼을 높이 들어라!"

"나는 이미 칼을 들어보았다. 그러나 칼은 나의 아무것도 해결해 주지 못했다."

"칼은 해결하는 것이 아니라 가르치는 것이다. 세상의 이치를 모르는 자들은 칼에서 배워야 하는 것이다."

"당신이 아무리 그렇게 이야기해도 칼은 인간을 구원할 수 없다. 칼은 완전한 것이 아니다. 당신이 칼로 사람을 가르쳐도 사람들은 절대로 칼에 승복하지 않을 것이다. 제압은 결코 사람을 설복하지 못할 것이다."

"하노스, 그대는 어째서 전체를 보지 않고 부분을 보는가? 천하를 바라보아라. 저 모든 것은 다 나에게 속한 것이다. 이제 내가 그것을 그대에게 줄 것이다. 그대가 나와 함께 한다면 저 모든 것은 다 그대의 것이 될 것이다. 그대는 망설이지 말라. 내가 그대를 도와주리라."

순간 하노스의 눈앞에는 열국의 군왕들이 모여들고 있었다. 천하 만국으로부터 모여든 국왕들이 손을 들며 하노스를 환영하고 있었다. 그리고 열국의 백성들이 모여들고 있었다. 구름같이 모여드는 백성들이 위대한 하노스를 찬양하고 있었다.

"하노스, 그대는 보고 있는가? 그대는 저들의 지도자가 되기 위하여 이 세상에 온 것이다. 그대는 도망치지 말라. 사내답게 나서서 저들에게 손을 들어 인사하라. 그것이 하노스의 길인 것이다."

"내 아버지 하난은 그렇지 않았다. 그는 만국을 다스리는 장자권자였으면서도 고난의 길을 걸었다. 그는 매맞고 피흘리며 사람들의 손에 끌려가서 죽음의 골짜기에 매달렸다."

"그것이 바로 하난의 비극이었다. 이제 그대는 아버지의 못다한 일을 완성하고 그의 원한을 풀기 위해서 일어서야 한다. 하노스, 그대는 빛나는 별이다. 하노스는 높고 위대하다!"

하노스의 얼굴은 고통으로 일그러지고 있었다. 그의 눈앞에는 환호하던 무리들이 사라지고 슬픈 눈매로 그를 바라보고 있는 누이 레셴의 얼굴이 나타나고 있었다. 하노스가 그 외로운 어린 시절을 살아오면서 사랑할 수 있었던 오직 한 사람의 여인, 하노스를 감싸주고 그의 외로움을 이해하여 주었던 여인이 바로 레센이었다. 하노스가 비록 천군만마를 이끌고 니느웨 성을 향해 진군한다 하더라도, 그리고 니므롯과 세미라미스를 향해 징계의 칼을 휘두른다 하더라도 과연 레센에게까지 그렇게 할 수 있을 것인가. 그러나 다시 허공 중의 목소리가 들려오고 있었다.

"하노스, 많은 사람들이 한 여인의 밧줄에 결박당해서 인생을 그르치고 있다. 수멜을 보아라. 그는 한 여인 때문에 온 천하를 잃었을 뿐만 아니라 자기 목숨까지도 잃었다. 그대는 여인의 치마끈에 목을 매지 말라. 세상에는 아름답고 상냥한 여인들이 얼마든지 있는 법이다. 그대에게도 이미 많은 여인들이 있지 않는가? 나메라도, 가미엘도, 아리사도 너를 사모하고 있지 않은가? 그대가 장자권을 잡으면 그대는 그들 모두를 다 아내로 삼을 수 있다. 하노스, 일어서라. 그대가 할 수 있는 모든 것을 다하는 것이 그대의 최선이다."

하노스의 얼굴은 혼돈으로 인하여 뒤틀리고 있었다. 그는 이제 무엇이 어떻게 되는 것인지 갈피를 잡을 수 없게 되어가고 있었다. 만사를 조리 있게 따져나가던 그의 습관이 자꾸만 혼선에 꼬여서 얽혀들어가고 있었던 것이다. 하노스는 사람의 생각과 판단이 그토록 흔들릴 수 있다는 것에 대해서 무서워지기 시작했다.

(… 사람의 생각에 두려움을 느꼈기 때문에 사람들은 신을 찾았던 것일까? 여호와 신이라면 이럴 때 나를 어떻게 안내할 것인가?)

하노스는 다시 아르박삿 왕궁에서 들었던 홍수의 이야기를 생각해 보았다. 여호와는 세상이 너무나 썩어서 냄새를 피우고 있었기 때문에 홍수로 땅에 있는 생물들을 다 멸하기로 했던 것이다. 그 냄새란 바로 땅에 강포가 가득했기 때문이라고 하였다. 그 멸망의 냄새는 도대체 어디서부터 온 것일까 하고 하노스는 생각해 보았다.

(여호와는 그 모든 인간들 중에서 노아와 그 세 아들을 살리셨다. 그 노아는 어떤 사람이었던가?)

아르박삿 왕궁의 세마 신관은 노아를 올바르고 흠 없게 산 사람이었다고 했다. 왜냐하면 그는 여호와를 모시고 살았던 사람이었다는 것이었다. 그렇다면 다른 사람들은 여호와를 모시고 살지 않았기 때문에 문제가 생겼다는 셈이었다.

(어떻게 사는 것이 여호와를 모시고 사는 것인가…?)

하노스는 다시 자신의 아버지라는 하난을 생각해 보았다. 하난은 자신의 영광이나 세상의 칭찬을 위해서 산 사람이 아니었다. 그는 언제나 사람들을 이해하려 했고, 설득하려 했고, 사랑하려 했던 것이다. 하노스가 보기에 그의 아버지 하난은 여호와를 모시고 산 사람이었다.

그러나 아직도 하노스가 이해할 수 없는 점이 있었다. 하난은 비록 사람을 이해하고 사랑했다 하더라도 그가 모시고 살았던 여호와 신은 그렇지를 않았다. 그는 사람들이 죄악에 빠지게 되자 용서 없이 그들을 세상에서 쓸어버렸던 것이다.

"하노스, 너의 부친 하난은 연약했기 때문에 실패했고 그래서 개처럼 죽음을 당했다. 너는 강해져야 한다. 세상의 못된 것들은 다 쓸어버려야 한다. 그것이 바로 노아처럼 올바르게 사는 길이다!"

과연 하난의 길은 실패의 길인 것 같기도 했다. 그는 일단 가나안 왕과 협상하면서 한편으로 자기를 지지하는 세력들을 모아 기반을 구축하고 가나안에 도전할 수도 있었던 것이다. 그렇게 하지 못하고 힘없이 끌려가서 죽었기 때문에 오늘날의 세상은 더 타락하고 더 악해졌다고 할 수도 있었다.

"하노스… 너의 부친 하난은 실패했다."

그러나 알 수 없는 강한 힘이 그 목소리에 저항하고 있었다. 그는 고개를 치켜들며 흐트러졌던 눈의 초점을 바로잡았다.

"당신은 내게서 떠나라. 나와 아버지를 이간질하지 말라. 여호와와 나 사이에 노아가 있듯 노아와 나 사이에 내 아버지 하난이 있다. 내 아버지가 실패했는지 어쨌는지는 모르지만… 나는 한가지만은 분명히 알고 있다. 내 아버지 하난은 여호와를 모시고 살았다!"

하노스는 어두운 하늘을 바라보았다. 그리고 혼신의 힘을 다해 울부짖었다.

"노아의 여호와, 셈의 여호와, 하난의 여호와여! 당신은 지금 어디 계십니까?"

그러나 그의 목소리는 허공 중에 흩어져버리고 어둠 속에서는 아무런 음성도 들려오지 않았다. 갑자기 커다란 외로움이 하노스를 감싸기 시작하고 있었다. 두눈에서 눈물이 주르르 흘러내렸다. 따지고 보면 그 외로움은 하노스가 태어났을 때부터 시작된 것이었다. 어머니도 아버지도 없이 세상에 던져진 하노스. 그래서 그런지 하노스는 늘 자신이 황제의 아들이라는 것을 실감하지 못하고 있었다. 비록 가짜이기는 했으나 아버지와 어머니가 있었는데도 그는 늘 사무치는 외로움속에서 자라났던 것이다. 아무리 세미라미스가 자기를 보살펴주고 니므롯이 자기를 훈계했다 하더라도 그들과의 사이에는 따스한 관계가 없었다. 눈빛만 보면 아들의 마음을 읽을 수 있는 부모의 체온이 그들에게는 없었던 것이다.

지금 이 바위와 바람만 있는 황량한 산꼭대기에서 하노스가 그동안 마음속으로만 야무지게 숨겨왔던 외로움이 터져나오고 있었다. 부끄러울 것도 없었고 숨길 것도 없었다. 그는 마구 어린아이처럼 소리내어 울었다. 그는 차가운 땅바닥을 손톱으로 긁어가며 목놓아 울었다. 아무도 그를 보고 있지 않았다. 아무도 그를 위로하고 있지 않았다.

얼마를 그렇게 울고 있었을까… 마침내 산꼭대기에서 그는 얼음처럼 식어가고 있었다. 차가운 바람마저 그를 피해 가고 있었다.

(이 황량한 산꼭대기에서 나는 식어가리라. 서글픈 세상을 비웃으며 나는 식어가리라. 사랑도 미움도 따지고 보면 의미 없는 바람일 뿐… 나는 차라리 차갑게 웃으며 굳어지리라. 나는 차라리 바위틈에 굳어진 얼음 조각이 되어 침묵하리라. 세상이 아무리 나를 흔들어 깨워도 나는 그들을 향하여 입을 다물리라. 그대들이 아무리 나를 향하여 소리쳐도 나는 얼어붙은 내 입을 열지 않으리라…)

하노스는 다시 눈을 감았다. 그리고 꿈을 꾸었다. 그는 아버지 하난의 품안에 있었다. 인자하고 잘 생긴 모습이었다. 그는 자꾸만 아버지의 품속으로 파고들었다. 그의 따스한 체온이 하노스의 몸을 녹이고 있었다.

"아버지…"

"오냐, 하노스."

"어떻게 저를 찾아오셨어요?"

"네가 나를 불렀지 않느냐?"

"불렀다고요?"

"그렇다. 나는 너의 부르는 소리를 듣고 너를 찾아왔다."

"당신은 누구십니까?"

"나는 노아의 하나님, 셈의 하나님, 하난의 하나님 여호와니라."

"여호와…"

"그렇다. 나는 스스로 있는 자이니라."

그가 누구이든 상관없었다. 편안한 그의 품속에서 하노스는 한없이 포근함을 느끼고 있었다.

"저와 함께 계시옵소서."

"나는 처음부터 너와 함께 있었다."

차갑게 식어가고 있던 하노스의 몸과 마음이 따스하게 녹고 있었다. 얼어붙었던 눈물이 녹아서 주르르 흘러내렸다. 그것은 마치 눈과 귀를 잇는 두 줄기의 강물처럼 굳어졌던 하노스의 몸에 생기를 불어넣고 있었다.

그렇게 얼마를 지났는지 알 수가 없었다. 하노스는 곤한 잠에 빠졌고, 그러다가 또 잠이 깨었다. 아직도 그는 기이한 편안함 속에 안겨 있었다.

"당신은… 아직도 저와 함께 계시는군요."

"나는 처음부터 너와 함께 있었다."

하노스는 새털처럼 포근한 그의 품속에서 몸을 뒤척였다. 그의 온 몸은 부드럽게 녹아 있었다.

"하노스… 이제 그만 산을 내려가라. 너를 기다리는 사람들이 있을 것이다."

"당신은…?"

"나는… 너와 함께 갈 것이다."

하노스는 마침내 눈을 뜨고 자리에서 일어섰다. 그렇게도 차갑던 바람이 훈훈하게 바뀌어져 있었다. 그는 기이한 감동속에 잠기면서 천천히 산을 내려오기 시작했다.

그가 산을 다 내려와 광야의 길로 들어섰을 때쯤 이미 하늘은 뿌옇게 밝아오고 있었다. 누가 오라는 곳도 없는데 하노스는 그저 북쪽을 향해서 걸었다.

"너와 함께 갈 것이다."

그 말이 하노스에게 힘을 주고 있었다. 그는 바람처럼 광야를 가로질러 걸었다. 그는 광야를 뚫고 흘러내리는 강물과 만났다. 그는 강변에 무릎을 꿇고 앉아서 손으로 강물을 떠서 입에 넣었다. 시원한 물이 몸속의 곳곳으로 흘러들어가고 있었다. 마치 얼굴도 알지 못하는 아버지의 추억이 온 몸으로 스며들고 있는 것 같았다. 그는 처음부터 아버지와 함께 있었다는 생각이 들었던 것이다.

(노아의 하나님, 셈의 하나님, 하난의 하나님…)

하노스는 다시 무릎을 펴고 일어섰다. 그리고 또 강변을 따라서 하염없이 걸었다. 가다가 목이 마르면 또 멈추어서 강물을 마셨다.

(……?)

맞은편 쪽에서 한떼의 인마가 그를 향해 달려오고 있었다. 그들은 순식간에 하노스의 코앞까지 이르러 멈추어 섰다. 그들은 모두가 가나안의 군복을 입고 있었다. 하노스는 그들 가운데 앞장서 있는 군관을 바라보았다.

그는 오른편 팔이 없었다. 그는 왼손으로 하노스를 가리키며 부하들에게 명령했다.

"저놈을 묶어라!"

그는 바로 니느웨의 무술대회에서 하노스의 상한검 때문에 부상을 입고 오른팔을 절단한 헷의 아들 에살이었다. 가나안 군인들이 일시에 하노스를 에워싸며 칼과 창을 겨누었다. 그들 가운데서 에살은 하노스를 쏘아보며 말했다.

"하노스, 반항할 생각을 말아라. 온 천하가 네게 칼을 겨누고 있다."

"……"

하노스는 아직 그들과 대결할 준비의 자세를 취하지 않고 있었다. 너무나 오랫동안 먹지를 못해서 기운이 없기도 했지만 이미 그는 또 한가지의 미혹에 빠지고 있었던 것이다.

(노아의 하나님, 셈의 하나님, 하난의 하나님…)

하노스를 편안하게 안아주었던 그 음성은 분명히 그렇게 말했었다.

(이제 그만 산을 내려가라. 너를 기다리는 사람들이 있을 것이다.)

그 사람들이 바로 에살과 그의 부하들이었단 말인가. 그 음성은 하노스를 적들의 수중으로 몰아넣었던 것이다.

하노스는 다시 자기를 안아주던 그 음성을 생각해 보았다. 분명히 그것은 하노스에게 사내처럼 일어나서 칼로 천하를 잡으라고 유혹하던 그 목소리와는 다른 것이었다. 하노스에게 온 천하를 주겠다고 유혹하던 그 목소리와는 타협할 수 없었지만 산정에서 차갑게 식어가는 그의 몸을 안아주던 그 음성을 그는 신뢰하지 않을 수가 없었던 것이다.

한 목소리는 그에게 천하를 주겠다고 하였다. 또 한 음성은 그를 적의 수중에 내어주고 있었다. 한 목소리는 그에게 넓고 큰 길로 들어설 것을 권유했고 또 한 음성은 그로 하여금 고난의 길로 걷도록 인도했던 것이다.

(어떤 것이 진짜인가? 넓고 큰 길을 권유한 목소리인가, 아니면 고난의 길로 인도한 음성인가?)

그의 아버지 하난도 바로 그런 두 가지의 음성을 들었을 것 같았다. 그리고 그는 고난과 죽음의 길을 택했던 것이다. 지금 바로 하노스에게 그 똑같은 시간이 닥쳐와 있었다.

(노아의 하나님, 셈의 하나님, 하난의 하나님 …)

분명히 그 음성은 자신을 밝히고 있었다. 그의 아버지 하난에게 고난의 길을 지시했던 그 음성이 또 하노스를 찾아왔던 것이다. 그는 결단해야 했다. 어느 목소리를 따라가야 할 것인지 결정해야 했던 것이다.

사내답게 칼을 들고 일어서서 모든 지지자들과 함께 진군하는 자기의 모습이 하노스의 눈앞에 떠오르고 있었다. 앗수르를 장악하고 가나안을 공략하며 미스라임과 붓을 쳐부수고 온 천하에 여호와 신앙의 회복을 선포하는 자신의 모습이 보이고 있는 것이었다. 그는 피흐르는 칼을 들고 있었다. 여호와 신에게 반역하고 교만의 탑을 쌓아가던 열국의 왕들이 하노스의 칼날 아래 피를 뿜으며 쓰러지고 있었다. 그리고 그 피의 바다 가운데… 그를 길러준 아릿다 황후도, 그를 훈계한 니므롯도, 그리고 마침내 누이 레센까지도 피투성이가 되어서 쓰러지고 있었다. 온 천하가 하노스에게 복종하고 있었다. 모든 왕들이 하노스에게 허리를 굽히며 충성을 맹세하고 있었다. 하노스는 쓰러진 니므롯이 입고 있던 황금색의 메일을 벗겨내었다. 그리고 그 피묻은 황제의 메일을 자기가 입었다. 찬란한 봉황새를 수놓은 그 황금색의 메일을 걸친 하노스의 모습이 거기 보이고 있었다. 그리고 그의 모습은 어느새 니므롯을 닮아가고 있었던 것이다.

갑자기 니므롯을 닮은 하노스가 소리를 지르고 있었다. 그는 커다란 목소리로 외치고 있었다. 자기는 이렇게 되고 싶지 않았다고 외치고 있었다. 그는 황금색의 메일을 벗어 던지며 고개숙인 왕들의 앞을 떠나고 있었다. 그는 환호하는 백성들에게서 떠나고 있었다. 그는 울부짖는 소리로 아버지를 부르며 니느웨를 떠나고 있었다. 어차피 길게 살지 못하는 인생이었다. 그렇다면 그는 아버지의 길을 따르고 싶었던 것이다. 아버지 하난이 어째서 고난과 죽음을 택했던 것인지 하노스는 아직 알지 못하고 있었다. 그렇더라도 그는 아버지 하난의 길을 따르고 싶었다. 아버지의 비밀을 알아내고 싶었다. 아버지를 모르는 아들이 있을 수 없기 때문이었다. 그는 입 속으로 가느다랗게 부르짖었다.

"아버지 하난이여… 나는 당신을 알기 위해서 이들의 결박을 받습니다."

어느새 가나안의 군인들은 그에게 달려들어 그의 두 손목을 밧줄로 잡아매고 있었다. 그리고 그 한쪽 끝은 말꼬리에 매다는 것이었다. 에살이 싸늘한 음성으로 부하들에게 말했다.

"자… 다메섹으로 돌아가자."

다메섹이라면 바로 하난이 갇혀서 고초를 당하던 곳이었다. 에살의 명령에 따라 군인들은 말머리를 돌렸고, 하노스는 묶인 두손을 앞으로 향한 채 그들의 뒤를 따라 걸어야 했다. 말의 걸음이 너무 빨랐기 때문에 그는 거의 뛰다시피했고, 너무 오랫동안 허기진 상태에 있었기 때문에 얼마 못가서 헐떡거리기 시작했다. 그러나 가나안 군인들은 말의 속도를 조금도 늦추어 주지 않고 있었다.

마침내 하노스는 쓰러졌다. 군인들의 말은 그대로 전진했고 하노스의 몸뚱이는 그대로 땅바닥에 질질 끌려가기 시작했다. 그것을 발견한 병사가 에살을 바라보았으나 그는 못본 척하고 앞만 바라보았다. 하노스의 몸뚱이는 모래에 쓸리고 돌뿌리에 찢겨서 금방 피투성이로 변했다.
  그렇게 끌려가면서도 하노스의 마음은 편했다. 신의 존재만 잡아낼 수 있다면 목숨쯤은 언제 끝나도 좋은 것이었다.
  (노아의 하나님, 셈의 하나님, 하난의 하나님… 당신이 나를 위하여 준비한 것은 결국 이런 것이었습니까? 나는 당신이 하시는 일을 두고 보겠습니다. 당신이 정말 사람을 창조했고 그들에게 관심이 있다면 어떻게 하실는지 나는 지켜볼 것입니다…)
  이윽고 병사 하나가 에살 곁으로 다가서더니 그에게 말했다.
  "이대로 끌고 가다가는 얼마 못가서 죽을 것입니다."
  에살은 말을 멈추고 뒤를 돌아다보았다. 그는 피투성이가 된 하노스의 몸뚱이를 보고 다소 의아한 표정이었다. 니느웨의 무술대회에서 수많은 강호의 고수들을 제압했던 하노스가 그렇게 맥없이 쓰러질 줄은 몰랐던 것이다.
  "좋다, 말에다 실어라. 저 고깃덩이를 다메섹에 가서 요리하리라."
  병사들은 거의 죽은 듯이 늘어져 있는 하노스의 몸뚱이를 들어올려서 말에다 실었다. 그들은 다시 출발했고 말의 속도는 훨씬 빨라졌다. 그들은 계속해서 강을 끼고 달리다가 긴네렛 호수를 오른쪽으로 끼고 돌아 하솔을 지나서 헤르몬의 기슭으로 들어섰다.
  "놈은 아직 살아 있느냐?"
  하노스를 싣고가던 병사가 그의 머리카락을 우악스럽게 움켜쥐더니 머리를 제꼈다.
  "아직 호흡이 붙어 있습니다."
  "죽지 않도록 물을 좀 먹여두어라. 죽은 고기를 요리할 수는 없으니까."
  병사는 말 안장에 달려 있던 가죽 물통을 꺼내어 마개를 연 다음 하노스의 입에다가 물을 부어넣었다. 물은 대부분 입 밖으로 흘러내렸으나 하노스는 입을 벌려서 그 물을 받아보려 애쓰고 있었다. 그러나 병사가 다시 그의 머리카락을 놓아버리자 그의 머리는 아래로 늘어졌고 입에서는 조금 들어갔던 물마저 도로 흘러나오는 것이었다.

　말들은 다시 바산 고원을 가로질러 달리기 시작했다. 가나안 왕 시돈의 조카이며 헷의 아들인 에살의 눈에는 차가운 살기가 번뜩이고 있었다. 오른팔을 잘라낼 때의 그 무서운 기억이 그의 전신을 부르르 떨게 했다. 다만 한차례 서로의 무기가 부딪쳤을 뿐인데 에살은 온 몸이 산산이 부서지는 듯한 통증을 느끼며 거꾸러졌었다. 그리고 그가 정신을 차렸을 때에는 그의 아버지 헷과 가나안의 장수들이 그의 주위를 둘러싸고 있었던 것이다.

　아무도 감히 에살의 팔을 자르지 못하고 있었다. 달려온 전의들도 부들부들 떨면서 어쩔 줄을 모르고 있었다. 결국 칼을 뽑아든 것은 에살의 부친 헷이었다. 그는 마치 짐승처럼 울부짖으며 아들의 오른팔을 자신의 칼로 내리쳤던 것이다.

　자신의 팔이 잘려나가고 상처가 다 아물 때쯤 되어서야 에살은 자기가 상한검에 당했다는 것을 알게 되었다. 그리고 그 소름끼치는 비기를 구사한 무사는 어마어마한 고수인 줄로 알았다. 그런데 바로 그 상대가 아직 솜털도 채 못벗은 하난의 아들 하노스라는 것이었다.

　그 하노스는 이제 에살의 수중에 있었다. 자신의 없어진 팔을 보상할 수는 없겠으나 그보다 훨씬 잔혹한 방법으로 하노스의 몸뚱이를 요리할 셈이었다. 그러나 한편으로 생각해 보면 먹이는 너무나 쉽게 걸려든 것 같았다.

　(강호의 무사들을 놀라게 한 상한검의 주인공이 어째서 그토록 무력하단 말인가? 도대체 저 애송이가 어디서 그런 절기를 수련했단 말인가?)

　멀리 다메섹의 도성이 보이고 있었다. 온 천하를 배후에서 주무르고 있는 가나안 왕국의 심장부였다.

홍수以後 II

지은이 **김성일**

1990. 5. 20. 초판 발행
2009. 11. 13. 21쇄 발행

펴낸이 **정애주**
편집 송승호 이현주 한미영 김기민 김준표 오은숙
미술 김진성 문정인 송하현 최혜영
제작 **홍순흥 윤태웅**
영업 오민택 차길환 이경훈 국효숙 이진영 오형탁
관리 이남진 안기현
총무 정희자 마명진 김은오

펴낸곳 **주식회사 홍성사**
1977. 8. 1. 등록 / 제 1-499호
121-883 서울시 마포구 합정동 196-1
TEL. 333-5161 FAX. 333-5165
http://www.hsbooks.com
E-mail: hsbooks@hsbooks.com

ISBN 978-89-365-0077-1
ISBN 978-89-365-0508-0(전4권)
값 9,500원 ※잘못된 책은 바꿔 드립니다.
Printed in Korea

홍성사. HONG SUNG SA, LTD.